高等职业教育高素质技术技能型人才培养
"双高计划"国家级示范专业物流管理类精品教材

编委会

总主编
许建领　深圳职业技术大学

副总主编（以姓氏拼音为序）
姜　洪　深圳职业技术大学
聂　华　浙江经济职业技术学院
王桂花　南京工业职业技术大学
张　龙　昆明工业职业技术学院
张润卓　辽宁经济职业技术学院

编　委（以姓氏拼音为序）

冯进展	江西外语外贸职业学院	彭　敏	南宁职业技术大学
葛启文	武汉城市职业学院	邱春龙	漳州职业技术学院
郭秀颖	广东机电职业技术学院	邱浩然	青岛职业技术学院
何波波	吉安职业技术学院	涂建军	广东交通职业技术学院
黄红如	惠州城市职业学院	万义国	江西交通职业技术学院
黄焕宗	黎明职业大学	王超维	陕西能源职业技术学院
贾广敏	广州工程技术职业学院	吴春涛	湖北三峡职业技术学院
黎　聪	广西物流职业技术学院	吴庆念	浙江经济职业技术学院
李道胜	宁夏工商职业技术学院	吴砚峰	广西职业技术学院
李　锋	岳阳职业技术学院	杨　晋	武汉交通职业学院
李陶然	河南工业职业技术学院	袁德臻	贵州职业技术学院
刘　琳	河北交通职业技术学院	袁世军	湖南现代物流职业技术学院
刘　明	济南职业学院	周昌红	嘉兴职业技术学院
孟军齐	深圳职业技术大学	周　芳	江门职业学院
明振东	杭州自动化技术研究院	周　蓉	武汉职业技术大学

◆ 新形态一体化教材 ◆

高等职业教育高素质技术技能型人才培养
"双高计划"国家级示范专业物流管理类精品教材

总主编 许建领

智慧物流信息技术

Information Technology of Intelligent Logistics

主 编	吴砚峰	广西职业技术学院
	戴 璐	广西职业技术学院
副主编	朱 萌	广西职业技术学院
	陆文丽	广西职业技术学院
	阮慧祥	广西职业技术学院
编 者	李 冬	百世物流科技（中国）有限公司
	黄 欢	河北交通职业技术学院
	冯进展	江西外语外贸职业学院
	任 志	湖南工业职业技术学院

华中科技大学出版社
http://press.hust.edu.cn
中国·武汉

图书在版编目(CIP)数据

智慧物流信息技术 / 吴砚峰，戴璐主编. -- 武汉 : 华中科技大学出版社，2024.11. --（高等职业教育高素质技术技能型人才培养"双高计划"国家级示范专业物流管理类精品教材 / 许建领主编）.
ISBN 978-7-5772-1324-8

Ⅰ.F252.1-39

中国国家版本馆 CIP 数据核字第 2024C82C12 号

智慧物流信息技术

吴砚峰　戴　璐　主编

Zhihui Wuliu Xinxi Jishu

策划编辑：周晓方　宋　焱　庹北麟
责任编辑：苏克超
封面设计：原色设计
责任校对：张汇娟
责任监印：周治超

出版发行：华中科技大学出版社（中国·武汉）　　　电话：(027) 81321913
　　　　　武汉市东湖新技术开发区华工科技园　　　邮编：430223
录　　排：华中科技大学出版社美编室
印　　刷：湖北新华印务有限公司
开　　本：787mm×1092mm　1/16
印　　张：19　插页：2
字　　数：451 千字
版　　次：2024 年 11 月第 1 版第 1 次印刷
定　　价：59.90 元

本书若有印装质量问题，请向出版社营销中心调换
全国免费服务热线：400-6679-118　　竭诚为您服务
版权所有　侵权必究

内容简介

本书作为高等职业教育物流类专业基础教材，不仅全面系统地介绍了智慧物流领域的关键技术与应用，还创新性地融入了"新质生产力""标准建设""大国工匠"等多个特色栏目，在内容上力求推陈出新，文字上删繁就简，体现与时俱进的新面貌。

本书共五个模块，从物流信息技术的基础理论出发，逐步深入智慧物流的核心技术体系。模块一概述了物流信息技术的基本概念、发展历程及未来趋势；模块二阐述了常见的物流信息采集及识别技术及其与物联网的融合应用；模块三介绍了不同全球卫星导航系统及GIS在物流中的应用；模块四讲解了物流信息交换与传输的高效流通机制；模块五探讨了云计算、大数据、人工智能、区块链及数字孪生等前沿技术在智慧物流中的创新应用，为学生了解物流行业的智能化转型提供了理论支撑与应用指导。

网络增值服务

使用说明

欢迎使用华中科技大学出版社人文社科分社资源网

1 教师使用流程

(1) 登录网址：https://bookcenter.hustp.com/index.html（注册时请选择教师身份）

注册 → 登录 → 完善个人信息 → 等待审核

(2) 审核通过后，您可以在网站使用以下功能

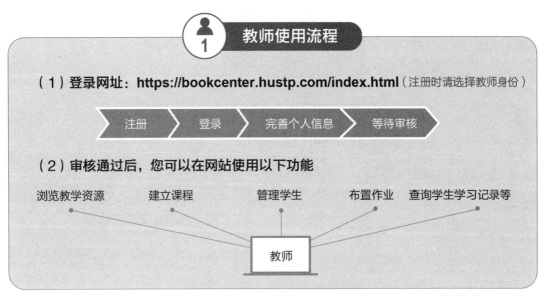

浏览教学资源　建立课程　管理学生　布置作业　查询学生学习记录等　教师

2 学生使用流程

（建议学生在PC端完成注册、登录、完善个人信息的操作）

(1) PC 端操作步骤

① 登录网址：https://bookcenter.hustp.com/index.html（注册时请选择学生身份）

注册 → 完善个人信息 → 登录

② 查看课程资源：（如有学习码，请在"个人中心—学习码验证"中先验证，再进行操作）

首页课程 → 课程详情页（选择课程）→ 查看课程资源

(2) 手机端扫码操作步骤

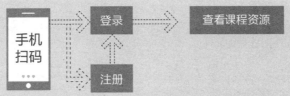

手机扫码 → 登录/注册 → 查看课程资源

获取本书数字资源，可联系编辑：15827068411；tuobeilin@hustp.com

总 序

  物流业是国民经济和社会发展的先导性、基础性、战略性产业,加快发展现代物流业对于促进产业结构调整和提高企业市场竞争力都具有非常重要的作用。党的二十大报告指出,要"加快发展物联网,建设高效顺畅的流通体系,降低物流成本"。现代物流业已经从经济辅助产业转变成了具有战略意义的基础产业,对保障产业链供应链稳定、增强国民经济韧性、促进产业优化升级具有重要意义。2020年9月,习近平总书记在中央财经委员会第八次会议上强调,流通体系在国民经济中发挥着基础性作用,构建新发展格局,必须把建设现代流通体系作为一项重要战略任务来抓。要贯彻新发展理念,推动高质量发展,深化供给侧结构性改革,充分发挥市场在资源配置中的决定性作用,更好发挥政府作用,统筹推进现代流通体系硬件和软件建设,发展流通新技术新业态新模式,完善流通领域制度规范和标准,培育和壮大具有国际竞争力的现代物流企业,为构建以国内大循环为主体、国内国际双循环相互促进的新发展格局提供有力支撑。

  2022年,国务院办公厅发布了我国现代物流领域第一份国家级五年规划《"十四五"现代物流发展规划》,该规划对构建现代物流体系的基础、挑战、目标和要求等做出了全面、系统的阐释,提出到2025年,基本建成供需适配、内外联通、安全高效、智慧绿色的现代物流体系;到2035年,现代物流体系更加完善,具有国际竞争力的一流物流企业成长壮大,通达全球的物流服务网络更加健全,对区域协调发展和实体经济高质量发展的支撑引领更加有力,为基本实现社会主义现代化提供坚实保障。《"十四五"现代物流发展规划》描绘了我国现代物流高质量发展的"新蓝图"。为落实习近平总书记关于物流发展的系列指示精神,将我国现代物流高质量发展"新蓝图"变为现实,需要加强物流业供给侧结构性改革,并统筹解决我国产业结构失衡、资源分布不均衡的问题,其关键在于要培养和输送大量的高素质物流技能人才。各高校亟须加强物流学科专业建设，提升专业设置的针对性，培育复合型高端物流人才，助力现代化物流业的持续发展。

高等职业（高职）教育是培养大国工匠的重要途径，是高素质物流技能人才的第一来源。近年来，我国高等职业教育取得了长足的发展：《中华人民共和国职业教育法》的颁布在法理意义上明确了我国职业教育是与普通教育具有同等重要地位的教育类型，《国家职业教育改革实施方案》的出台为职业教育的创新发展搭建了全面的工作框架，《职业教育提质培优行动计划（2020—2023年）》等则进一步落实了职业教育高质量发展要求。在这样的大背景下，我国物流职业教育同样取得了较大发展，具体表现在专业目录和教学标准实现了大升级，职业技能大赛和职业技能证书渗透率大幅提升，一大批一流课程和规划教材涌现出来，实训条件得到很大改善等诸多方面。高等职业教育必须始终面向现代物流发展实际，有效推进产教融合、校企合作，更好反映物流产业的成功经验和现实需求，更好发挥职业教育在人才培养和技术攻关方面的优势，让教学内容和实训内容更真实、更务实、更扎实，使学生拥有合格的物流职业技能和素质，具有卓越发展的潜力。

在职业院校专业人才培养体系中，教材建设是极其重要的基础工程。本套教材由华中科技大学出版社和深圳职业技术大学联合策划。为了凝聚物流职业教育已经取得的有益经验，进一步丰富优质教学产品供给，更好满足学生成长成才的需求，我们在全国范围内集合了一批物流专业优质院校的资深教师来编写这套全新的高等职业教育物流管理类精品教材，期待以教材这一载体来展示优秀的教学改革成果，推进教学形式的创新和教师能力的提升，为培养卓越的物流技能人才提供有力支撑。

本套教材坚持以学生为中心，力求让高等职业教育满足学生成长成才的需求和对未来美好生活的向往，将学生成长成才需求与经济社会发展需求结合起来，使他们能够在未来的职业生涯中发现自己的优势和价值，同时体现我国现代物流发展的经验和成果。与物流新技术新模式新业态快速涌现形成鲜明对比的是，物流教材建设的进度相对滞后，对物流新趋势的反映不够全面和成熟，本套教材力争具有探索性和先导性，为现代物流业人才培养提供高质量教学素材，在业界发挥引领作用。

基于此，本套教材的主要特点如下。

（1）以课程思政为引领。本套教材以习近平新时代中国特色社会主义思想为指导，坚持落实立德树人根本任务，围绕现代物流高素质技能人才培养要求，将教学目标分解为素养、知识、能力三维目标，精选教学案例和材料，突出家国情怀、诚信服务、工匠精神、国际视野，努力培养更多让党放心、爱国奉献、能担当民族复兴重任的时代新人。

(2) 以专业教学标准为指导。标准化建设是统领职业教育发展的突破口，教学标准和毕业学生质量标准是标准化建设的两个重要关口。2022年，国家对职业教育物流类专业目录做出了重大调整，一些新的专业被引入进来，还有一些专业通过更名和调整归属被赋予了新的内涵，以更好反映现代物流对未来技能人才的需求。以新专业目录为基础的专业教学标准为具体开展物流职业教育教学提供了基本指南。

(3) 科学构建知识技能体系。产教融合、校企合作是职业教育高质量发展的基本路径。本套教材在组建编写团队时注重"校企行"三方力量的协同参与，将行业的标准、企业的需求和学校的教学有机结合，系统梳理每门课程的"知识技能树"，合理取舍，突出重点和难点，注重知识技能培养的循序渐进。

(4) 突出智慧物流特征。随着贸易规模的扩大和智能技术的加速迭代，物流业和供应链管理进入"智慧时代"。一方面，与低空经济、无人驾驶等结合起来的物流新技术新模式新业态持续涌现；另一方面，传统物流模式也在推进内涵升级、结构优化。本套教材在书目的设置和材料的选择方面都充分体现了智慧物流的特征。

(5) 突出基础性和前瞻性，与职教本科教学体系适度衔接。高职教育是培养大国工匠的重要途径，职教本科有助于完善职业教育学历认证体系。本套教材从整个职业教育体系的高度出发，以高职教育人才培养为基础，致力于加强高职教育与职教本科课程体系的衔接，尤其是为未来职教本科物流专业教材的编写打下基础，贯通职业教育人才培养"立交桥"，为学生发展创造"立体通道"。

(6) 打造丰富实用的数字资源库。教材是教学的基础材料，并且教学也离不开其他辅助教学材料。本套教材配备电子教案、拓展案例、练习与解析等基础数字材料，同时积极开发微课视频、动画视频、仿真视频等音视频资源，部分教材还有知识图谱等互动资源，可以最大限度方便教师教学。在教材后续使用过程中，我们还将及时更新"岗课赛证"一体化的培训资料，以便为学生的学习提供全周期辅助。

本套教材分为基础课教材、核心课教材和拓展课教材三个模块。基础课教材包含《智慧物流与供应链基础》《供应链数字化运营》《数字化物流商业运营》《物流法律法规》《智慧物流信息技术》《物流专业英语》等。核心课教材包含《智慧仓配实务》《国际货运代理》《物流运输技术与实务》《物流项目运营》《采购与供应管理（第4版）》《区块链与供应链金融》《物流成本与绩效管理》《智慧集装箱港口运营》《供应链管理实务》《冷链物流管理实务》《物流系统规划与设计》《智能物流装备运维管理》等。拓展课教材包含《物流企业模拟经营》《物流安全管理实务》《物流企业数字化管理》《跨境电商物流》《进出境通关实务》《企业经营创新》《电子商务实务》《物流机器人流程自动化》《物流包装》等。同时，丛书编委会将依据我国物流业发展变化趋势及其对普通高等学校、高职高专院校物流专业人才培养的新要求及时更新教材书目，不断丰富和完善教学内容。

微光成炬，我们期待以编写这套高等职业教育物流管理类精品教材为契机，将物流职业教育的优秀经验汇聚起来，加强物流职业教育共同体的建设，为师生之间、校企之间的沟通和对话提供一个公益平台。我们也诚挚地期待有更多优秀的校园教师、企业导师加入。应该指出的是，编撰一套高质量的教材是一项十分艰巨的任务。尽管编者们认真尽责，但由于理论水平和实践能力有限，本套教材中难免存在一些疏漏与不足之处，真诚希望广大读者批评指正，以期在教材修订再版时补充和完善。

全国物流职业教育教学指导委员会副主任委员
深圳职业技术大学党委副书记、校长
2024 年 3 月于深圳

前言

  2023年，习近平总书记首倡"新质生产力"，并在多个场合深入阐释，明确了其定义、意义及发展路径。在全球化与技术革新浪潮中，传统物流业面临转型挑战，新质生产力成为其关键驱动力。在中共二十届三中全会审议通过的《中共中央关于进一步全面深化改革　推进中国式现代化的决定》中，再次强调了从实体经济与数字经济深度融合到发展新质生产力的重要性。而物流业作为数字化与实体经济碰撞较频繁的领域，智慧物流正重塑行业生态，促进制造业与物流业的深度融合，探索降本增效新路径。新兴技术与智能化设备的日新月异，不仅提升了物流效率，也对物流人才的信息技术素养提出了更高要求，推动物流专业职业教育向更高层次迈进。

  为了深入贯彻新发展理念，服务构建新发展格局，加快现代物流高质量发展，培养新时代高素质技术技能型"物流人"，弘扬"大国工匠"和劳模精神，本书的编写充分响应《国家职业教育改革实施方案》的要求，及时将"新技术、新工艺、新规范"融入其中，以满足新时代智慧物流人才培养的需要。同时，本书也是为了落实《中华人民共和国职业教育法》的相关要求，推进教师、教材、教法改革，借助信息技术重塑教学形态，促进自主、泛在、个性化学习而编写的，从而适应"互联网＋"职业教育需求。

  本书既是现代物流管理专业职业本科与"双高"建设的物化成果，也是首批国家级职业教育教师教学创新团队的集体结晶。本书编写成员，有的长期从事"物流信息技术"课程的教学与研究，有的曾长期在物流企业工作过。本书还参考了企业一线工作者的工作实践。本书是在编者团队多年的研究基础上不断发展的，既是现代物流管理专业职业教育资源库的配套教材，也是"课程思政"示范课程的配套教材。

吴砚峰、戴璐任本书主编，并负责全书的统稿工作。本书模块一、模块二由吴砚峰编写，模块三、模块四由戴璐编写，模块五由朱萌编写。陆文丽和阮慧祥也参与了本书相关内容的编写工作。

本书在编写过程中，为了对接产业、对接职业，体现新经济、新技术、新业态、新职业的发展要求，得到了百世物流科技（中国）有限公司、北京络捷斯特科技发展股份有限公司、深圳市怡亚通供应链股份有限公司等诸多物流企业和有关单位的大力支持，其为本书提供了许多帮助，在此表示特别感谢。同时，我们参考的大量国内外有关研究成果，限于篇幅，未能一一列出，在此对所涉及文献的作者表示衷心感谢。本书的编写还得到了华中科技大学出版社相关编辑老师的全力支持与指导，在此一并表示衷心的感谢。

由于编写时间仓促、水平有限，书中难免有不足之处，敬请各位专家与读者批评指正。

编　者
2024 年 8 月

目　录

模块一　物流信息技术概述 ……………………………………………………… 001
　　单元一　信息基础 …………………………………………………………… 001
　　单元二　物流信息基础 ……………………………………………………… 010
　　单元三　物流信息技术内涵 ………………………………………………… 022
　　单元四　智慧物流信息技术发展趋势 ……………………………………… 033

模块二　智慧物流信息采集技术 ………………………………………………… 044
　　单元一　条码技术概述 ……………………………………………………… 045
　　单元二　一维条码 …………………………………………………………… 053
　　单元三　二维条码 …………………………………………………………… 070
　　单元四　条码标识及编码技术 ……………………………………………… 089
　　单元五　RFID 技术基础知识 ……………………………………………… 095
　　单元六　RFID 技术在物流管理中的应用 ………………………………… 114
　　单元七　RFID 与物联网 …………………………………………………… 124

模块三　智慧物流定位追踪技术 ………………………………………………… 140
　　单元一　GNSS 概述 ………………………………………………………… 141
　　单元二　北斗卫星导航系统 ………………………………………………… 149
　　单元三　全球定位系统 ……………………………………………………… 164
　　单元四　GNSS 在物流中的应用 …………………………………………… 173
　　单元五　GIS 概述 …………………………………………………………… 182
　　单元六　GIS 数据结构 ……………………………………………………… 188
　　单元七　GIS 在物流中的应用 ……………………………………………… 202

模块四　智慧物流信息交换与传输技术 ……………………………………………… 212
　　单元一　物流信息交换技术 ……………………………………………… 212
　　单元二　物流信息传输技术 ……………………………………………… 229

模块五　智慧物流信息新技术 …………………………………………………… 248
　　单元一　云计算与大数据技术 …………………………………………… 248
　　单元二　人工智能技术 …………………………………………………… 265
　　单元三　区块链技术 ……………………………………………………… 273
　　单元四　数字孪生技术 …………………………………………………… 280

参考文献 ………………………………………………………………………… 287

模块一 物流信息技术概述

模块导学

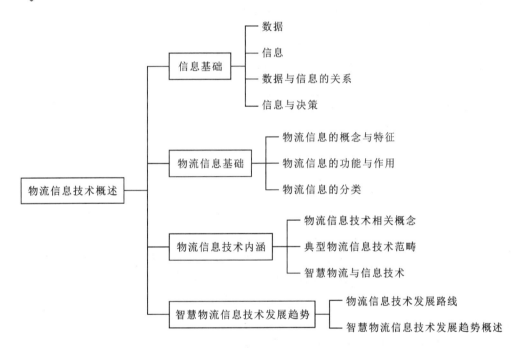

单元一 信息基础

单元目标

◆ 知识目标：
(1) 理解数据与信息的基本概念；
(2) 掌握信息的特征和属性；

(3) 了解数据与信息的关系；
(4) 了解信息与决策的关系；
(5) 掌握物流信息的特征和作用；
(6) 理解物流信息技术的内涵。

◆ **技能目标：**

(1) 能够区分数据与信息；
(2) 能够概括信息的特征；
(3) 能够举例说明信息和数据的区别；
(4) 能够区分决策的不同层级。

◆ **素养目标：**

(1) 树立科技强国意识；
(2) 通过小组活动培养团队意识；
(3) 通过信息与数据的学习，培养良好的信息素养。

走进行业

◆ **案例情境：**

假设你是一家国际物流公司的高级经理，该公司负责运输各种商品，从电子产品到食品，物流过程中产生大量的数据，包括货物种类、目的地、交货要求、交通堵塞情况、运输车辆状态等。实时的 GPS 数据、交通摄像头图像和气象信息等都可以作为数据源，帮助你了解交通状况和路线选择。你的公司还可以通过客户订单和库存系统获取实时需求和存货信息。

◆ **案例要求：**

你面临一个挑战：如何针对不同的客户需求、货物类型和交通状况，优化货物的运输路线，以降低成本并提高交付效率？

知识储备

一、数据

数据是人们用来反映客观事物而记录下来的可以识别的符号，是客观事物的基本表达。"内容积达 84 立方米的自重在 8.2 吨左右的 F 类冷藏厢式半挂车"这句话中包括了许多数据,如84立方米、8.2吨、F类等。这些数据反映了一辆冷藏厢式半挂车的基本情况和信息。实际上,人们在生活和工作中时时处处都要和数据打交道。

随着信息技术的发展,人们借助计算机等各种现代化工具可处理的数据种类也越来越多。一般人们把数据分为数值型数据和非数值型数据两大基本类别。

数值型数据指可以参加加减乘除等计算的数据;其他不可参加加减乘除等计算的数据均为非数值型数据。在信息技术中,根据数据处理的方法和结果的不同,每个数据都有三个基本特征:数据名、数据类型和数据长度。数据名是数据的唯一性标识;数据类型表示数据内容的性质,如数值型、浮点型、字符型、日期型、备注型等,一个数据只能归属某一种类型;数据长度以字节为单位来说明,表示需要占用的存储空间。

二、信息

(一)定义

很多学者对信息都有过不同的定义。经济学家西蒙从决策的角度出发,认为信息是影响人们改变决策方案预期或评价的外界刺激因素。信息论的创始人香农对信息下的经典定义为:信息就是消除不确定性的有用知识。从抽象角度来看,信息可以定义为实体、属性、值构成的三元组,即:

信息= 实体(属性1:值1;…;属性m:值m)

例如,以下三元组:

信息=冷藏车(类别:厢式半挂车;运输品类:F类;自重:8.2吨;内容积:84立方米)它表示了一条有关一辆冷藏厢式半挂车的信息。

从使用者的角度看,信息是指经过加工、处理、解释而形成的对人们有意义和效用的某种数据形式,也可说成人们对数据的理解。

(二)特征

从管理的角度来看,信息的主要特征(见图1-1)如下。

1. 真实性

真实性是信息的第一性,不符合事实的信息是没有价值的。因此,在处理信息时,确保真实性至关重要。只有基于事实的信息才能真正为我们提供有意义的帮助和指导。

2. 价值性

信息的价值性是指人们通过利用信息可以获得效用,因此信息也是一种资源。

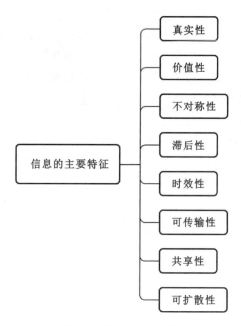

图 1-1　信息的主要特征

3. 不对称性

由于各种原因（如专业知识、市场需求、制作技术等）的限制，在市场中交易双方掌握的信息量是不相等的，不同的企业掌握信息的程度各有不同，这就形成了信息的不对称性。

4. 滞后性

滞后性即信息滞后于数据。信息的滞后时间包括信息的间隔时间和信息的加工时间。信息的间隔时间是指获取同一信息的必要间隔时间。信息的加工时间是指为获取信息而进行数据加工所需要的时间。

5. 时效性

信息的时效性只表现在一定的时间内，即在信息的有效期内利用信息能产生效益，过了这个时期信息就不会产生效益。

6. 可传输性

信息可以从一个地方传输到其他若干个地方，利用信息技术，信息以比特的形式存储，可以更快、更便利地在世界范围内传输。

7. 共享性

信息具有共享性，不具有独占性，在同一时间可以为多人所掌握。这种共享性使得信息能够迅速传播和被广泛利用，促进了知识的传递和交流。

8. 可扩散性

由于信息的可传输性，信息可以通过各种介质向外扩散。无论是通过网络、社交媒体还是传统媒体，信息的传输都在不断地连接着世界各地的人们。

思考：

请举例说明生活中的哪些场景或事件体现了以上信息的特征？

（三）属性

在数据处理的过程中，信息有以下重要属性值得注意，如图1-2所示。

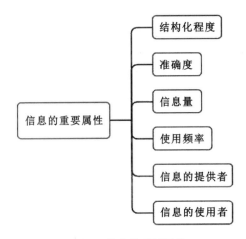

图1-2　信息的重要属性

1. 结构化程度

信息的结构化程度表示信息抽象描述的难易程度。例如，能采用表格表示的信息是结构化程度较高的信息；而用文章、文件等表示的信息，其结构化程度较低。

2. 准确度

信息的准确度是指信息反映的内容与真实世界之间的差异程度。差异越小，准确度越高；反之，准确度越低。不同的信息具有不同的准确度。一般来说，历史信息准确度较高，未来信息准确度较低。例如，市场需求信息的准确度较低，而过去的销售情况准确度较高。

3. 信息量

信息量即某一信息所占字节数，通常分为日常处理量与存储量、高峰期处理量与存储量、平均处理量与存储量。

4. 使用频率

信息的使用频率是指信息处理和使用的间隔时间。在企业管理中，信息的使用频率一般有日、周、旬、月、季、半年、年、随机等。

5. 信息的提供者

信息的提供者，其核心角色即为信息的源头，也就是信息的产生者。其负责将原始数据、观察结果或者经过处理的知识转化为具有实际价值的信息。这些信息对于接收者来说，可能是决策的依据，也可能是了解某种情况的关键。例如，在物流企业中，以调度部门为例，其主要职责是负责物料的调配和运输，在这个过程中，调度部门就成为关于物品运送数量和方式的信息的产生者。

6. 信息的使用者

信息的使用者是指使用信息的相关人员或部门，例如，在物流企业中调度部门提供了物料运输数量的信息，那运输部门就是这一信息的使用者。若信息的提供者和使用者是不同的人、部门或者业务，那么信息就需要共享。

三、数据与信息的关系

在企业管理中，数据和信息这两个名词常被用作具有同一含义的词语。实际上数据和信息的含义是有差别的，有必要加以区分。

数据只是一种可以识别的符号序列，本身并无任何实际意义和内容。但经过分类整理、计算处理、分析综合和解释等过程后，数据能使信息需求者更清楚地了解其代表的真正含义和内容。从这个意义上讲，如果说数据是原材料的话，那么信息就是加工后得到的产品，如图1-3所示。反之，数据又可看作信息的载体或外在表现形式。

图 1-3 数据与信息

例如，一张送货单上有单号、提货日期、客户信息、商品信息、货物金额等数据，如图1-4所示。当这些数据以单个形式出现时是毫无意义的。如果将它们汇总（进行加工）以后就成了一份送货单，被赋予了一定的意义，如反映送出货物的货值，就不再是数据，而是一条信息了。根据这个送货单，人们就可以了解到公司给哪个客户送了多少货值的货物以及送货时间、货款支付情况等信息。

相同的数据，如果使用者赋予其不同的标识或定义，也会变成不同的信息。例如，数字1，若在其后加上长度单位 m，则是指1米长；若在其后加上 t，则表示重量是1吨。

送货单

单号：				提货日期：				
客户：		联系电话：		地址：		负责人：		

序号	商品名称	规格	单位	数量	单价	金额	备注

合计金额（大写）：	零整	￥：	元
1.需方对货物有异议，应在收到货物之日起7日内以书面形式提出，并保证货物的完整，由供方安排换货至合同标准，超过7日则视为货物合格；需方不能以本批货物质量异议为由拒付其它批次货款； 2.需方不按时付款，应按所欠金额向供方支付每日千分之三的逾期付款违约金，同时承担供方为实现该债权所支出的一切费用； 3.本单货物履行地为供方所在地		本单付款：	
		本单欠款：	
		累计欠款：	
		收货人在签字时务必核对货物及相关数字、金额，确保与事实一致	

制单人：　　　　　业务员：　　　　　收货人：

图1-4　送货单模板

统计数据

在物流行业中，存在着丰富多样的统计数据和关键指标。行业内的专家通过深入剖析这些数据，能够精准地洞察到其背后蕴含的丰富信息以及行业发展的潜在趋势。

根据中国物流与采购联合会统计数据，2023年中国全年社会物流总额为352.4万亿元，按可比价格计算，同比增长5.2%，增速比上年提高1.8个百分点，社会物流需求稳步复苏。分季度看，一季度、二季度、三季度、四季度分别增长3.9%、5.4%、4.7%、5.4%，呈现前低、中高、后稳的恢复态势，全年回升势头总体向好。全年物流业总收入为13.2万亿元，同比增长3.9%，物流收入规模延续扩张态势。中国物流业景气指数全年平均为51.8%，比上年高出3.2个百分点，多数月份处于51%以上的较高景气区间。全年中国仓储指数中的业务量指数平均为52.4%，整体处于较高景气区间。全年电商物流业务量指数平均为120.3点，连续多月呈回升态势。全年快递业务量达1320亿件，连续十年稳居世界第一，全年快递物流收入增长14.3%。国家铁路完成货物发送量39.1亿吨，再创历史新高。民航货邮运输量735.4万吨，同比增长21.0%，基本恢复至2019年水平。总体来看，我国物流市场实现恢复增长，但要保持中高速增长仍然面临较大压力。

中国物流与采购联合会党委书记何黎明对此评论道："我国经济实现恢复发展，物流需求稳步复苏，物流业在国民经济中的地位持续提升，物流供给质量稳步提高，物流运行环境持续改善，现代物流发展模式稳步转换，企业竞争力持续增强，全行业正在进入新的阶段。但也要注意到，我国物流业面临的一系列比较紧迫的问题，结构调整叠加有效需求偏弱，物流需求仍处于恢复期，需求不足企业占比较高，企业经营普遍承压，社会物流总额增速低于GDP增速，短期内行业新动能难以撬动存量大市场，现代物流正进入温和增长阶段，需要妥善应对。"

四、信息与决策的关系

人们为了使自己的决策更加合理、科学，使自己在未来改造客观世界的活动中得到更大的收益，需要得到充分的信息。没有信息，人们就无从决策。另外，决策实施后又得到新的信息，其中包括成功的经验和失败的教训。在获得新的信息后，人们对客观世界就有了进一步的了解，在此基础上的决策会更加合理、科学，采取的行动也会更有成效。

信息与决策的关系，还表现为不同的决策所需信息也不同。以物流企业管理为例，在物流企业三级管理中，决策与信息的关系如图1-5所示。

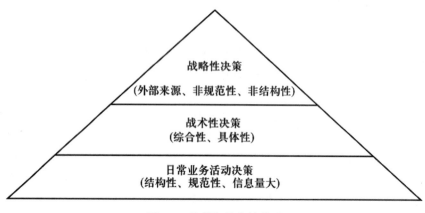

图 1-5　决策与信息的关系

（一）战略性决策

战略性决策的主要任务是研究企业实现自身目标应采取的战略。用于辅助决策的信息系统应提供对企业能力的评价，对企业未来潜力的预测，对本地区、全国乃至全世界市场需求的估计，对企业投资风险的推算等。战略层要求对广泛的概括性数据（其中有相当部分是外部数据）进行加工处理。例如，根据企业当前经营数据估算其在市场中的实际位置，进行市场预测；在对管理数据充分分析的基础上，评价企业的实力，对企业未来发展做出判断；在企业投融资方案择优时，根据销售价格、融资成本、生产经营成本等进行盈亏分析，等等。

（二）战术性决策

战术性决策的主要任务是对经营管理中的数据进行各种分析，如财务中的结构分析、因素分析、比较分析、差额分析、平衡分析、资金周转分析等，通过这些分析为管理人员提供用于衡量物流企业绩效的信息，以控制物流企业的经营活动。因此，管理层除了需要反映企业作业活动的数据外，还需要有关计划指标、预算等方面的数据和企业经营的历史数据，以及有关同行业和竞争对手的经营状况、价格、成本等外部信息。

（三）日常业务活动决策

日常业务活动决策主要包括进货、出入库、签订合同、统计数据汇总、填报各种台账报表、各种查询活动、物流企业各部门的业绩考核等。这些活动可借助业务管理信息系统来进行。业务管理信息系统的主要功能是处理基础数据，包括对数据进行简单的加工。在日常业务活动中，大多数作业处理活动规程可事先确定，并通过计算机程序来实施，而且所遵循规程通常是固定的。

单元测评

◆ 任务情境：

王经理所在的企业是一家中型制造企业，主要生产汽车零部件。由于企业规模逐渐扩大，供应链管理和物流运营变得日益复杂。目前，该企业的供应链管理存在一些问题：采购周期长，导致原材料库存过高；供应商交货不及时，影响了生产计划和交付周期；同时，物流运营中也出现了一些困扰：货物滞留在仓库，增加了库存成本；配送过程中常常出现延误，影响了客户的正常生产进程。这些问题导致企业成本增加、效率降低，甚至客户流失的情况发生。

作为物流经理，王经理深知需要借助物流信息技术来解决这些问题。他意识到，通过应用物流信息技术，可以实现供应链的智能化管理和物流运营的优化，从而提高企业的运营效率和服务水平。因此，王经理决定学习物流信息技术的相关知识，掌握先进的技术和方法，以应对企业面临的挑战，并推动企业的可持续发展。

◆ 任务要求：

（1）分析公司当前供应链管理和物流运营中存在的问题，并评估这些问题对企业的影响。

（2）根据学习的物流信息技术知识，提出改进供应链管理和物流运营的具体方案，并分析其可行性和预期效果。

（3）设计一份供应链管理和物流运营效率测评报告，包括指标体系、数据采集方法、评价方法等，并根据实际情况进行测评分析和结果总结。

（4）根据测评结果，提出进一步改进和优化供应链管理和物流运营的建议，并制订改进实施计划。

单元二　物流信息基础

单元目标

◆ 知识目标：
（1）理解物流信息的概念与特征；
（2）掌握物流信息的功能与作用；
（3）掌握物流信息的分类。

◆ 技能目标：
（1）能够区分广义与狭义的物流信息；
（2）能够说明物流信息三个方面的作用；
（3）能够区分物流信息的特征；
（4）能够举例对物流信息进行分类。

◆ 素养目标：
（1）通过物流信息概念的理解，培养学生的信息素养；
（2）通过信息挖掘和分析，培养学生的批判性思维；
（3）了解信息和数据等要素作为新质生产力的重要意义；
（4）通过对小组活动的贡献度强化沟通协调意识。

走进行业

◆ 案例情境：

小明是一家跨境电商公司的物流经理，公司总部位于中国上海。该公司专注于向全球客户销售电子产品，并在美国、欧洲和亚洲等地设有仓库和分销中心。由于跨境电商行业的竞争日益激烈，公司面临着提供更快速、更可靠的物流服务的挑战。最近，公司的物流运营出现了一些问题，包括包裹延误、配送错误和客户投诉增加等。这些问题严重影响了客户的购物体验和对公司的信任度，也给公司的声誉和业务增长带来了负面影响。

作为公司的物流经理，小明深知物流在跨境电商业务中的重要性。他意识到，提升物流服务质量和效率对于公司的发展至关重要。为了解决公司面临的物流问题，小明决定深入了解物流信息化，寻找适合公司的解决方案。

他希望通过引入物流信息技术来优化物流管理流程、提高配送效率，并最终提升客户满意度和公司竞争力。

◆ 案例要求：

（1）简单描述什么是物流信息？

（2）物流信息有哪些特征和分类？

（3）如何通过物流信息技术提升客户服务体验，减少客户投诉并提高客户满意度？

知识储备

一、物流信息的概念与特征

物流是联系生产和消费的桥梁，任何生产和消费的情况都可称为物流信息的组成部分。要对物流信息有更好的理解和把握，我们需要从其概念和主要特征入手，如图1-6所示。

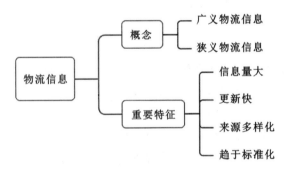

图1-6 物流信息的概念与重要特征

（一）物流信息的概念

《物流术语》（GB/T 18354—2021）把物流信息定义为"反映物流各种活动内容的知识、资料、图像、数据的总称"。包括物流活动中各个环节生成的信息，一般是随着从生产到消费的物流活动的产生而产生的信息流，并与物流过程中的运输、仓储、装卸、包装、配送等各种职能有机结合在一起。

现代物流的重要特征是物流的信息化，现代物流也可看作物资实体流通与信息流通的结合。在现代物流运作过程中，通过使用计算机技术、通信技术、网络技术等技术手段，大大加快了物流信息的处理和传递速度，从而使物流活动的效率和快速反应能力得到提高。

物流信息可以分为狭义物流信息和广义物流信息两种。狭义物流信息，是指与物流活动（如运输、仓储、包装、装卸、流通加工、配送等）有关的信息。它是伴随物流活动而发生的。在物流活动的管理与决策中，如运输工具的选择、运输路线的确定、运送批量的确定、在途货物的追踪、仓库的有效利用、最佳库存数量的确定、库存时间的确定、订单管理、如何提高顾客服务水平等，都需要详细和准确的物流信息。狭义物流信息对运输管理、库存管理、订单管理、仓库管理等物流活动具有支持和保障的功能。广义物流信息，是指既包含狭义物流信息，又包含其他与流通活动有关的信息，如商品交易信息、供货商信息、顾客信息、订货合同信息、交通运输信息、政策信息和市场信息等，还有来自企业内生产、财务等部门与物流有关的信息。商品交易信息是指与买卖双方交易过程有关的信息，如销售与购买信息、订货与接受订货信息、发出货款与收到货款信息等。市场信息是指与市场活动有关的信息，如消费者的需求信息、竞争对手或竞争性商品的信息、促销信息、交通通信等基础设施信息，等等。在现代经营管理活动中，狭义物流信息与商品交易信息、市场信息相互交叉、融合，密切联系，如图 1-7 所示。

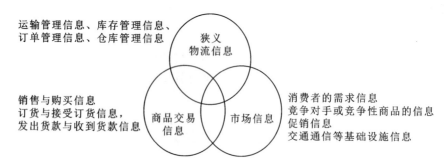

图 1-7　狭义物流信息与商品交易信息、市场信息

广义物流信息有连接整合从生产厂家、批发商和零售商到消费者的整个供应链的作用，在应用现代信息技术（POS、EDI、EOS、5G、云计算、大数据等）基础上实现整个供应链活动的效率化，利用物流信息对供应链各个企业的计划、组织、指挥、协调、控制及顾客服务活动进行更有效的管理。广义物流信息涉及的环节如图 1-8 所示。

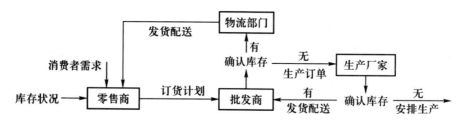

图 1-8　广义物流信息涉及的环节

商流、物流、信息流和资金流通常称为流通过程的"四流"，"四流"之间关系密切，失去其中的任何"一流"，其他"三流"就难以长久存在下去。

（二）物流信息的特征

物流信息与其他信息相比，具有以下特征。

1. 信息量大

物流信息随着物流活动及商品交易活动的展开而大量产生，多品种少批量生产和多频度小数量配送，使库存、运输等物流活动的信息大量增加。零售商广泛使用POS系统读取销售时点的商品价格、品种、数量等即时销售信息，并对这些信息进行加工整理，通过EDI向相关企业传送。同时，为了使库存补充作业合理化，许多企业采用EOS。随着企业间合作倾向的增强和信息技术的发展，物流信息量将会越来越大。

2. 更新快

多品种少量生产、多频度小数量配送以及利用POS系统进行及时销售，各种作业活动变得更加频繁，导致物流信息需求持续更新，并且更新速度不断加快。

3. 来源多样化

物流信息不仅包括企业内部的物流信息（如生产信息、库存信息等），而且包括企业间的物流信息及与物流活动有关的基础设施信息。企业竞争优势的获得需要供应链上各相关企业之间相互协调合作。协调合作的手段之一是信息即时交换和共享。许多企业把物流信息标准化和格式化，利用EDI在相关企业间进行传送，实现信息分享。现在，越来越多的企业力图使物流信息标准化和格式化，并利用EDI在相关企业间进行传递，实现信息共享。另外，物流活动往往利用道路、港湾、机场等基础设施，因此为了高效地完成物流活动，必须掌握与基础设施有关的信息，如在国际物流过程中必须掌握报关所需信息、港湾作业信息等。

4. 趋于标准化

现在，企业间的物流信息一般采用EDI标准，企业内部物流信息也拥有各自的数据标准。随着XML技术的成熟，企业物流信息系统内外部信息标准可以统一起来，从而简化了系统的开发，功能也更强大。

标准建设

　　由中国物流与采购联合会（以下简称"中物联"）提交的ISO/TC提案申请，在市场监管总局标准创新司的组织与指导下，经过近3年的努力，于2023年6月由ISO正式批准成立，这是由中国承担的首个物流领域的国际标准化技术委员会，代表着我国在物流领域国际标准化方面取得了重大突破。

国际标准化组织（ISO）是由各国标准化团体组成的世界性的联合会，制定国际标准工作通常由 ISO 的技术委员会来完成。新批准成立的创新物流标准化技术委员会，英文名称为 Technical Committee on Innovative Logistics，编号为 ISO/TC 344，秘书处设在中国，秘书处工作由中国物流与采购联合会承办。

ISO/TC 344 的成立是我国物流产业迈向世界的重要里程碑，将为我国积极参与全球物流标准制定、推动我国物流业与国际接轨、提升我国物流技术和服务水平等创造新的发展机遇，将进一步促进我国物流行业的创新发展、助力全球经贸往来、加快构建国内国际双循环的新发展格局。

二、物流信息的功能与作用

（一）物流信息的功能

物流信息的功能层次主要包括交易系统、管理控制、决策分析和制订战略计划。图 1-9 说明了在信息功能各层次上的物流活动和决策。正如该金字塔形状所示，物流信息管理系统中的管理控制、决策分析和战略计划制订需要以强大的交易系统为基础。

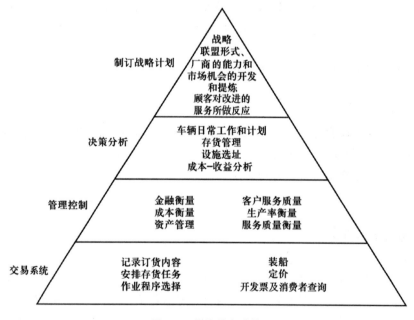

图 1-9　物流信息功能

（二）物流信息的作用

物流信息是物流作业的灵魂，没有物流信息，物流活动就无法开展。物流信息对物流活动具有支持、保障作用，还具有连接整合物流系统活动并使其效率化的作用。物流信息可以缩短从接收订货到发货的时间，使库存合理，提高搬运作业和运输效率，使接收订货和发货更便利；可以提高订单处理精度，防止发货、配送出现差错，可以调整需求和供给，提供信息咨询等。由于物流信息在物流活动中的地位及作用，物流信息系统在现代企业经营战略中的位置越来越重要。建立物流管理信息系统，提供准确、迅速、及时、全面的物流信息，是现代企业获得竞争优势的必要条件。

物流信息的作用主要体现在以下三个方面。

1. 物流信息有助于物流业务运作各环节之间的相互衔接

物流系统集采购、运输、库存及销售等物流活动于一体，它们相互作用，形成一个有机的整体。物流系统内部各子系统间是通过信息来沟通的，系统基本资源调度也是通过信息传递来实现的。通过物流信息的指引，保证物流活动的正常运转。物流系统不是各个独立活动的简单组合，而是通过信息进行有机联系和密切融合的整体。

如沃尔玛公司通过全球全集团、全方位、全过程、全天候的自动数据采集技术，改变传统的依靠假设和推断来确定订货的方式，在数据的不断积累过程中，以小时为单位动态地对大量信息数据进行分析，导出数亿个品类的最佳订货量，最佳商品组合、分配、定价，以及最佳商品陈列等，大大提高了物流决策能力，比其竞争对手管理费用低 7%、物流费用低 30%，存货期由 6 周降至 6 小时。

2. 物流信息有助于企业对物流活动各环节进行有效的计划、组织、协调和控制，以达到整体优化的目标

物流活动的合理组织，需要依靠物流系统中物流信息的流通，只有通过有效的信息传递和反馈才能实现整个系统的合理有效。在整个物流活动过程中，每一个活动环节都会产生大量的物流信息，通过合理应用现代物流信息技术，对这些信息进行收集和分析，得到每个环节下一步活动的指示性信息，从而对各个环节的活动进行调控。如上海通用汽车有限公司（以下简称上海通用）和上海中远国际货运有限公司（以下简称上海中货）的合作项目中，生产和销售、物流企业建立物流信息战略同盟，一方面，上海中货通过 CKD（全散件装件）仓储配送管理系统可以在第一时间掌握上海通用生产线上汽车散件的需求动态，并迅速做出对仓储配送方案的调整，通过信息系统的分析预测功能来制订项目远期发展计划；另一方面，上海通用也可以根据上海中货仓储配送信息的实时变动来与市场实际需求相权衡，制订和谐有序的生产销售计划。

3. 物流信息有助于物流管理和决策水平的提高

物流系统产生的效益来源于物流服务水平的提高和物流成本的下降，物流服务水平的提高与物流信息的畅通在物流过程中是密不可分的。物流管理是通过加强各项物流活动间的信息交流与协调，使其中的物流和资金流保持畅通，实现供需平衡，提高经济效益。例如，广州宝供物流通过物流信息化把物流信息拓展到资金调拨范围内，无论是物流服务企业还是客户都能够及时了解每一批交运物品的签收情况，可以尽早制订资金运作计划，采用物流信息系统可比传统结算系统平均提早两天时间。

在物流管理中，通常存在以下5种基本决策（图1-10）。

图1-10　物流管理基本决策

（1）位置决策：主要是对物流管理中的设施定位，包括物流设施、库存点和货源等，在考虑需求和环境条件的基础上，通过优化进行决策。

（2）生产决策：主要是根据物流的流动路径，合理安排各生产成员间的物流分配。良好的决策可以在各成员间实现良好的负荷均衡，使物流保持畅通，促进生产。

（3）库存决策：主要涉及库存方式、库存数量和管理方法，是降低物流成本的重要依据。

（4）采购决策：主要是根据商品需求量和成本合理化确定采购批次、间隔时间和批量，确保在不间断供给的前提下使成本最小化。

（5）运输配送决策：主要包括运输方式、批量、路径和运输设备的装载能力等的确定。

运用科学的分析工具，对物流活动产生的各类信息进行科学分析，可以获得较多富有价值的信息。通过物流各系统间的信息共享，可以有效地缩短订货提前期，降低库存，提高运输效率，减少传递时间，提高订货和发货精度，及时高效地响应顾客提出的各种问题，极大地提高顾客的满意度和企业形象，增强企业的竞争力。

新质生产力

某知名国有制药集团企业，既有生产部门，又有销售部门，既有独立核算单元，又有非独立核算单元。现有全资、控股参股企业十余家，是所属省实力较强、规模较大、品牌较优的药企。但在企业快速发展的同时，由于物流运转效率低下等原因，遇到了严峻的管理难题。具体表现为：在采购管理中，盲目采购导致物资、流动资金积压浪费严重；供应商管理混乱，常常是供应商随着供应部经理而变换，供应商的资质无法保证；仓储管理中物资积压严重，有的物资买回来后10年都不一定能用得上，手工方式下，无法统计库存物资的使用效率；有的物资因为吸水、吸湿、风干、挥发而导致库存的自然报损；在销售中，销售预测不准，经常发生变动，不仅不能指导生产的进行，反而给生产带来很多麻烦；各地区窜货现象非常严重，企业无法进行有效的控制；通常车间物流很不通畅，有大量的半成品、原材料积压在车间里，而从企业的账目中很难查询到这些资产。为解决这些问题，企业通过管理咨询、标准化实施与维护，实现了物流信息化解决方案，消除了信息孤岛，实现了一体化管理。

物流中心整合后，通过业务流程重组，实现了独立核算和内部往来结算。建立了快速响应系统，通过自动化请货、配货、运输体系，降低成本、优化库存结构。仓储、运输物流管理采用计算机系统，提高库管人员效率，减少错误。实施信息化管理后，销售收入增加14%，库存下降15%，延期交货减少30%，采购提前期缩短2周，生产成本降低10%。

三、物流信息的分类

《物流信息分类与代码》（GB/T 23831—2009）把物流信息按业务反映属性分为以下六大类（如图1-11所示）：物流综合管理信息；物流业务信息；物流作业信息；物流设施设备信息；物流技术信息；物流安全信息。

按照不同的维度和标准，物流信息的分类可以有所不同，但无论以何种方式分类，都应遵循以下原则（见图1-12）。

（1）科学性。选择物流信息最稳定的本质属性或特征作为分类的基础和依据。

（2）系统性。将选定的物流信息的属性或特征按一定的顺序予以系统化，形成一个科学合理的分类体系。

（3）可扩延性。设置收容类目，并且在建立物流信息分类体系和代码编码中充分考虑今后的信息分类与代码的扩充、延展和细化。

（4）兼容性。物流信息分类与标准的相关内容兼容。

（5）实用性。物流信息分类与代码适应物流信息管理与应用的实际需求。

物流中的信息流是指信息供给方与需求方进行信息交换和交流而产生的信息流动，也即品种、数量、时间、空间等各种信息在同一个物流系统内不同的物流环节之间的流动。物流系统中的信息种类多、跨地域、涉及面广、动态性强，尤其是运作过程中受自然、社会的影响较大，而物流信息是物流系统的基础，因此在开发物流信息系统时，必须对物流信息分类有一个清晰的了解。不同的分类方法给出了对同一问题不同侧面的认识，图1-13从不同的侧面对物流信息进行分类。

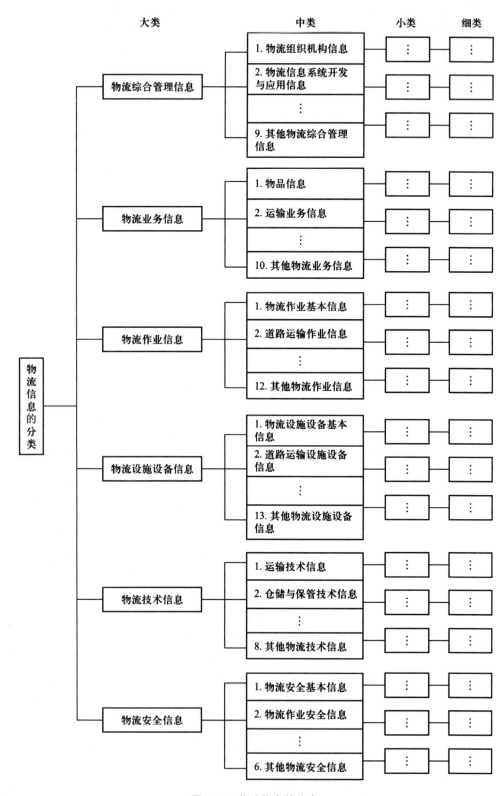

图 1-11 物流信息的分类

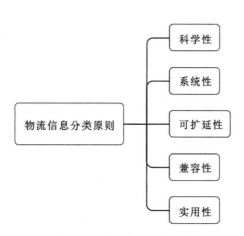

图 1-12 物流信息分类原则

（一）按信息来源分类

按信息来源的不同，物流信息可分为外部信息和内部信息。外部信息包括供应商的交货周期、运输时间、货物的装卸时间等；内部信息涵盖仓储设施的容量、配送方式、库存水平等。这些信息都对物流运作有着重要的影响，需要及时准确地予以传递和处理。

（二）按信息的加工程度分类

按信息的加工程度不同，物流信息可分为原始信息和加工信息。原始信息是未经处理的、来自各个信息源的初始数据，需要经过整理、分类和分析等加工过程才能变成有用的加工信息。

（三）按物流活动分类

按物流活动，物流信息可分为物流系统内信息和物流系统外信息。物流系统内信息是指在企业内部产生和流通的信息，包括生产计划、库存数据、订单信息等，主要用于内部各部门之间的协调与沟通；物流系统外信息是指与外部合作伙伴（如供应商、承运商、客户等）之间产生和交换的信息，包括交货时间、运输路线、货物状态等，用于确保供应链各环节的顺畅运转和高效协作。

（四）按管理层次分类

根据管理层次不同，物流信息可分为操作管理信息、知识管理信息、战术管理信息和战略管理信息。

（五）按信息作用分类

按信息作用不同，物流信息可分为计划信息、控制及作业信息、统计信息和支持信息。计划信息主要用于对物流活动做出整体规划和安排；控制及作业信息主要用于

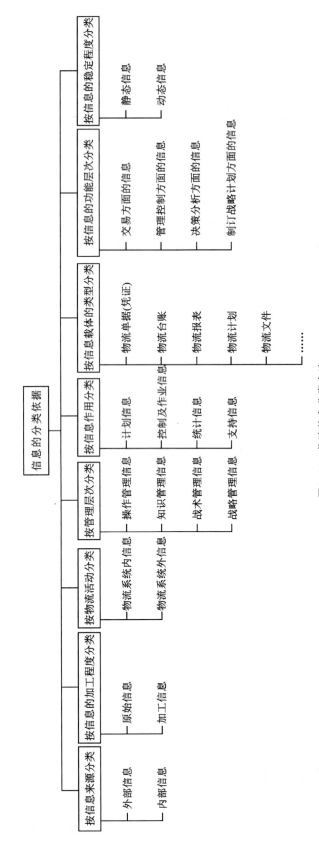

图1-13 物流信息分类方法

监控和调整物流活动的执行过程，确保其顺利完成；统计信息用于分析和总结物流活动的数据，为决策提供参考依据；支持信息为物流活动提供各种支持和服务。

（六）按信息载体的类型分类

在企业中，按信息载体的类型，物流信息可分为物流单据（凭证）、物流台账、物流报表、物流计划、物流文件等。

（七）按信息的功能层次分类

物流信息从本质上讲是把各种物流活动连接起来的一体化过程的通道。一体化过程应建立在四个功能层次上：交易、管理控制、决策分析和制订战略计划。相应地，物流信息可分为交易方面的信息、管理控制方面的信息、决策分析方面的信息和制订战略计划方面的信息。

（八）按信息的稳定程度分类

按信息的稳定程度，物流信息可分为静态信息和动态信息。静态信息是相对稳定、不易变动的信息，包括供应商资料、客户信息、产品规格等，通常具有较长的有效期限；而动态信息则是随着时间或特定事件而变化的信息，如订单状态、运输进度等，需要及时更新和调整以确保信息的准确性和实时性。

单元测评

◆ **任务情境：**

张经理是一家大型零售企业的物流经理，负责管理公司的物流配送和仓储运营。该公司拥有数百家门店，产品种类繁多，包括食品、家居用品、服装等。然而，最近公司面临物流配送效率低下和仓储管理不畅的问题。配送车辆频繁发生延误和堵车现象，导致货物不能按时送达门店；仓储管理中存在着货物存放混乱、库存盘点不及时等情况，影响了货物的管理和调度效率。张经理迫切需要解决这些问题，提升物流配送和仓储管理效率，以满足公司日益增长的业务需求。

◆ **任务要求：**

（1）分析公司目前物流配送和仓储管理中存在的问题，并说明这些问题对企业的影响。

（2）根据学习的物流信息技术知识，提出改进物流配送和仓储管理效率的具体方案，并说明其可行性和预期效果。

（3）设计一份物流配送和仓储管理效率测评报告，包括指标体系、数据采集方法、评价方法等，并根据实际情况进行测评分析和结果总结。

（4）根据测评结果，提出进一步改进和优化物流配送和仓储管理的建议，并制订改进实施计划。

单元三　物流信息技术内涵

单元目标

◆ 知识目标：
(1) 理解物流信息技术的内涵；
(2) 掌握物流信息技术的范畴；
(3) 了解智慧物流的内涵及特点；
(4) 了解智慧物流的发展及趋势。

◆ 技能目标：
(1) 能够区分物流信息技术的相关概念；
(2) 能够根据物流的功能及特点，区分典型物流信息技术的范畴；
(3) 能够阐述我国智慧物流的发展趋势及特点。

◆ 素养目标：
(1) 通过学习现代物流的发展历程，树立绿色物流、环保可持续发展的观念；
(2) 通过对物流信息技术的认识，提升学生的信息素养；
(3) 通过了解大国工匠的故事，树立以技报国的信念；
(4) 通过了解我国物流信息技术的发展，增强民族自豪感。

走进行业

◆ 案例情境：

京东物流作为中国领先的物流企业之一，致力于提供高效、可靠的物流服务。该公司通过物流信息技术的应用，建立了智慧仓储系统，实现了仓储管理的智能化和自动化。以下是该系统的一些特点。

(1) 智能仓库布局：京东物流利用物流信息技术分析客户订单数据和商品特性，优化仓库布局，实现仓库空间的合理利用和货物的高效存储。

(2) 智能仓储设备：京东物流引入了智能化仓储设备，包括自动分拣系统、AGV（自动导向车）、机器人等，实现了货物的自动化分拣、装载和搬运，提高了仓储操作效率和准确性。

(3) 智能库存管理：京东物流利用物流信息技术实现了对库存的实时监

控和管理，包括库存数量、货物位置、货物状态等信息的实时更新和查询，提高了库存管理的精确度和效率。

（4）智能仓储调度：京东物流利用物流信息技术实现了对仓储作业的智能调度和优化，根据订单量、货物种类等因素自动调整仓储作业流程和作业人员分配，提高了仓储作业效率和响应速度。

通过智慧仓储系统建设，京东物流实现了仓储管理流程的智能化和自动化，提高了仓储管理的效率和质量，为客户提供了更快速、更可靠的物流服务。

◆ **案例要求：**

这个案例展示了物流信息技术在智慧物流领域的应用，为提升物流运营效率和服务水平提供了有力支持。以下是一些需要思考的问题。

（1）分析案例中所涉及的物流信息技术，包括智慧仓储系统的具体功能和特点。

（2）讨论该案例如何应用物流信息技术优化仓储管理流程，提高仓储作业效率和质量。

（3）提出针对该案例的改进建议，包括如何进一步提升智慧仓储系统的功能，以满足不断变化的物流需求。

（4）分析该案例对物流行业的影响和启示，探讨物流信息技术在智慧物流领域的发展趋势和应用前景。

知识储备

物流信息化是社会信息化的必然要求和重要组成部分。物流信息化表现在：物流信息的商品化，物流信息收集的代码化和商业智能，物流信息处理的电子化，物流信息传递的标准化和实时化，物流信息存储的数字化和物流业务数据的共享化等。信息化是现代物流发展的基础，没有信息化，任何先进的技术装备都无法顺畅地使用。信息技术的应用将会彻底改变世界物流的面貌，更多新的信息技术在未来物流作业中将得到普遍应用。

产业体系与物流发展

2023年5月召开的二十届中央财经委员会第一次会议专门谈到两个主题：一个是现代化产业体系，另一个是以人口高质量发展作支撑的高质量发展。可见，现代化产业体系具有非常关键的内涵。在我国26类代表性制造业里，有大概40%是领先和先进的，剩下的60%还是和先进的有着较大差距；26个产业里，有60%相对安全，其余40%对外依赖程度还是比较高的。主要问题是卡脖子的一系列技术、工艺比较多，包括一些零配件、元器件等。

那么，物流行业的发展要如何有效地与我国现代化产业体系建设相辅相成？

首先，新质生产力强调技术革命性突破、生产要素创新性配置以及产业深度转型升级。物流行业可以通过采用先进的信息技术，如物联网、大数据和人工智能，来提升物流效率和服务质量，实现技术突破。同时，物流企业可以创新性地配置劳动力、资本和技术等生产要素，优化物流网络设计，提高物流系统的响应速度和灵活性。

其次，现代化产业体系要求产业具有先进性、协同性、完整性、安全性、开放性和包容性。物流行业应与制造业、农业、服务业等产业协同发展，形成高效的供应链管理系统。物流系统的完整性体现在能够覆盖从生产到消费的各个环节，确保物资流通的顺畅。安全性要求物流企业能够应对各种风险挑战，保障物流通道的稳定。开放性要求物流行业积极参与国际分工，提升国际竞争力。包容性意味着物流行业在发展的同时，应重视社会责任，促进就业，实现科技向善。物流企业可以加大对新型基础设施的投资，如智能仓储、自动化物流中心等，推动物流与工业互联网的融合。此外，物流企业还应积极探索有效的投资机制，加强产业基础能力建设，加快数字技术发展，赋能制造业与服务业的融合，并推进绿色技术创新，实现绿色制造。

一、物流信息技术相关概念

当谈到物流信息技术时，常常涉及一系列概念，这些概念往往容易令人混淆。但其实每个概念的重点不一样，如图1-14所示。

图1-14 物流信息技术相关概念

《物流术语》（GB/T 18354—2021）指出：物流信息是指反映物流各种活动内容的知识、资料、图像、数据的总称；信息技术是指获取、传递、处理、再生和利用信息的技术，泛指能拓展人的信息处理能力的技术。目前，信息技术主要包括传感技术、计算机技术、通信技术、控制技术等，它替代或辅助人们完成了对信息的检测、识别、变换、存储、传递、计算、提取、控制和利用。《物流术语》（GB/T 18354—2021）将物流技术定义为物流活动中所采用的自然科学与社会科学方面的理论、方法，以及设施、设备、装置与工艺的总称。

物流信息技术是指以计算机和现代通信技术为主要手段实现对物流各环节中信息的获取、处理、传递和利用等功能的技术总称。

物流信息技术其实就是指现代信息技术在物流各个作业环节中的应用，是物流现代化的重要标志。物流信息技术也是物流技术中发展较快的领域，从数据采集的条码系统，到办公自动化系统中的微型计算机、互联网、各种终端设备等硬件以及计算机软件，都在快速发展。同时，随着物流信息技术的不断发展，一系列新的物流理念和物流经营方式应运而生，并推进了物流的变革。

物流信息技术主要由通信、软件、面向行业的业务管理系统三大部分组成，包括基于各种通信方式的移动通信手段、全球定位技术、地理信息系统、计算机网络技术、自动化仓库管理技术、智能标签技术、条码技术、射频识别技术、信息交换技术等现代尖端技术。在这些尖端技术的支撑下，形成以移动通信资源管理、监控调度管理、自动化仓储管理、业务管理、客户服务管理、财务管理等多种信息技术集成的一体化现代物流管理体系。

譬如，运用全球定位技术和地理信息系统，用户可以随时查看自己的货物状态，包括运输货物车辆所在位置、货物名称、货物数量、货物重量等，大大提高了监控的透明度。如果需要临时变更线路，也可以随时指挥调动，大大降低了货物的空载率，做到资源的最佳配置。

物流信息技术通过切入物流企业的业务流程来实现对物流企业各生产要素（车辆、仓库、司机等）的合理组合与高效利用，降低经营成本，直接产生经营效益。它有效地把各种零散数据变为商业智慧，赋予了物流企业新型的生产要素——信息，大大提高了物流企业的业务预测和管理能力。通过"点、线、面"的立体式综合管理，实现了物流企业内部一体化和外部供应链的统一管理，有效地帮助物流企业提高服务质量，提升物流企业的整体效益。具体地说，它有效地为物流企业解决了单点管理与网络化业务之间的矛盾、成本与客户服务质量之间的矛盾、有限的静态资源与动态市场之间的矛盾、现在与未来预测之间的矛盾。

据统计，物流信息技术的应用，可为传统的运输企业带来明显实效：降低空载率15%～20%；提高对在途车辆的监控能力，有效保障货物安全；网上货运信息发布及网上下单可增加商业机会20%～30%；无时空限制的客户查询功能，有效满足客户对货物在途情况的跟踪监控，可提高业务量约40%；对各种资源的合理综合利用，可减少运营成本15%～30%。物流信息技术的应用对传统仓储企业带来的实效表现在：配载能力可提高20%～30%；库存和发货准确率可超过99%；数据输入误差减少，库存和短缺损耗减少；可降低劳动力成本约50%，提高生产力30%～40%，提高仓库空间利用率约20%。

二、典型物流信息技术范畴

根据物流的功能以及特点,物流信息技术主要包括条码技术、射频识别技术、全球导航卫星系统、地理信息系统、遥感技术、电子数据交换技术、大数据技术、云计算技术、机器人流程自动化、物联网技术、5G技术、区块链技术、人工智能技术等。在这些信息技术的支撑下,形成了以移动通信、资源管理、监控调度管理、自动化仓储管理、业务管理、客户服务管理、财务管理等多种业务集成的一体化现代物流信息系统。以下择要介绍十三种物流信息技术。

(一)条码技术

条码技术是20世纪在计算机应用中产生和发展起来的一种自动识别技术,是集条码理论、光电技术、计算机技术、通信技术、条码印制技术于一体的综合性技术。条码技术是物流自动跟踪的最有力工具,被广泛应用。条码技术具有制作简单、信息收集速度快、准确率高、信息量大、成本低和条码设备方便易用等优点,在从生产到销售的流通转移过程中,起到了准确识别物品信息和快速跟踪物品移动的重要作用,是整个物流信息管理工作的基础。条码技术在物流的数据采集、快速响应、运输中的应用极大地促进了物流业的发展。

(二)射频识别技术

射频识别(RFID)技术,也称无线射频识别技术,是从20世纪90年代兴起的一项非接触式自动识别技术。它利用射频方式进行非接触双向通信,实现不接触操作,应用便利,无机械磨损,寿命长;不需可见光源,穿透性好,抗污染能力和耐久性强;对环境要求低,可以在恶劣环境下工作;读取距离远,无须与目标接触就可以得到数据;支持写入数据,无须制作新的标签,可重复使用;使用了防冲撞技术,能够识别高速运动的物体,可同时识别多个射频卡。

射频识别技术使用的领域包括物料跟踪、运载工具和货架识别等要求非接触数据采集和交换的场合,对于要求频繁改变数据内容的场合尤为适用。例如,我国香港地区的车辆自动识别系统——驾易通,采用的主要技术就是射频技术。香港地区几年前就已经有约8万辆汽车装上了电子标签,装有电子标签的车辆通过装有射频扫描器的专用隧道、停车场或高速公路路口时,无须停车缴费,大大加快了行车速度,提高了效率。射频技术在其他物品的识别及自动化管理方面也得到了较广泛的应用。射频技术是对条码技术的补充和发展,它弥补了条码技术的一些局限性,为大量信息的存储、改写和远距离识别奠定了基础。

(三)全球导航卫星系统

全球导航卫星系统(GNSS),又称全球卫星导航系统,是能在地球表面或近地空间的任何地点为用户提供全天候的三维坐标和速度以及时间信息的空基无线电导航定位系统。使用 GNSS 可以利用卫星对物流及车辆运行情况进行实时监控,可以实现物流调度的即时接单和即时排单,以及车辆动态实时调度管理。同时,客户经授权后也可以通过互联网随时监控运送自己货物车辆的具体位置。如果货物运输需要临时变化线路,也可以随时指挥调动,大大降低货车的空载率,做到资源的最佳配置。全球导航卫星系统主要包括陆地应用,如车辆自主导航、车辆跟踪监控、车辆智能信息系统、车联网应用、铁路运营监控等;航海应用,如远洋运输、内河航运、船舶停泊与入坞等;航空应用,如航路导航、机场场面监控等。

(四)地理信息系统

地理信息系统(GIS)是人类在生产实践活动中,为描述和处理相关地理信息而逐渐产生的软件系统。它以计算机为工具,对具有地理特征的空间数据进行处理,能以一个空间信息为主线,将其他各种与其有关的空间位置信息结合起来。它的诞生改变了传统的数据处理方式,使信息处理由数值领域步入空间领域。GIS 用途十分广泛,可用于交通、能源、农林、水利、测绘、地矿、环境、航空等领域。

(五)遥感技术

遥感技术(RS)是在一定距离以外不直接接触物体而通过该物体所发射和反射的电磁波来感知和探测其性质、状态及数量的技术。

遥感技术是 20 世纪 60 年代在航空摄影和判读的基础上随航天技术和电子计算机技术的发展而逐渐形成的综合性感测技术。任何物体都有不同的电磁波反射或辐射特征。航空航天遥感就是利用安装在飞行器上的遥感器感测地物目标的电磁辐射特征,并将特征记录下来,供识别和判断。

遥感技术(RS)与地理信息系统(GIS)和全球定位系统(GPS)统称 3S 技术。3S 技术是空间技术、传感器技术、卫星定位与导航技术和计算机技术、通信技术相结合,多学科高度集成的,对空间信息进行采集、处理、管理、分析、表达、传播和应用的现代信息技术。

大国工匠

院士是我国科学领域最高学术称号,是推动科学技术向前发展的重要力量。鉴于院士在科学界的重要地位,国内对院士评选极为重视。同时获得两院认可、获得"双院士"殊荣的,全国仅有 34 位,武汉大学李德仁便是其中一位。

李德仁院士心怀家国、深耕摄影测量与遥感学科数十年,他引领了我国传统测绘到信息化测绘遥感的根本性变革,使中国走向遥感强国的创新之路。李德仁院士曾说，他一生的工作，就是让测绘这一过程实现数字化、智能化、自动化、实时化。

由李德仁院士率领研发团队正在开展的"东方慧眼"智能遥感星座项目，计划在2027年到2030年建成"东方慧眼"星座全球服务系统，用200颗卫星为全社会提供便捷的通信、导航、遥感智能服务。现有的通信、导航、遥感卫星系统各成体系。要推动天上的通信、导航、遥感卫星"一体化"组网，就要把人工智能送上天，让天上有一双对地观测的"慧眼"和"大脑"。每一个用户发送请求后，卫星把所需信息加工好，几分钟内送达，满足人们的需要。简言之，就是在我们头顶织起一张"太空网"，形成服务人类的"千里眼"。不久的将来，"东方慧眼"星座将闪耀于浩瀚星河，普通如你我，可以用手机调用头顶的卫星，3至5分钟就能看到自己想看的地球图片或视频。

（六）电子数据交换技术

在《物流术语》（GB/T 18354—2021）中，电子数据交换（EDI）是指采用标准化的格式，利用计算机网络进行业务数据的传输和处理。

EDI的基础是信息，这些信息可以由人工输入计算机，但更好的方法是通过扫描条码获取数据，因为这样速度快、准确率高。物流技术中的条码包含了物流过程所需多种信息与EDI技术相结合，确保物流信息的及时可得性。

（七）大数据技术

大数据是指在传统数据处理方法难以处理的情况下，需要新的处理模式来具有更强的决策力、洞察发现力和过程优化能力的海量、高增长率和多样化的信息资产。

大数据技术是一种用于处理大规模数据集的技术。它使用各种工具和技术来收集、存储、处理和分析大量数据，以从中提取有价值的信息。大数据技术通常涉及分布式计算、数据存储、数据处理和数据分析等方面，以应对数据量庞大、类型多样和处理速度要求高的挑战。这些工具和技术包括Hadoop、Spark、NoSQL等，它们能够帮助企业和组织实现更深层次的数据分析和洞察，从而支持决策制定、业务优化和创新发展。

（八）云计算技术

云计算技术是一种基于互联网的信息技术服务模式，通过网络将计算资源、存储资源和应用程序提供给用户。云计算技术允许用户通过网络按需获取和使用计算资源，而无须自行购买、部署和维护硬件设备和软件系统。云计算通常分为三种模式：基础设施即服务（IaaS）、平台即服务（PaaS）和软件即服务（SaaS），用户可以根据自身需求选择合适的服务模式。云计算技术具有高灵活性、可扩展性、安全性等优势，已被广泛应用于企业的信息技术架构、数据存储、应用开发等领域。

（九）机器人流程自动化

机器人流程自动化（RPA），是指用软件自动化方式模拟人工完成计算机终端的操作任务，让软件机器人自动处理大量重复的、基于规则的工作流程任务。其优势和价值主要体现在：无编码、学习成本低、开发周期短；非侵入式，对现有IT架构基本无影响；提升工作质量，减少重复人工操作，可 7×24 小时不间断工作；安全性高，减少人为失误；解放人力，使人从事更具有创造性的工作内容，降本增效。在当今数字化时代，机器人流程自动化（RPA）成为企业数字化转型的重要组成部分。然而，很多人对RPA和人工智能（AI）产生了混淆。事实上，虽然两者都属于数字化技术范畴，但它们的本质是不同的。与AI不同，RPA是一种基于规则的机器人技术，需要事先编写规则来指导机器人执行任务。与传统的自动化技术相比，RPA具有更高的灵活性和可扩展性。

（十）物联网技术

物联网（IoT）技术是一种通过互联网连接和通信的方式，实现物理设备、传感器、软件和其他物品之间相互通信和数据交换的技术。物联网技术使得各种设备和物品可以互相通信、收集数据、共享信息，从而实现智能化、自动化的应用和服务。通过将传感器、设备和物品连接到互联网，物联网技术可以实现远程监控、远程控制、数据采集与分析等功能，广泛应用于智能家居、智慧城市、智能制造、智能交通、智能物流等领域，为人们的生活和工作带来更便利、高效、智能的体验。

（十一）5G技术

5G是基于4G已无法满足飞速发展的物联网和移动互联网需求之上产生的。其主要特点包括速度快、容量大、时延短和大连接服务。5G的传输速度达到1Gbps，满足了当今时代对高速传输的需求。同时，5G具有更大的容量，拥有约30GHz的频带范围，可以实现更多的数据传输。时延方面，5G的时延仅为1ms，确保通信更加流畅，为生活带来了极大便利，避免了延迟导致的数据丢失。另外，5G具有大连接服务能力，能够满足物联网通信的需求，推动物联网等领域的发展。整体来看，5G技术将极大地推动通信和互联网领域的发展，并为未来创新应用提供更广阔的空间。

（十二）区块链技术

区块链技术是一种通过去中心化的分布式数据库来记录交易信息的技术。它将数据以区块的形式进行链接，每个区块包含交易信息、时间戳和前一个区块的哈希值，形成一个不可篡改的链条。区块链技术具有去中心化、透明性、安全性和不可篡改性等特点，可以实现不需中介的安全数据传输和价值交换。区块链技术被广泛应用于加密货币、智能合约、供应链管理等领域，正在改变传统的商业和金融模式，为信息交换和价值传输提供更加高效和安全的解决方案。

（十三）人工智能技术

人工智能（AI）技术是一种模拟人类智能思维和行为的技术，通过利用算法和数据来使计算机系统具备学习、推理、识别、理解和交互的能力。人工智能技术包括机器学习、深度学习、自然语言处理、图像识别等领域，能够模拟和执行人类智力活动，为解决复杂问题提供了新的方法和工具。人工智能技术已广泛应用于语音助手、自动驾驶、医疗诊断、智能机器人等领域，不断推动着科技和社会的发展。物流业环节众多、需求多样、数据复杂、场景丰富，是AI大模型落地应用的极具潜力的领域，AI大模型在物流领域的应用已经成为一个重要的趋势。

三、智慧物流与信息技术

智慧物流是指以物联网技术为基础，综合运用大数据、云计算、区块链及相关信息技术，通过全面感知、识别、跟踪物流作业状态，实现实时应对、智能优化决策的物流服务系统。当前，物联网、云计算、移动互联网等新一代信息技术的蓬勃发展，正推动着中国智慧物流的变革。可以说，智慧物流将是信息化物流发展的方向。当前，我国物流产业增速正在趋缓，传统的产业发展方式难以满足消费型需求快速增长的要求，现有的资源条件不足以支撑物流产业规模的持续快速增长。全球新一轮科技革命的到来，为产业转型升级创造了重大机遇，智慧物流正在成为物流业转型升级的重要源泉。

1. 我国智慧物流的发展特点

智慧物流是以物流互联网和物流大数据为依托，通过协同共享创新模式和人工智能先进技术，重塑产业分工，再造产业结构，转变产业发展方式的新生态。近年来，随着物流业与互联网深度融合，智慧物流出现了一些新特点。

（1）政策环境持续改善。从国家层面部署推进"互联网＋"高效物流。如《"互联网＋"高效物流实施意见》出台后，交通运输部、商务部、工信部等有关部门从各自职能领域出发部署了推进"互联网＋"高效物流相关工作，为推动智慧物流发展营造了良好的政策环境。

（2）物流互联网逐步形成。近年来，随着移动互联网的快速发展，大量物流设施通过传感器接入互联网。目前，我国已经有超过几百万辆重载货车安装北斗定位装置，还有大量托盘、集装箱、仓库、货物接入互联网。物流连接呈快速增长趋势，以信息互联、设施互联带动物流互联，物流互联网的形成正处于关键时期。"物流在线化"奠定了智慧物流的前提条件。

（3）物流大数据的应用。"物流在线化"产生大量业务数据，使得物流大数据从理念变为现实，数据驱动的商业模式推动产业智能化变革，大幅提高生产效率。以宁波某生鲜配送企业为例，该企业依托生鲜配送系统，通过智能排车和线路优化，减少了约70%的异常损耗成本，客户满意度也得到了显著提升。对物流大数据进行处理与分析，挖掘对企业运营管理有价值的信息，从而科学合理地进行管理决策，是物流企业的普遍需求。

（4）物流云服务得到强化。依托大数据和云计算能力，通过物流云来高效地整合、管理和调度资源，并为各个参与方按需提供信息系统及算法应用服务，是智慧物流的核心需求。近年来，京东、菜鸟、百度等纷纷推出物流云服务应用，为物流大数据提供了重要保障。"业务数据化"正成为智慧物流的重要基础。

（5）协同共享助推模式创新。智慧物流的核心是协同共享，这是信息社会区别于传统社会，并将爆发出较大创新活力的理念源泉。例如，菜鸟驿站整合高校、社区、便利店、物业等社会资源，有效解决末端配送的效率和成本问题。近年来，"互联网+"物流服务成为贯彻协同共享理念的典型代表。利用互联网技术和互联网思维，推动互联网与物流业深度融合，重塑产业发展方式和分工体系，为物流企业转型提供了方向指引。

（6）人工智能崛起。以人工智能为代表的物流技术服务是应用物流信息化、自动化、智能化技术实现物流作业高效率、低成本，是物流企业较为迫切的现实需求。其中，人工智能通过赋能物流各环节、各领域，实现智能配置物流资源、智能优化物流环节、智能提升物流效率。特别是在无人驾驶、无人仓储、无人配送、物流机器人等人工智能的前沿领域，菜鸟、京东、苏宁等一批领先企业已经开始开展试验应用，并且有望与国际电商和物流企业从同一起跑线起步。

产业体系与物流发展

智慧物流产业链上游为硬件设备和软件系统，硬件设备包括立体仓库、AGV机器人、配送机器人、物流无人机、码垛机器人、智能快递柜等，软件系统包括仓储管理系统（WMS）、仓储控制系统（WCS）、运输管理系统（TMS）、订单管理系统（OMS）等；中游为智慧物流解决方案，包括智慧仓储、智慧运输、智慧配送等；下游应用于工业生产和商业配送等领域。

当前中国智慧物流行业发展环境向好，市场规模呈高速增长状态。中商产业研究院发布的《2024—2029年中国智慧物流市场调查与行业前景预测专题研究报告》显示，2023年中国智慧物流行业市场规模约为7903亿元，较上年增长12.98%。分析师预测，2024年中国智慧物流市场规模将达到8546亿元，按照此发展势头，到2025年，有望超过万亿元。

2. 我国智慧物流中信息技术发展趋势

近年来,智慧物流发展得到了业界广泛关注,成为物流业发展与创新的一道靓丽风景。预测未来几年,智慧物流发展继续加速,将成为物流行业最大的创新热点。当前,物流企业对智慧物流的需求主要包括物流大数据、物流云、物流模式和物流技术四大领域。

(1) 从物流系统技术趋势角度看,智慧物流的系统创新处于数字化发展阶段,正在向程控化和智能化全面进化;信息传输系统处于"互联网+"阶段,正在向物联网和信息系统进化;作业执行系统目前热点是自动化和机器人,正在向柔性自动化、无人化和智能硬件系统进化。

(2) 从应用领域看,在电子商务物流领域,智慧物流发展较快。但在传统物流领域,智慧物流发展刚刚起步。由于传统物流领域各环节货物交接订单杂乱,不仅还没有实现电子化,物流订单不能够"一单到底",订单标准规格不统一,而且让传统物流系统的信息流无法互联互通,物流全链条流程难以数字化,没有数字化就无法实现网络化和智能化。未来传统物流领域智慧物流发展将加速,传统智慧物流发展预计将先从数字化开始,通过物流订单标准化与电子化,打通物流各个环节,实现一切环节数字化,进一步推动传统物流全链路的信息互联互通,实现一切数据流程化,全面推动传统物流领域实现数字化发展。

(3) 从核心技术创新趋势看,未来智慧物流的发展,人工智能、区块链、机器视觉、实时计算、柔性自动化等技术将呈爆发趋势,驱动整个物流业从人力密集型向资本、技术密集型转型。尤其在智慧物流信息传输体系方面,将呈现由"互联网+"向"物联网+"进化的趋势。

(4) 从创新理念角度看,随着智慧物流的发展,软件系统已成为物流硬件的"大脑",软件与硬件结合成为智能硬件发展方向,其中软件进化将是硬件系统进化的重要特征,软件在硬件的排列、组合、管理、调度、控制上将居于主导地位。未来用软件来定义物流硬件的理念也将得到深入发展,让物流自动化系统更柔性和更智能。

不管如何发展,智慧物流装备的核心零部件国产化将取得重要进展,物流机器人将得到更广泛应用,无人驾驶技术将在货运领域得到广泛应用,智慧物流市场规模将迅速增长。

单元测评

◆ 任务情境:

菜鸟网络是中国知名的物流科技公司,致力于提供智能化、数字化的物流服务。该公司通过物流信息技术的应用,建立了智能配送系统,实现了配送流程的智能化和优化。以下是该系统的一些特点。

(1) 智能路由规划：菜鸟网络利用物流信息技术分析订单数据、交通状况等信息，实现了智能路由规划，为配送车辆提供最优配送路线，减少配送时间和成本。

(2) 智能派单系统：菜鸟网络引入了智能派单系统，根据订单特点、配送距离等因素自动分配配送任务给最合适的配送员，提高了配送效率和准确性。

(3) 智能配送车辆管理：菜鸟网络利用物流信息技术实现了对配送车辆的实时监控和管理，包括车辆位置、运行状态等信息的实时更新和查询，提高了车辆调度和运输效率。

(4) 智能签收系统：菜鸟网络开发了智能签收系统，通过物流信息技术实现了对货物签收的智能化管理，包括签收时间、签收人员等信息的自动记录和上传，提高了签收操作的便捷性和安全性。

通过智能配送系统建设，菜鸟网络实现了对配送流程的智能化和优化，提高了配送效率和服务质量，为客户提供了更快速、更可靠的物流服务。

◆ **任务要求：**

(1) 分析菜鸟网络智能配送系统的具体功能和特点。

(2) 讨论该案例如何应用物流信息技术优化配送流程，提高配送效率和服务质量。

(3) 提出针对该案例的改进建议，包括如何进一步提升智能配送系统的功能，以满足不断变化的物流需求。

(4) 分析该案例对物流行业的影响和启示，探讨物流信息技术在智慧物流领域的发展趋势和应用前景。

单元四　智慧物流信息技术发展趋势

单元目标

◆ **知识目标：**

(1) 了解智慧物流信息技术的发展历程；

(2) 了解智慧物流信息技术的发展趋势；

(3) 知悉我国物流信息化的发展进程；

(4) 分析不同场景中智慧物流信息技术的应用。

◆ **技能目标：**

(1) 能够概括我国智慧物流信息技术的发展水平；

(2) 能够阐述智慧物流信息技术的发展趋势；
(3) 能够用实际案例或场景解释其中一个发展趋势。

◆ **素养目标：**

(1) 通过对比了解国内外物流信息化发展水平，增强科技强国的信念；
(2) 通过对智慧物流信息技术发展的预测，培养学生勇于探索的精神；
(3) 通过信息收集和分析，提升学生的分析能力和信息素养，锻炼批判性思维的养成；
(4) 通过小组合作强化学生的沟通意识。

走进行业

◆ **案例情境：**

中国的快递行业在过去几十年里经历了快速发展，信息技术的广泛应用是这一发展的重要推动力。在信息化发展方面，该行业已经取得了显著成就。

(1) 现状描述：快递行业通过建立先进的信息系统和网络平台，实现了订单处理、运输管理、配送跟踪等全程信息化。同时，各大快递公司还积极采用物联网、大数据、人工智能等技术，提高了物流管理的智能化水平。

(2) 发展趋势：未来，随着科技的不断进步，快递行业信息化发展将进入更加智能化、网络化的阶段。预计快递企业将继续加强信息化建设，提高数据处理和分析能力，推动智能物流、绿色物流等新模式的发展。

(3) 发展层次：快递行业的信息化发展已经进入了智能化和数据化阶段。通过数字化技术和智能化设备实现了对物流全流程的精细化管理，提升了运输效率和服务水平

◆ **案例要求：**

(1) 描述快递行业的信息化发展水平，包括主要信息化应用领域、技术手段等，并指出其对物流行业的影响。
(2) 分析快递行业信息化的发展阶段，从初级阶段到智能化阶段的演变过程，阐述不同阶段的特点和发展趋势。
(3) 使用网络查找其他物流企业的信息化发展情况，比较不同企业之间的信息化水平和应用情况，总结各自的优劣势。
(4) 就快递行业信息化的未来发展趋势进行预测，结合当前科技发展动向和市场需求，提出个人对未来物流信息化发展的见解和建议。

请在小组合作的情境下，就案例引入中提到的信息化发展进行讨论，交流对案例的理解和看法。

知识储备

一、物流信息技术发展路线

信息技术一般每 10 年实现一个飞跃，引领着不同领域的转变，其中物流领域也受益于这一趋势，如图 1-15 所示。从最初的计算机发展到互联网的普及，再到移动互联网时代的到来，电商经济的蓬勃发展也刺激了物流行业的快速升级。随着人工智能、区块链、物联网等新兴技术的涌现，信息技术正不断演进并改变着我们的生活方式和工作方式。目前，我们正迈向"硅经济"阶段，即基于物流网、区块链技术和人工智能的物流平台经济。"硅经济"以大数据、云计算、人工智能等技术为支撑，推动着数字化转型和创新发展，成为当今世界经济的重要引擎。

图 1-15　物流信息技术发展进程

产业数字化

随着互联网经济和物流行业的快速发展，数字货运应运而生。这些货运版打车软件将"货"与"车"精准匹配，解决了因物流信息不对称导致的运力空驶、司机长时间等货等难题。近年来，受信息化、智能化技术驱动和现代物流相关政策加持，数字货运发展提速，驶入"新蓝海"。

中国物流与采购联合会发布的数据显示，2022 年中国公路货运市场规模约 5 万亿元，其中数字货运整体市场规模约 7000 亿元，市场潜力巨大。《中国数字货运发展报告》显示，2022 年中国数字货运整体市场规模约为 7000 亿元。截至 2022 年底，全国共有 2537 家网络货运企业（含分公司）；2022 年全年共上传运单 9401.2 万单，同比增长 36.0%。

近年来，数字货运平台市场规模快速增长、业务模式渐趋分化，经济社会效益也逐步显现。如今，平台业务已从传统的"车货匹配"逐步向网络承运、产业赋能、生态共建等方向转变。

二、智慧物流信息技术发展趋势概述

近年来，物流行业的信息技术发展日新月异，呈现出多个重要发展趋势，如图 1-16 所示。唯有把握新趋势与新变化，才能在变革的洪流中立足。

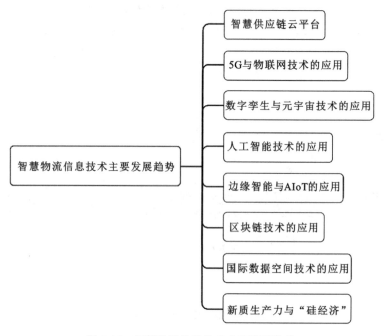

图 1-16　智慧物流信息技术主要发展趋势

（一）智慧供应链云平台

智慧供应链云平台是基于云计算技术构建的集成型供应链管理平台，旨在实现供应链各环节的数字化、智能化管理和协同运作。该平台通过整合各类物流信息系统和资源，提供了全方位的供应链可视化、信息化、智能化管理功能。它能够实时监控、分析和预测供应链中的各个环节，包括采购、生产、仓储、运输等，帮助企业实现供需平衡、优化库存管理、提高运输效率等目标。智慧供应链云平台还支持智能化的决策制定和资源调配，通过数据分析和人工智能技术，为用户提供更加精准和高效的供应链解决方案。总体来说，智慧供应链云平台的出现将深度改变传统供应链管理方式，提升整个供应链的运作效率和透明度，帮助企业更好地迎接市场机遇和挑战。

（二）5G 与物联网技术的应用

5G 与物联网技术的应用是智慧物流信息技术发展的重要趋势之一。随着 5G 通信技术的普及和物联网设备的广泛应用，物流行业迎来了更高效、可靠的通信网络和连接方式。5G 技术的高速传输和低延迟特性，使得物联网设备可以更快速地传递数据，实现即时监控和反馈。在物流领域，5G 与物联网技术的应用可以帮助实现实时物流跟踪、智能仓储管理、智能交通调度等功能。通过 5G 网络连接的物联网设备，能够实现物流信息的快速传输和处理，提升物流运作的效率和精准度。此外，5G 与物联网技术的结合，还可以支持自动驾驶车辆、智能物流机器人等智能化设备的应用，进一步推动物流行业的数字化转型和智能化发展。

（三）数字孪生与元宇宙技术的应用

数字孪生就是通过数字软件对某个物理进程进行模拟，并对其进行观察和数据分析，以实施优化、改造，或发现问题，进而模拟预测，以选择最佳方案。物流企业可以通过数字孪生，进行模拟、监测和优化，实现对物流运作的精细化管理。比如实时监控货物流动、设备运行等情况，预测问题并及时采取措施，提高物流效率和降低成本。

元宇宙技术是通过虚拟现实技术构建一个与现实世界相似的数字化空间，以模拟、交互和协作方式展现真实世界的数据和情况。在智慧物流中，元宇宙技术可以创建虚拟的物流网络、仓库、交通等场景，帮助物流从业者进行物流规划、模拟实验、培训等工作，提高决策效率和准确性。

将数字孪生与元宇宙技术相结合，可以为智慧物流提供更加全面、直观和智能化的管理工具。通过数字孪生建模，实时监控物流运作，再通过元宇宙技术予以可视化展示，帮助物流企业更好地理解和优化物流运作，提高运作效率和服务质量。

（四）人工智能技术的应用

人工智能（AI）是研究、开发用于模拟、延伸和扩展人的智能的理论、方法、技术及应用系统的新的技术科学。简言之，人工智能是指通过计算机程序来呈现人类智能的技术。

人工智能技术的发展，将彻底改变人类的生产和生活。重复性的工作、简单的脑力工作（如数据整理、校对、录入及车辆自动驾驶、设备无人控制等），将会很快被人工智能技术替代，这将对各个行业带来巨大的变革。

物流行业作为工业生产的支柱服务业和社会生活的新兴服务业，将会成为人工智能较早和较大的受益者。物流装备、设备的智能化、无人化，物流信息的智慧化，物流行业的高效率、低成本，都将随着人工智能技术的大量应用而迅速得以实现。在物流产业链中，人工智能将参与仓储、运输和配送三个基本环节。此外，人工智能技术也可作为指导物流科技底层技术而存在，从而实现技术落地的综合管理平台。人工智能将会是新一代物流行业重要的支撑技术，实现整个物流行业的信息化、标准化、智能化。

（五）边缘智能与AIoT的应用

AIoT指的是人工智能（AI）与物联网（IoT）的融合，这两种变革性的技术融合形成了一个新的范例，即人工智能物联网（AIoT）。预计到2028年，AIoT行业的总价值将达到249亿美元，复合年增长率将达到37.7%。边缘智能与物联网的结合涉及在硬件设备上本地运行人工智能算法，而非将数据传输到中心服务器或云进行处理，这样即使在最苛刻的场景下，也能提供快速、安全和稳定的低延迟物联网解决方案。因此，边缘智能指的就是将机器学习模型部署到边缘。

相较于延时性高、传输数据量较大的传统方案，基于边缘计算的AIoT解决方案减少了带宽压力和存储压力，且不需要对设备进行改造，具备经济、高效等特点，不仅能带来高效、智能、便捷的用户体验，还能助力建设更加全面的数字化基础设施，推动行业实现数字化、智能化转型。

（六）区块链技术的应用

区块链是一种分布式数据库技术，能够实现信息的安全、透明、不可篡改性，因此在物流领域具有重要的应用前景。区块链技术在智慧物流中的应用具有多方面的作用。在物流信息追溯方面，区块链技术可以确保货物流动轨迹、交易信息等的真实和可靠，有效减少货物丢失和造假等情况。在合同执行上，借助智能合约，区块链可以自动执行合约条款，简化合同执行流程，提高运作效率，适用于物流合同、运输协议等方面。此外，区块链技术还可以实现供应链金融去中心化、信用可追溯性等，为中小型供应商提供融资服务，缓解其融资难题。最后，结合物联网技术，区块链可以实现对货物运输过程中的监控和管理，确保货物的安全和完整性。

（七）国际数据空间技术的应用

企业在进行物流数字化升级时，需要整合现有的物流系统和技术，以实现数据的互联互通和信息的共享，涉及大量的数据采集、存储和传输。同时，跨境数据流通也为物流与供应链的全球化进程提供了透明度、可预测性和适应性。由此，在传统数据交易平台架构之上，国际数据空间作为一种安全数据交换与数据共享的架构应运而生。它利用现有的标准和技术以及数据经济中广为接受的治理模型，构建起安全数据主权交换和可信数据共享的策略和机制，将各类功能组件、企业工业数据云平台、本地应用程序和物联网设备连接到统一的数据空间内，以实现安全数据传输与智能数据服务。在物流与供应链数据空间中，借助数据主权架构实现商业敏感数据的灵活控制与共享，可帮助企业实现智能化物流管理，确保供应链的透明度和互操作性，并为企业提供更全面的全球市场洞察，加强全球供应链协同与管理及风险对抗能力。

信息要素、数据要素对未来的数字经济而言是非常重要的组成部分，而物流恰恰贯穿了整个产业链，里面有大量的数据，尤其是现在对智能传感器的应用及在物联网领域的应用。物流设备会产生并存储大量的数据,这些数据是有价值的,其是数字经济时代的"原油",其产权属于谁?该如何安全地流动?当前一个趋势就是靠国际数据空间技术来保证。

(八)新质生产力与"硅经济"

在当今全球化背景下,物流作为连接生产与消费的重要纽带,其地位日益凸显。物流体系的发展对于提升国家竞争力、推动经济高质量发展具有重要意义。近年来,物流成本大增,尤其是跨境物流,信息流通难度变得更高。如何降本增效,带动物流行业的高质量发展,是每个国家都在着力研究的课题。

2020年,德国提出了"硅经济"的概念,在此基础上研究数据主权问题,研究数据的安全性、可靠性,研究数据交易后产生的价值的合理分配问题。"硅经济"是物流未来重要的发展趋势。德国政府提出的"硅经济"概念是指将信息技术与传统产业结合,推动创新和数字化转型,以提高经济效益和竞争力。该概念强调将硅谷的创新理念引入传统制造业和服务业,促进数字化和智能化的发展,从而实现更高效、更灵活、更具竞争力的经济模式。在"硅经济"的框架下,德国鼓励企业加强与科研机构、创新企业和初创企业的合作,推动技术创新和产业升级,以应对全球经济变化和数字化转型的挑战。

2023年9月,习近平总书记在黑龙江考察时首次提出"新质生产力"。2024年两会期间,"新质生产力"被首次写入政府工作报告,并且被列为政府工作任务之首。根据官方给出的定义,新质生产力是创新起主导作用,摆脱传统经济增长方式、生产力发展路径,具有高科技、高效能、高质量特征,符合新发展理念的先进生产力质态。它由技术革命性突破、生产要素创新性配置、产业深度转型升级而催生,以劳动者、劳动资料、劳动对象及其优化组合的跃升为基本内涵,以全要素生产率大幅提升为核心标志,特点是创新,关键在质优,本质是先进生产力。

从以上阐述可以看出,新质生产力以技术为突破,以创新为特点。具体到物流行业,就是要将当前先进的科学技术,如当前大热的人工智能、大数据、物联网、5G等技术创新性地应用于物流供应链的组织全过程,通过数字化来优化业务流程、提高决策效率、增强客户体验,满足日益多样化和个性化的客户需求。从发展方式来看,当前物流领域新质生产力的形成或者质的变化更多来源于数字化、智能化、绿色化。

不管是"硅经济"还是新质生产力,在赋能传统产业的转型升级以及推动行业高质量发展上都有广阔前景。

产业体系与物流发展

在物流信息化行业中,信息化平台的搭建处于产业链的中游部分,主要将产品细分为信息平台建设、配套软件,以及配套的软件系统集成等。行业的上游主要由大数据、AI产业、云计算产业,以及机器人的智能生产线等组成。除此之外，还需要通信设备、铁路基建等基础设施供应。行业的下游应用场景中，主要按照交通基础设施场景和应用领域进行分类，其中公路运输信息化、港口物流信息化等为主要应用场景。从海外物流信息化战略性发展状况来看，目前，全世界较先进的自动化物流信息技术主要集中于欧洲、日本和美国等国家和地区，国际先进的自动化系统采用了最新的光、机、电等技术，大大提高了交通物流系统作业能力。

我国物流信息化行业的发展从 20 世纪 90 年代起步，在 2016 年前后步入大跨步发展阶段。2020 年以来，物流信息化融合了多项产业技术，与大数据、人工智能等信息技术相结合，正在打造出工作、配送效率更高的商业模式，使得物流行业整体迈入新阶段（如图 1-17 所示）。

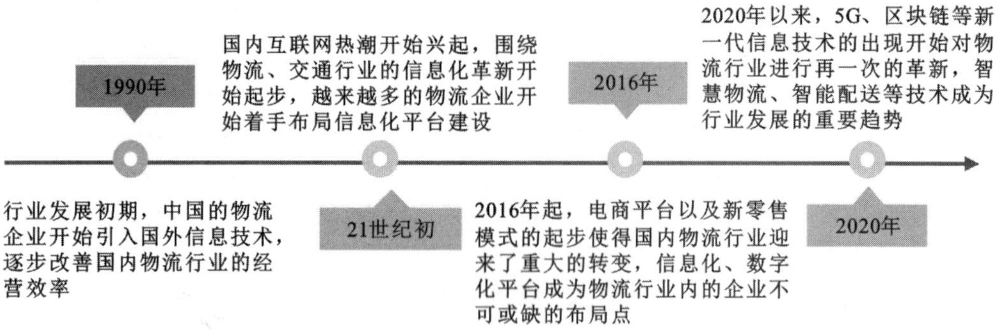

1990年	行业发展初期，中国的物流企业开始引入国外信息技术，逐步改善国内物流行业的经营效率
21世纪初	国内互联网热潮开始兴起，围绕物流、交通行业的信息化革新开始起步，越来越多的物流企业开始着手布局信息化平台建设
2016年	2016年起，电商平台以及新零售模式的起步使得国内物流行业迎来了重大的转变，信息化、数字化平台成为物流行业内的企业不可或缺的布局点
2020年	2020年以来，5G、区块链等新一代信息技术的出现开始对物流行业进行再一次的革新，智慧物流、智能配送等技术成为行业发展的重要趋势

图 1-17　物流信息化行业发展历程

单元测评

◆ **任务情境：**

在当今时代，随着电子商务行业的迅速发展，物流配送成为电商发展的重要支撑。为了应对不断增长的订单量和提高配送效率，许多电商企业开始积极推动物流信息化的发展。下面以一家电商企业为例，来了解电商物流的信息化发展情况。

这家电商企业成立于 2010 年，从最初的小规模网络平台发展成为如今的行业领军者。随着业务的不断扩张，该企业面临着日益增长的订单量和复杂的配送网络。为了提高配送效率和满足客户需求，该企业积极推动物流信息化的发展。

首先，该企业通过引入先进的信息系统，实现了订单处理、仓储管理、配送跟踪等环节的全程信息化。订单系统能够自动处理大量订单，并根据客户需求进行智能化分拣和打包，提高了订单处理效率。仓储管理系统实现了对库存的实时监控和管理，确保货物及时准确地存放和调配。配送跟踪系统能够实时追踪货物的配送状态，让客户随时了解订单的配送进度。

其次，该企业还积极采用物联网、大数据、人工智能等先进技术，进一步提高了物流管理的智能化水平。例如，该企业引入了智能配送车辆和无人机配送技术，实现了配送过程的自动化和智能化，大大提高了配送效率和服务质量。

通过以上措施，该企业成功实现了对物流配送的信息化管理，提高了配送效率和客户满意度，成为电商行业的领军企业之一。

◆ 任务要求：

（1）分析案例中电商企业的信息化发展情况，包括主要信息化应用领域、技术手段等，并评估其对物流行业的影响。

（2）就案例中电商企业的信息化发展阶段进行分析，了解其从初级阶段到智能化阶段的演变过程，阐述不同阶段的特点和发展趋势。

（3）使用网络资源查找其他电商企业的信息化发展情况，比较不同企业之间的信息化水平和应用情况，总结各自的优劣势。

（4）就案例中提到的电商物流信息化发展趋势进行预测，结合当前科技发展动向和市场需求，提出对未来物流信息化发展的见解和建议。

（5）在小组合作的情境下，学生应就案例中提到的信息化发展进行讨论，交流对案例的理解和看法，加深对物流信息化的认识，培养团队合作和沟通技巧。

模块综合测评

一、单选题

1. 在信息技术中，根据数据处理的方法和结果的不同，每个数据都有哪些基本特征？（　　）

   A. 数据名、数据来源、数据值　　B. 数据名、数据类型、数据长度
   C. 数据长度、数据值、数据类型　　D. 数据来源、数据长度、数据值

2. 战略性决策的特点之一是（　　）。

   A. 对广泛的概括性数据进行加工处理
   B. 仅需要反映企业日常业务活动的数据
   C. 依赖于日常业务活动的规程执行
   D. 主要活动是对经营管理中的数据进行分析

3. 现代物流的重要特征之一是（　　）。

   A. 物流的低效率　　B. 物流的信息化
   C. 物流的独立运作　　D. 物流的手工操作

4. 以下哪项是物流信息技术中的非接触式自动识别技术？（　　）

   A. 数据管理技术　　B. 射频识别技术
   C. 数据挖掘技术　　D. 多媒体技术

5. 以下哪种技术用于处理地理特征的空间数据？（　　）

   A. 数据挖掘技术　　B. 地理信息系统
   C. 全球导航卫星系统　　D. 智能运输系统

6. 在物流信息系统中，（　　）用于将图像、声音、文字等集成到一个具有人机交互功能的可编程环境中。
    A. 数据挖掘技术　　　　　　　　　　B. 射频识别技术
    C. 多媒体技术　　　　　　　　　　　D. 地理信息系统
7. 以下哪项是用于自动识别物品信息和快速跟踪物品移动的重要工具？（　　）
    A. 智能运输系统　　　　　　　　　　B. 电子数据交换技术
    C. 全球导航卫星系统　　　　　　　　D. 条码技术
8. 在中国物流企业信息化现状中，以下哪项不是物流信息系统的主要问题？（　　）
    A. 孤立性和静态性　　　　　　　　　B. 应用普及率较低
    C. 条码技术的应用广泛　　　　　　　D. 渗透率普遍较低
9. 下列哪项不是物流信息化发展的阶段重点之一？（　　）
    A. 集成供应链管理信息化　　　　　　B. 基础的物流管理信息化
    C. 企业内部供应链计划管理的信息化平台　　D. 物流业务的协同层次

二、多选题

1. 信息的特征包括（　　）。
    A. 真实性　　　　　　　　　　　　　B. 价值性
    C. 对称性　　　　　　　　　　　　　D. 共享性
2. 信息与决策的关系包括（　　）。
    A. 没有信息就无从决策　　　　　　　B. 决策实施后会得到新的信息
    C. 决策实施后可能不会得到新的信息　D. 不同决策所需信息也不同
3. 物流信息的特征包括（　　）。
    A. 信息量大　　　　　　　　　　　　B. 更新慢
    C. 来源多样化　　　　　　　　　　　D. 趋于标准化
4. 下列哪些技术用于物流数据的管理和分析？（　　）
    A. 数据管理技术　　　　　　　　　　B. 数据挖掘技术
    C. 地理信息系统　　　　　　　　　　D. 多媒体技术

三、判断题

1. 数据可以直接参与加减乘除等计算。　　　　　　　　　　　　　　　　（　　）
2. 信息的价值性意味着信息是一种资源。　　　　　　　　　　　　　　　（　　）
3. 数据和信息在企业管理中通常被用作具有相同含义的词语。　　　　　　（　　）
4. 物流信息与其他信息相比，通常具有更新速度较慢的特点。　　　　　　（　　）
5. 射频识别技术是一种接触式自动识别技术。　　　　　　　　　　　　　（　　）
6. 数据仓库是一种用于支持经营管理中的决策制定过程的结构化数据环境。
　　　　　　　　　　　　　　　　　　　　　　　　　　　　　　　　　（　　）
7. 物流信息化的发展趋势包括平台化、产业化、集成化和可视化。　　　　（　　）

8. 随着企业对一体化经济的融入，物流系统服务需求由简单的物流单项服务向供应链管理发展。（ ）

四、案例分析题

1. 在一家物流公司中，经理收到一份报告，报告显示每辆货车的载货量超过公司规定的限值。经调查发现，这些数据包含每辆货车的车货总质量限值。请根据所提供的信息，分析数据和信息之间的关系，并讨论这些数据如何影响决策以保障公司运营安全。

问题：
(1) 数据和信息之间的区别是什么？
(2) 这些数据如何影响经理的决策过程？
(3) 如何利用这些数据保障公司的运营安全？

2. 一家物流企业面临日益增加的物流信息和多样化的信息来源。为了提高物流活动的效率和管理水平，该企业决定引入新的信息技术和管理方法。请分析这个案例中物流信息的概念和特征，以及这些特征如何影响企业的决策和管理。

问题：
(1) 狭义物流信息和广义物流信息有何不同？请分别举例说明。
(2) 物流信息的特征有哪些？这些特征对企业的决策和管理有何影响？

3. 假设您是一家跨国电商公司的物流经理，您的公司在全球范围内运营着大规模的物流网络，以满足客户对商品的快速交付需求。您需要设计一个智能物流系统，以提高物流效率和客户满意度。请详细描述您将如何利用物流信息技术，例如全球导航卫星系统、射频识别技术、数据管理技术等，来优化货物的运输、跟踪和配送过程，同时保证信息安全和数据隐私。

参考答案

模块二 智慧物流信息采集技术

模块导学

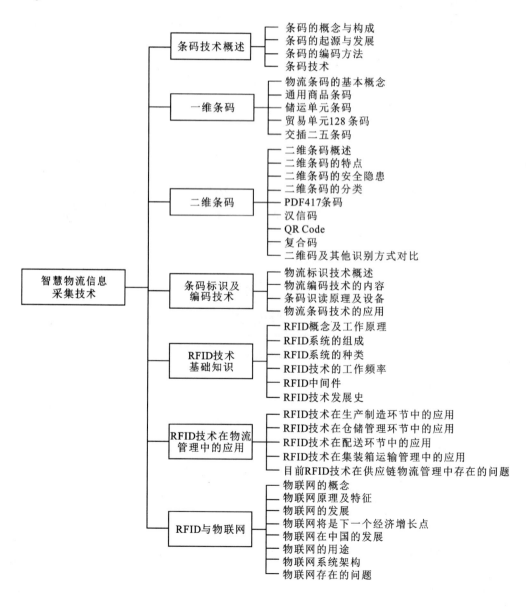

单元一　条码技术概述

单元目标

◆ 知识目标：
(1) 熟悉条码的基本术语和概念；
(2) 了解条码的起源与发展；
(3) 掌握条码符号的构成；
(4) 理解不同的条码编码方法。

◆ 技能目标：
(1) 能够识别条码编码方法的差别；
(2) 能够根据定义描述说出相关术语；
(3) 能够阐述条码技术的基本原理；
(4) 能够介绍条码的各部分构成；
(5) 能够举例说明条码技术的典型应用。

◆ 素养目标：
(1) 通过条码标准的制定与推广，培养学生的规则意识；
(2) 通过条码技术的学习，培养学生的创新思维；
(3) 通过小组合作，培养学生相互沟通的能力。

走进行业

◆ 案例情境：

俗话说："货比三家不吃亏，路走三遭不陌生。"在消费需求日益多元化、个性化、品质化的今天，消费者购物时都希望能够买到物美价廉的商品。

家住深圳的李女士周末喜欢和家人朋友一起逛超市，挑选心仪的商品。近来，她养成了一个习惯，看到感兴趣的商品不急着结账，而是通过手机上的电商购物平台先扫描商品条码，搜索到不同电商卖家的同款商品，从而进行销售价格的比较。在享受查询便利的同时，李女士产生了好奇，一键查询、一键购物背后的原理究竟是什么？

◆ 案例思考：

（1）为何商品条码能够成为商品的"身份证"和国际贸易的"通行证"？

（2）电商平台通过商户注册后台录入和采集相关信息时，与条码有关的数据有哪些？

（3）为什么电商平台能够构建一个统一、高效、通用的商品信息交换平台？

知识储备

自动识别技术是信息数据自动识读及自动输入计算机的重要方法和手段，是以计算机技术和通信技术的发展为基础的综合性科学技术。自动识别技术近几十年在全球范围内得到迅猛发展，初步形成一个包括条码技术、磁条技术、光学字符识别技术、系统集成化技术、射频技术、声音识别技术及视觉识别技术等集计算机、光、机、电、信息技术于一体的高新技术范畴。

计算机与网络技术的发展，彻底改变了人们传统的工作方式。但如何解决计算机的快速录入问题，一直是影响计算机应用的瓶颈。手动键盘输入速度慢、容易出错，而且工作强度大。到目前为止，先后涌现出多种自动识别技术，如手写识别技术、语音识别技术、条码识别技术、磁识别技术等。尤其以条码技术为首的自动识别技术，因其输入速度快、准

条码扫描设备-指环式扫描器

确率高、成本低、可靠性强等显著优点，发展十分迅速，现已广泛应用于物品装卸、分类、拣货、库存等物流业各环节，使得物流作业程序简单而且准确。

一、条码的概念与构成

条码（Bar Code）是利用光扫描阅读并实现数据输入计算机的一种特殊代码。条码是由一组粗细不同、黑白或彩色相间的条、空及对应的字符（数字、字母）组成的标识，用以表示一定的信息。"条"指对光线反射率较低的部分，"空"指对光线反射率较高的部分。这些条和空组成的数据表达一定的信息，并能够用特定的设备识读，转换成与计算机兼容的二进制和十进制信息。

《物流术语》（GB/T 18354—2021）中定义：条码是由一组规则排列的条、空组成的符号，可供机器识读，用以表示一定的信息，包括一维条码和二维条码。

（一）有关条码的基本术语

在条码技术和应用中，经常用到下列术语。

条（Bar Dark）：条码中反射率较低的部分。

空（Space；Light Bar）：条码中反射率较高的部分。

字符集（Character Set）：条码符号可以表示的字母、数字和符号的集合。

中间分隔符（Central Separating Character）：位于条码中间位置用来分隔数据段的若干条与空。

分隔字符（Separator）：编码字符集中的一种起分隔作用的特殊字符。

条码字符（Bar Code Character）：表示一个字符或符号的若干条与空。

条码字符集（Bar Code Character Set）：表示条码字符的集合。

条码填充符（Bar Code Filler Character）：不表示特定信息的条码字符。

单元（Element）：构成条码字符的条或空。

条高（Bar Height）：垂直于单元宽度方向的条的高度尺寸。

条宽（Bar Width）：条码字符中条的宽度尺寸。

空宽（Space Width）：条码字符中空的宽度尺寸。

条宽比（Bar Width Ratio）：条码中最宽条与最窄条的宽度比。

空宽比（Space Width Ratio）：条码中最宽空与最窄空的宽度比。

条码长度（Bar Code Length）：从条码起始符前缘到终止符后缘的长度。

条码符号的长度（Bar Code Symbol Length）：包括空白区的条码长度。

特征比（Aspect Ratio）：条码长度与条高的比。

条码密度（Bar Code Density）：单位长度条码所表示条码字符的个数。通常用 CPI 表示，即每英寸（1 英寸＝0.0254 米）内能表示的条码字符的个数。

条码字符间隔（Inter-Character Gap）：相邻条码字符间不表示特定信息且与空的反射率相同的区域。

模块（Module）：模块组配编码法组成条码字符的基本单位。

保护框（Bearer Bar）：围绕条码且与条码反射率相同的边或框。

连续型条码（Continuous Bar Code）：没有条码字符间隔的条码。

非连续型条码（Discrete Bar Code）：有条码字符间隔的条码。

奇偶校验（Odd-Even Check）：根据二进制数位中"0"或"1"的个数为奇数或偶数而进行校验的方法。

自校验条码（Self-Checking Bar Code）：条码字符本身具有校验功能的条码。

定长条码（Fixed Length of Bar Code）：条码字符个数固定的条码。

非定长条码（Unfixed Length of Bar Code）：条码字符个数不固定的条码。

条码逻辑式（Bar Code Logic Value）：用二进制"0"和"1"表示条码字符的表示式。

编码容量（Encoded Volume）：条码字符集中所能表示字符数的最大值。

一维条码（Linear Bar Code）：只在一维方向上表示信息的条码符号。

二维条码（Two-Dimensional Bar Code）：在二维方向上表示信息的条码符号。

特种条码（Special Bar Code）：特殊材料制成的条码。

条码字符的值（Character Value）：一维条码由条码逻辑式向字符集转换的中间值。

码字（Code Word）：二维条码字符的值由条码逻辑式向字符集转换的中间值。

（二）条码符号的构成

一个完整的条码符号由空白区、起始符、数据符、校验符和终止符组成。

（1）空白区（Clear Area）：条码起始符、终止符两端外侧与空的反射率相同的限定区域。

（2）起始符（Start Character）：位于条码起始位置的若干条与空，标志着一个条码符号的开始。阅读器确认此字符存在后开始处理扫描脉冲。

（3）数据符（Data Character）：表示特定信息的条码字符。位于起始符后面的字符，标识一个条码的值，其结构异于起始符，可允许进行双向扫描。

（4）校验符（Check Character）：表示校验码的条码字符。校验符代表一种算术运算的结果。阅读器在对条码进行解码时，对读入的各字符进行规定的运算，如运算结果与校验符相同，则判定此次阅读有效，否则不予读入。

（5）终止符（Stop Character）：位于条码终止位置的若干条与空，是条码符号的最后一位字符，标志一个条码符号的结束。阅读器确认此字符后停止处理。

二、条码的起源与发展

条码技术最早出现在 20 世纪 40 年代，但得到实际应用和发展是在 20 世纪 70 年代。现在世界上的许多国家和地区都已经普遍使用条码技术，而且条码技术正在快速地向世界各地推广，其应用领域越来越广泛，并逐步渗透到许多技术领域。早在 20 世纪 40 年代，美国乔·伍德兰德和伯尼·西尔沃两位工程师就开始研究用代码表示食品项目及相应的自动识别设备，并于 1949 年获得了专利。这种代码的图案很像微型射箭靶，被叫作"公牛眼"代码。靶式的同心圆是由圆条和空绘成圆环形。在原理上，"公牛眼"代码与后来的条码很相近，遗憾的是当时的工艺和商品经济还没有能力印制出这种码。20 年后，乔·伍德兰德作为 IBM 公司的工程师成为北美统一代码 UPC 码的奠基人。以吉拉德·费伊塞尔为代表的几名发明家于 1959 年申请了一项专利，描述了数字 0～9 中每个数字可由七段平行条组成。但这种码机器难以识读，人工识读也不方便。不过，这一构想的确促进了后来条码的产生与发展。不久，E.F. 布林克尔申请了另一项专利，该专利是将条码标记在有轨电车上。20 世纪 60 年代后期，西尔沃尼亚发明的一个系统，被北美铁路系统采纳。这两项可以说是条码技术较早期的应用。

三、条码的编码方法

条码的编码方法是指条码中条、空的编码规则及二进制的逻辑表示的设置。一般的条码编码方法有两种：模块组配编码法和宽度调节编码法。

（一）模块组配编码法

模块组配编码法是指条码符号的字符由规定的若干模块组成，即条与空分别由若干个模块组合而成。一个模块的条表示二进制的"1"，一个模块的空表示二进制的"0"。

EAN 条码、UPC 条码均属模块组配编码法条码。商品条码的标准模块宽度为 0.33 mm。

每个商品条码字符由 2 个条和 2 个空构成，每一个条或空由 1~4 个模块组成，每一个条码字符的总模块数为 7，如图 2-1 所示。

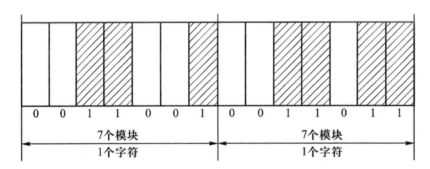

图 2-1 条码字符构成

（二）宽度调节编码法

宽度调节编码法是条码符号中的条和空由宽、窄两种单元组成的条码编码方法，即条（空）的宽窄设置不同，宽单元表示二进制的"1"，窄单元表示二进制的"0"，宽单元的宽度通常是窄单元宽度的 2~3 倍。

下面以二五条码为例，简单介绍宽度调节编码方法。

二五条码是一种只有条表示信息的非连续型条码。条码字符由规则排列的 5 个条构成，其中有两个宽单元，其余的是窄单元，宽单元一般是窄单元的 3 倍，宽单元表示二进制的"1"，窄单元表示二进制的"0"。图 2-2 所示是二五条码字符集中代码"1"的字符结构。

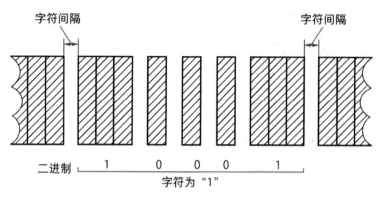

图 2-2　二五条码字符集中代码"1"的字符结构

四、条码技术

条码技术是在计算机技术与信息技术的基础上发展起来的一门集编码、印刷、识别、数据采集和处理于一身的新兴技术。条码技术的核心内容是利用光电扫描设备识读条码符号,从而实现机器的自动识别,并快速准确地将信息录入计算机进行数据处理,以达到自动化管理之目的。条码技术主要研究内容如图 2-3 所示。

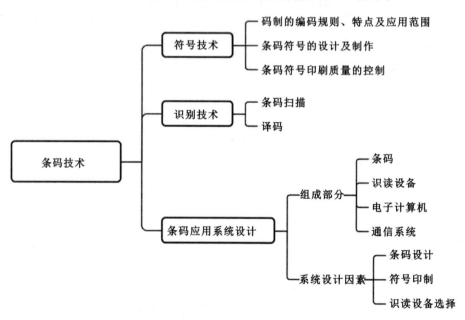

图 2-3　条码技术主要研究内容

(一)符号技术

符号技术主要研究码制的编码规则、特点及应用范围,条码符号的设计及制作,条码符号印刷质量的控制等。只有按规则编码、符合质量要求的条码符号才能最终被识读器识别。

（二）识别技术

识别技术主要由条码扫描和译码两部分构成。条码扫描是利用光束扫读条码符号，将光信号转换为电信号，这部分功能由扫描器完成。译码是将扫描器获得的电信号按一定的规则翻译成相应的数据代码，然后输入计算机或存储器，这个过程由译码器完成。

（三）条码应用系统设计

条码应用系统由条码、识读设备、电子计算机和通信系统组成。应用范围不同，则条码应用系统的配置不同。一般来讲，条码应用系统的应用效果主要取决于系统设计。系统设计主要考虑三个因素：条码设计、符号印制、识读设备选择。

目前条码技术已在多个领域中得到了广泛应用，表 2-1 将条码技术与其他自动识别技术进行了简单比较说明。

表 2-1 条码技术与其他自动识别技术比较表

比较项目	键盘	OCR	磁条（卡）	条码	射频（RF）
输入 12 位数据速度	6 s	4 s	0.3～2 s	0.3～2 s	0.3～0.5 s
误读率	1/300	1/10000	—	1/15000～1/100000000	—
印刷密度	—	10～12 字符/inch	48 字符/inch	最大 20 字符/inch	4～8000 字符/inch
印刷面积	—	2.5 mm 高	6.4 mm 高	长 15 mm×宽 4 mm	直径 4 mm×长 32 mm 至纵 54 mm×横 86 mm
基材价格	无	低	中	低	高
扫描器价格	无	高	中	低	高
非接触识读	—	不能	不能	接触～5 m	接触～5 m
优点	操作简单，可用眼阅读，键盘本身便宜，识读率高	可用眼阅读	数据密度高，输入速度快	输入速度快，设备便宜，设备种类多，可非接触式识读	可在灰尘、油污等情况下使用，可非接触式识读

续表

比较项目	键盘	OCR	磁条（卡）	条码	射频（RF）
缺点	输入速度低，输入受个人因素影响	输入速度低，不能非接触式识读设备，价格高	不能直接用眼阅读，不能非接触式识读数据，可变更	数据不可更改，不可用眼直接阅读	发射、接收装置价格昂贵，发射装置寿命短，数据可改写

通过比较，可以看出条码技术能在工业、邮电业、医疗卫生、物资管理、安全检查、证卡管理、军事工程、办公室自动化等领域中得到广泛应用，主要是由于其具有以下特点，如图 2-4 所示。

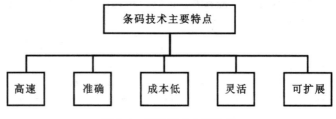

图 2-4　条码技术主要特点

（1）高速：键盘输入 12 位数字需 6 s，而用条码扫描器输入则只需 0.2 s。

（2）准确：条码的正确识读率可达 99.9%。

（3）成本低：条码标签成本低，识读设备价格便宜。

（4）灵活：根据顾客或业务的需求，容易开发出新产品；扫描景深大；识读方式多，有手动式、固定式、半固定式；输入、输出设备种类多，操作简单。

（5）可扩展：目前在世界范围内得到广泛应用的 EAN 码是国际标准的商品编码系统，其横向、纵向发展余地都很大，现已成为商品流通业、生产自动管理，特别是电子数据交换和国际贸易的一个重要基础，并将发挥较大作用。

新质生产力

随着科技浪潮的汹涌澎湃，人工智能呈现出日新月异的发展态势。人工智能不仅在各个行业中崭露头角，更在多元化的应用场景中逐步落地生根，展现出其重要价值。而在条码应用领域，由于人工智能的引进，数据处理效率得到了极大提升，优化了用户体验，为行业带来了变革与突破。如今是"一物一码"的物联网时代。条形码、二维码就是物品的"身份证""通行证"。如果物品的条码打歪了、标签贴错了，出现张冠李戴、混淆视听的情况，或者出现更多不确定的问题怎么办？别担心，有了人工智能的加持，物品的"身份证"就错不了，再扭曲也逃不过人工智能的"火眼金睛"。

首先，通过深度学习算法和图像识别技术，人工智能可以快速准确地识别条码，即使在复杂的环境下也能实现高效扫描。这种准确性和快速性极大地提高了物流操作的效率，减少了人为错误和延误。

其次，人工智能还能检测和修复扫描过程中可能出现的错误，比如损坏的条码或者模糊不清的图像。通过智能识别和纠错，可以避免因为扫描错误而导致的物流延误和损失。

比如，为了更好地服务企业，国家超级计算深圳中心启动智能服务与决策支持平台项目，成功开发物码智能识别系统，能够全天候应对各种复杂的物码识别、验证问题，大幅提高了办件效率，也在信息真实性的核验上发挥了重要作用。

单元测评

◆ 任务情境：

中国物品编码中心自1988年成立以来，在国家市场监管总局的领导下，在地方市场监管部门的支持和帮助下，在全国物品编码工作者的共同努力下，砥砺前行、不畏艰难、开拓创新，带领我国物品编码事业从无到有、从弱到强，见证了改革开放，也践行了改革创新。在这30余年的奋斗进程中，产生了许多动人的故事和优秀的人物榜样。

◆ 任务要求：

请你任选一种条码或一个与条码发展有关的人物，收集相关资料和故事，并形成调研报告。

单元二　一 维 条 码

单元目标

◆ 知识目标：

（1）理解物流条码的基本概念和作用；
（2）掌握物流条码与通用商品条码的区别；
（3）知悉一维条码的编码规则及数字含义；
（4）理解物流条码标准体系的重要性及其在物流系统中的应用。

◆ 技能目标：
（1）能够描述物流条码在物流过程中的作用和优势；
（2）具备解析物流条码的能力，包括理解其多种含义和信息；
（3）能够进行不同商品条码的判断，找到对应商品的产地及生产商；
（4）能够计算 EAN-13 及 UPC-A 商品条码的校验码；
（5）能够解释物流条码的可变性和维护性对物流系统的影响。

◆ 素养目标：
（1）培养学生对物流信息化管理的意识，认识物流条码对提高物流系统效率的重要性；
（2）培养学生分析和解决问题的能力，能够在实际工作中运用物流条码技术解决物流管理中的挑战；
（3）提高学生的细致性和注意力，使其能够正确理解和应用物流条码标准，确保物流信息传递的准确性和可靠性。

走进行业

◆ 案例情境：
随着短视频日渐流行，有很多自媒体用视频科普一些生活小常识、娱乐信息等，但网络信息鱼龙混杂，总有些打着"科普"幌子实则为卖货的视频误导大众。例如，曾经网络上流传一段涉及商品条码的虚假信息视频，视频中声称商品条码前三位数字代表产品成分，690 表示含有激素、691 含有少量铅汞、692 是中药、693 是天然的，等等。这种说法引起了人们的关注和疑虑。如果这种说法成立，将对消费者购买商品时的选择产生深远影响。

◆ 案例要求：
作为一名物流专业大学生，假如你看到你身边的亲人轻信了这套说法，你将如何打破这个谣言，进行正确的科普？

知识储备

一、物流条码的基本概念

为了实现以最少的投入获得最大的经济效益，就要使物流过程快速、合理、消耗低,需要对物流、商流、信息流进行综合考虑,发挥物流系统的功能。物流条码是物流过程中用以标识具体实物的一种特殊代码,是由一组黑白相间的条、空组成的图形,利用识读设备可以实现自动识别、自动采集数据。在商品从生产到运输、交换整个物流过程中都可以通过物流条码来实现数据共享,使信息的传递更加方便、快捷、准确,从而提高整个物流系统的经济效益。

当今通用商品条码已经普及,使商业管理实现了自动化,而物流条码刚刚起步。与通用商品条码相比,物流条码有如下特点,如图 2-5 所示。

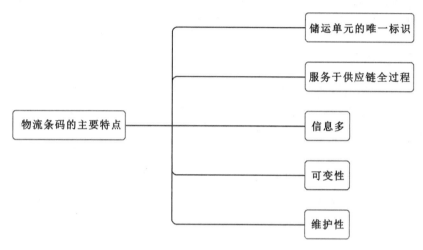

图 2-5　物流条码的主要特点

(一)储运单元的唯一标识

商品条码是最终消费品,通常是每个商品的唯一标识,用于零售业的现代化管理;物流条码是储运单元的唯一标识,通常标识多个或多类商品的集合。储运单元是由若干个消费单元组成的稳定和标准的产品集合,是收发货、运输、装卸、仓储等物流业务必需的一种商品包装单元。储运单元一般是多个商品的集合,也可以是多种商品的集合,应用于现代化的物流管理中。

(二)服务于供应链全过程

商品条码服务于消费环节,商品条码在零售业的 POS 系统中起到单个商品的自动识别、自动寻址、自动结账等作用,商品一经出售到最终用户手里,商品条码就完成了其存在的价值,商品条码是零售业现代化、信息化管理的基础。物流条码服务于供应链全过程,生产厂家生产出产品,经过包装、运输、仓储、分拣、配送,直到零售商店,中间经过若干环节,物流条码是这些环节中的唯一标识,因此其涉及面更广,是多种行业共享的通用数据。

(三)信息多

通常,商品条码是一种无含义的 13 位数字条码;物流条码是一个可变的,可表示多种含义、多种信息的条码，是无含义的货运包装的唯一标识，可表示货物的体积、重量、生产日期、批号等信息，是贸易伙伴根据在贸易过程中共同的需求，经过协商统一制定的。

（四）可变性

商品条码是国际化、通用化、标准化商品的唯一标识，是零售业的国际化语言；物流条码是随着国际贸易的不断发展，贸易伙伴对各种信息需求的不断增加而产生的，其应用领域在不断扩大，内容也在不断丰富。

（五）维护性

物流条码的相关标准是一个需要经常维护的标准。维护条码的部门及时沟通用户需求，传达标准化机构有关条码应用的变更内容，是确保国际贸易中物流现代化、信息化管理的重要保障之一。

正是因为物流条码具有以上特点，才使其能够区别于通用商品条码，物流条码在物流领域中的实施才具有可行性。通过对物流条码信息的收集、传递和反馈，从而提高整个物流系统的经济效益，这是研究物流条码的最终目的。

物流条码体系的涉及面较广，相关标准较多，它的实施和标准化与物流系统的机械化、现代化、规范化和标准化有非常密切的关系。正因为物流条码体系的复杂性和广泛性，其建立与应用将是一个长期探索与实践的过程。物流条码标准体系只是物流条码体系的一个组成部分，也是极其重要的一个组成部分。条码技术标准是对条码技术中重复性事物和概念做出的统一规定。它以科学、技术和实践经验的综合成果为基础，经有关方面协商一致，由主管机构批准，以特定形式发布，作为共同遵守的准则和依据。

在国际贸易中，物流条码标准体系已基本成熟，并随着世界经济的发展而日趋完善。我国也已经制定出了许多相关标准，可以据此建立物流条码标准体系，但还有待进一步完善。

条码的码制是指条码符号的类型，每种类型的条码符号都是由符合特定编码规则的条和空组合而成的，都有固定的编码容量和条码字符集。虽然，现在正在使用的条码码制有很多种，但国际上公认的物流条码只有三种，即通用商品条码、储运单元条码（含交插二五条码）和贸易单元128条码，这些码制基本上可以满足物流条码体系的应用要求。

 ## 二、通用商品条码

商品编码是指用一组阿拉伯数字标识商品的过程，这组数字称为商品代码。商品代码与商品条码是两个不同的概念。商品代码是代表商品的数字信息，而商品条码是表示这一信息的符号。在关于商品条码的工作中，要制作商品条码符号，首先必须给商品编一个数字代码。商品条码是由一组规则排列的条、空及其对应代码组成的，是表示商品特定信息的标识。

商品条码的代码是按照国际物品编码协会统一规定的规则编制的，分为标准版商品条码和缩短版商品条码两种。标准版商品条码的代码由 13 位阿拉伯数字组成，简称 EAN-13 条码，是国际物品编码协会（GS 1）在全球推广应用的商品条码。它是一种定长、无含义的条码，没有自校验功能，使用的字符仅为 0～9 共 10 个字符。缩短版商品条码的代码由 8 位数字组成，简称 EAN-8 条码。

（一）商品条码编码原则

1. 唯一性

唯一性是指商品项目与其标识代码一一对应，即一个商品项目只有一个代码，一个代码只标识同一商品项目。商品项目代码一旦确定，则永不改变。即使该商品停止生产、供应了，在一段时间内（有些国家规定为 3 年）也不得将该代码分配给其他商品项目。

2. 无含义

无含义是指代码数字本身及其位置不表示商品的任何特定信息。在 EAN 及 UPC 系统中，商品编码仅仅是一种识别商品的手段，而不是商品分类的手段。无含义使商品编码具有简单、灵活、可靠、充分利用代码容量、生命力强等优点，这种编码方法尤其适合较大的商品系统。

（二）商品条码的编码结构简介

1. 标准版商品条码的代码结构

标准版商品条码（EAN-13 条码）所表示代码由 13 位数字组成，其结构如表 2-2 所示。

表 2-2　EAN-13 条码的代码结构

结构种类	厂商识别代码	商品项目代码	校验码
结构一	$X_{13}\ X_{12}\ X_{11}\ X_{10}\ X_9\ X_8\ X_7$	$X_6\ X_5\ X_4\ X_3\ X_2$	X_1
结构二	$X_{13}\ X_{12}\ X_{11}\ X_{10}\ X_9\ X_8\ X_7\ X_6$	$X_5\ X_4\ X_3\ X_2$	X_1
结构三	$X_{13}\ X_{12}\ X_{11}\ X_{10}\ X_9\ X_8\ X_7\ X_6\ X_5$	$X_4\ X_3\ X_2$	X_1

注：表中 X_i（$i=1\sim 13$）表示从右至左的第 i 位数字代码。

厂商识别代码由 7～9 位数字组成，用于对厂商的唯一标识。前缀码是用来标识各编码组织所在国家或地区的代码，由国际物品编码协会统一分配，确保其在国际范围内的唯一性。已分配的前缀码如表 2-3 所示。

表 2-3　部分国家（或地区）已分配的前缀码

前缀码	编码组织所在国家（或地区）/应用领域	前缀码	编码组织所在国家（或地区）/应用领域	前缀码	编码组织所在国家（或地区）/应用领域
000～019 030～039 060～139	美国	680～689	中国内地（大陆）	020～029 040～049 200～299	店内码
300～379	法国	958	中国澳门地区	622	埃及
380	保加利亚	489	中国香港地区	623	文莱
383	斯洛文尼亚	471	中国台湾地区	625	约旦
385	克罗地亚	480	菲律宾	626	伊朗
387	波黑	482	乌克兰	628	沙特阿拉伯
400～440	德国	483	土库曼斯坦	883	缅甸
450～459 490～499	日本	485	亚美尼亚	884	柬埔寨
460～469	俄罗斯	500～509	英国	885	泰国
470	吉尔吉斯斯坦	520～521	希腊	888	新加坡
474	爱沙尼亚	528	黎巴嫩	893	越南
475	拉脱维亚	529	塞浦路斯	899	印度尼西亚
476	阿塞拜疆	530	阿尔巴尼亚	955	马来西亚
477	立陶宛	539	爱尔兰	890	印度
479	斯里兰卡	540～549	比利时 卢森堡	865	蒙古
754～755	加拿大	560	葡萄牙	867	朝鲜
789～790	巴西	569	冰岛	870～879	荷兰
800～839	意大利	618	象牙海岸	840～849	西班牙
880	韩国	729	以色列	850	古巴
950	GS1 总部	978～979	图书	896	巴基斯坦
951	GS1 总部/产品电子代码	960～969	GS1 总部/缩短码	930～939	澳大利亚
977	连续出版物	980	应收票据	050～059	优惠券

思考：

GS1 组织原来分配给中国内地（大陆）的 GTIN-13 商品编码前缀码为 690～

699。2023 年，中国物品编码中心通过 GS1 总部审核，新增 680～689 系列字段。请结合中国现代化产业体系发展，思考这一举措背后的原因并谈谈个人的感悟和见解。

商品项目代码由 3～5 位数字组成，用以标识商品的代码。商品项目代码由厂商自行编码。在编制商品项目代码时，厂商必须遵守商品编码的基本原则：对同一商品项目必须编制相同的商品项目代码；对不同的商品项目必须编制不同的商品项目代码。保证商品项目与其标识代码一一对应，即一个商品项目只有一个代码，一个代码只标识一个商品项目。

校验码用以校验条码代码的正误，是根据条码字符的数值按一定的数学算法计算得出的。校验码由一位数字构成。

国际物品编码协会早期分配给中国物品编码中心使用的前缀码为 690～699（后新增 680～689）。其中，以 690、691 为前缀码的 EAN-13 条码的代码结构为：X_{13}～X_7 表示厂商识别代码，X_6～X_2 表示商品项目代码，X_1 表示校验码。以 692、693 为前缀码的 EAN-13 条码的代码结构为：X_{13}～X_6 表示厂商识别代码，X_5～X_2 表示商品项目代码，X_1 表示校验码。以 694～699 为前缀码的 EAN-13 条码的代码结构为：X_{13}～X_5 表示厂商识别代码，X_4～X_2 表示商品项目代码，X_1 表示校验码，如表 2-4 所示。

表 2-4　中国 EAN-13 条码不同前缀码所对应的结构种类

结构种类	厂商识别代码	商品项目代码	校验码
结构一 （690、691）	$X_{13}\ X_{12}\ X_{11}\ X_{10}\ X_9\ X_8\ X_7$	$X_6\ X_5\ X_4\ X_3\ X_2$	X_1
结构二 （692、693）	$X_{13}\ X_{12}\ X_{11}\ X_{10}\ X_9\ X_8\ X_7\ X_6$	$X_5\ X_4\ X_3\ X_2$	X_1
结构三 （694～699）	$X_{13}\ X_{12}\ X_{11}\ X_{10}\ X_9\ X_8\ X_7\ X_6\ X_5$	$X_4\ X_3\ X_2$	X_1

厂商代码是 EAN 编码组织在 EAN 分配的前缀码的基础上分配给厂商的代码；商品项目代码由厂商自行编码；校验码是为了校验代码的正确性。例如，条码 6902083890414 和 6902083886455，其中 690 代表我国 EAN 组织，2083 代表杭州娃哈哈集团有限公司，89041 是 1.15 L 大瓶装的营养快线商品代码，88645 是 500 mL 小瓶装的营养快线商品代码。这样的编码方式保证了无论在何时何地，一个条码都唯一对应该种商品。以上就是遵循"3451"编码原则，适用的是 690 与 691 为前缀的条码，此外还有遵循"3541"编码原则的条码。

同步训练：
现有条码 6901398876854 和条码 6901398876847，试分析这两种条码的厂商代码和产品代码各是什么。

2. 缩短版商品条码的代码结构

缩短版商品条码由 8 位数字组成，其结构如下：

$X_8 X_7 X_6 \qquad\qquad X_5 X_4 X_3 X_2 X_1$

左侧数据符　　　　　右侧数据符

其中，$X_8 X_7 X_6$ 的含义同标准版商品条码的 $X_{13} X_{12} X_{11}$；$X_5 X_4 X_3 X_2$ 表示商品项目代码，由 EAN 编码组织统一分配，在我国，由中国物品编码中心统一分配；X_1 为校验码。计算时，需在缩短版商品条码代码前加 5 个"0"，然后按标准版商品条码校验的计算方法计算。

注意：当标准版商品条码所占面积超过商品包装面积或者占标签可印刷面积的 1/4 时，可使用缩短版商品条码。

3. 标准版商品条码的符号

如图 2-6 和表 2-5 所示。EAN-13 条码由左侧空白区、起始符、左侧数据符、中间分隔符、右侧数据符、校验符、终止符、右侧空白区等构成。

图 2-6　EAN-13 条码的符号结构

EAN-13 条码采用模块组配法，各区的宽度如表 2-5 所示。从空白区开始共 113 个模块，每个模块长 0.33 mm，条码符号总宽度为 37.29 mm。条码宽度为 95 个模块 31.35 mm。

表 2-5　EAN-13 条码符号宽度

左侧空白区	起始符	左侧数据符（共 6 位）	中间分隔符	右侧数据符（共 5 位）	校验符（1 位）	终止符	右侧空白区
11 个模块	3 个模块	42 个模块	5 个模块	35 个模块	7 个模块	3 个模块	7 个模块

众所周知，计算机是采用二进制方式来处理信息的。条码符号作为一种为计算机信息处理而提供的光电扫描信息图形符号，其自动识别同样满足计算机二进制的要求。每一个模块对应一位二进制：一个模块宽的条（深色）表示"1"，一个模块宽的空（浅色）表示"0"；数据符中的每个字符用一个 7 位的二进制表示，共有两个条、两个空，每一个条和空分别由 1~4 个同一宽度的模块组成。在条码中，每一个条的宽度只能是基本模块宽的 1 倍、2 倍、3 倍或 4 倍，每一个空的宽度为基本模块宽的 1 倍、2 倍、3 倍或 4 倍（在 EAN 条码中，一个模块的宽度为 0.33 mm）。

在 EAN-13 条码中，采用了 A、B、C 三套不同的条、空组合对字符进行编码，其二进制表示如表 2-6 所示。除此之外，起始符与终止符相同，均为两个细条（101），中间分隔符为"01010"。

表 2-6　EAN-13 条码的编码规则

数字符	左侧数据符		右侧数据符 C
	A	B	
0	0 001 101	0 100 111	1 110 010
1	0 011 001	0 110 011	1 100 110
2	0 010 011	0 011 011	1 101 100
3	0 111 101	0 100 001	1 000 010
4	0 100 011	0 011 101	1 011 100
5	0 110 001	0 111 001	1 001 110
6	0 101 111	0 000 101	1 010 000
7	0 111 011	0 010 001	1 000 100
8	0 110 111	0 001 001	1 001 000
9	0 001 011	0 010 111	1 110 100

EAN-13 条码标识的 13 位数字代码中，最左侧的一位数字代码为前置码。EAN-13 条码的前置码不参与条码符号条空结构的构成，作用是用来确定条码符号中左侧数据符的编码规则。表 2-7 给出的是前置码与左侧数据符编码规则的对应关系。

表 2-7　前置码与左侧数据符编码规则的对应关系

前置码 X_{13}	左侧数据符编码规则的选择					
	X_{12}	X_{11}	X_{10}	X_9	X_8	X_7
0	A	A	A	A	A	A
1	A	A	B	A	B	B
2	A	A	B	B	A	B
3	A	A	B	B	B	A
4	A	B	A	A	B	B
5	A	B	B	A	A	B
6	A	B	B	B	A	A
7	A	B	A	B	A	B
8	A	B	A	B	B	A
9	A	B	B	A	B	A

例：确定 13 位数字代码 6901234567892 的左侧数据符的二进制表示。

第一步：根据前置码为"6"，可从表2-7中查出：左侧数据符的排列为ABBBAA。

第二步：根据表2-6可得出左侧数据为二进制表示，如表2-8所示。

表2-8　左侧数据符的二进制表示

左侧数据符	9	0	1	2	3	4
字符集	A	B	B	B	A	A
字符的二进制	0 001 011	0 100 111	0 110 011			0 100 011

练一练：

请将表2-8的空白部分补充完整。

当扫描器对EAN-13条码进行扫描识读时，光束扫过的只是由 $X_1 \sim X_{12}$ 和一些辅助字符（起始符、中间分隔符、终止符）组成的条码符号，经过译码器的译码识读，根据EAN-13条码左侧数据符的编码规则可自动生成前置码 X_{13}，从而还原成13位数据代码。右侧数据符和校验码的排列规则不受前置码的限制，全部采用C子集。

4. 缩短版商品条码（EAN-8条码）符号

缩短版商品条码（EAN-8条码）如图2-7所示。EAN-8条码标签符号宽度如表2-9所示。

图2-7　缩短版商品条码

表2-9　EAN-8条码符号宽度

左侧空白区	起始符	左侧数据符	中间分隔符	右侧数据符	校验符	终止符	右侧空白区
7个模块	3个模块	28个模块	5个模块	21个模块	7个模块	3个模块	7个模块

说明：

在标准版商品条码中，前置符不用条码符表示。在缩短版商品条码中，前置符包含在左侧数据符中，用条码符表示。并且，左侧数据符均用表2-6的A组编码规则，右侧数据符均用表2-6的B组编码规则。

5. 商品条码校验位的计算方法

标准版商品条码和缩短版商品条码的校验码计算方法相同，计算步骤如下：

（1）从代码位置序号2开始，所有偶数位的数字代码求和为 a；

（2）将上步中的 a 乘以 3，替代 a；

（3）从代码位置序号 3 开始，所有奇数位的数字代码求和为 b；

（4）将 a 和 b 相加为 c；

（5）取 c 的个位数 d；

（6）用 10 减去 d 即可得出校验位数值。

例：234235654652 的校验码的计算如表 2-10 所示。

表 2-10　234235654652 校验码的计算

项目	数据码												校验码
代码位置序号	13	12	11	10	9	8	7	6	5	4	3	2	1
数字码	2	3	4	2	3	5	6	5	4	6	5	2	
偶数位		3		2		5		5		6		2	
奇数位	2		4		3		6		4		5		

步骤 1：$a=3+2+5+5+6+2=23$。

步骤 2：$a=23\times3=69$。

步骤 3：$b=2+4+3+6+4+5=24$。

步骤 4：$c=a+b=69+24=93$。

步骤 5：$d=3$。

步骤 6：校验码为 $10-d=7$。

还有一种更简便的计算方法，以 EAN-13 条码 6902083886455 为例，看看最终校验数字的计算结果是否为 5。

步骤 1：除了第 13 位校验码以外，所有奇数位相加，即 $6+0+0+3+8+4=21$，取个位数 1。

步骤 2：所有偶数位相加，即 $9+2+8+8+6+5=38$，取个位数乘以 3，再取个位数，即得 4。

步骤 3：用 10 减去以上两者之和的个位数，即 $10-(1+4)=5$，则为第 13 位检验码，检验码为 5。

数字技能

"如何线上办理商品条码相关业务？"

"商品条码证书过期怎么办？"

"只需要下载中国编码 App，就可以随时随地办理相关业务了。"

近日，某地一家食品企业负责人通过咨询当地中国物品编码中心分支机构工作人员如何办理商品条码续展手续，解决了企业的燃眉之急。为真正实现让"数据多跑路，群众少跑路"，中国物品编码中心升级开发中国编码 App，集商品条码相关业务办理、产品信息管理、增值服务、培训信息、实用工具、商品条码知识库等功能于一体，为企业提供更全面、更便捷的 24 小时全天候高质量服务。

其中，业务办理是中国编码 App 最重要的"技能"之一，可实现商品条码注册申请、续展、变更等业务在线办理，足不出户即可完成商品条码的申请和管理；产品信息管理可实现产品添加、修改、删除等功能，轻松完成产品数据通报，产品信息更加安全透明；增值服务集成条码追溯、条码商桥、条码微站等服务，办理业务更便捷；培训信息包括业务咨询、培训活动、培训课程等，系统成员可以在线观看培训视频；"实用工具箱"里准备了厂商识别代码查询、医疗追溯码生成、一维条码生成、二维条码生成、分类查询等条码小工具；知识库里包含了常见问题以及各类商品条码相关的标准文献等，方便用户随时查看学习。对于同学们来说，日常生活中各类条码的扫描识别，不同条码校验数字的计算检验都可以通过这个 App 实现。

6. UPC 条码

通用产品代码，通常简称 UPC 条码，是美国统一编码协会（UCC）制定的一种商品条码，主要在美国及加拿大使用。在其基础之上发展起来的 EAN 条码则已发展成为适用范围较广的通用条码。

UPC 条码是在 IBM 公司工程师乔·伍德兰德的"公牛眼"代码基础上诞生的。1966 年，美国国家食物连锁协会（NAFC）要求研制一种加快货物验收速度的设备，国家收款机公司（NCR）在 1967 年开发出了用来替代伍德兰德的"公牛眼"代码的一种新式同心圆环码。1970 年夏天，应美国国家食物连锁协会要求，Logicon 公司开发出了食品工业统一码（UGPIC）。很快，美国超市 Ad Hoc 组织在 Logicon 公司建议下制作了 UPC 条码。美国统一编码协会在 1973 年建立了 UPC 条码系统，并且实现了该码制标准化。UPC 条码首先在杂货零售业中试用。1974 年 6 月 25 日，俄亥俄州的 Marsh 超级市场安装了由 NCR 制造的第一台 UPC 扫描器。在使用 UPC 条码的 27 种商品中，第一个被收银员沙龙·布坎南扫描的是标价 69 美分的 10 片装箭牌口香糖。此后，条码扫描器在美国逐渐得到广泛应用。

1）编码规则

UPC 条码只能用来表示 0～9 的数字。每 7 个模组表达一个字符，每个模组有空（白色）与条（黑色）两种状态。UPC 条码分为 UPC-A、UPC-B、UPC-C、UPC-D、UPC-E 五种版本。

2）UPC-A 条码

UPC-A 条码用于通用商品，是适用范围最广的一种 UPC 条码。UPC-A 条码一共有 113 个模组，每个模组长 0.33 mm。左右两侧各有由 9 个模组组成的空白。UPC-A 条码是定长码，只能表示 12 位数字。从左至右，依次是 3 个模组（101）的起始码、1 位的系统码、5 位的左侧数据码、5 个模组（01 010）的中间码、5 位的右侧数据码、检查码、3 个模组（101）的终止码。其中，起始码、中间码、终止码的模组长度都要大于数据码，如图 2-8 所示。

图 2-8 UPC-A 条码

3）对应法则

左侧数据码与右侧数据码的数值对应规则并不相同，左侧数据码含有奇数个模组，右侧数据码含有偶数个模组。黑色模组对应逻辑值为 1，白色模组对应逻辑值为 0。可以看出，左侧数据码是右侧数据码的反码。首先确定它是右侧数据码，然后读取出它的逻辑值：1 011 100。转换成条与空则是细黑（1）、细白（0）、粗黑（111）、粗白（00）。

4）校验码

校验码为全部 12 位数据码的最后一位。如果从左至右依次将数据码前 11 位命名为 $N_1 \sim N_{11}$，校验码命名为 C，则校验码 C 的计算方式如下。

先计算奇数位相加之和乘以 3，与偶数位相加之和相加，取个位。例如：

$CC = (N_1 + N_3 + N_5 + N_7 + N_9 + N_{11}) \times 3 + (N_2 + N_4 + N_6 + N_8 + N_{10})$，相加之和取个位

$C = 10 - CC$（若 C 值为 10，则取 0）。

以图 2-8 中条码为例，$CC = (0 + 5 + 0 + 2 + 6 + 2) \times 3 + (3 + 0 + 0 + 7 + 9) = 64$，$C = 6$。

UPC-B/C/D 条码。与 UPC-A 条码基本相同。其中，UPC-B 条码主要用于医药卫生；UPC-C 条码主要用于产业部门，第二位为系统码，倒数第二位为校验码；UPC-D 条码主要用于仓库批发，倒数第三位为校验码。

UPC-E 条码，短码，总长度为 8 位数字。UPC-A 条码与 UPC-E 条码之间数字的对应规则与最后一位校验码有关。

三、储运单元条码

中国物品编码中心在遵守国际物品编码协会《关于储运单元编码与标识的 EAN 规范》的前提下，结合我国的具体情况制定了国家标准《商品条码 储运包装商品编码与条码表示》（GB/T 16830—2008），此标准适用于商品储运单元的条码标识。

储运单元是指由若干消费单元组成的稳定和标准的产品集合，是装卸、仓储、收发货、运输等项业务必需的一种产品单元。储运单元分为定量储运单元和变量储运单元，因此，储运单元条码也应分为两种不同的情况。

（一）定量储运单元条码

定量储运单元是指内含预先确定的、规定数量商品的储运单元，按商品件数计价销售，如成箱的牙膏、瓶装酒、药品、服装、烟等。

单个大件商品的储运单元又是消费单元时，其代码就是通用商品代码，如冰箱、彩电等大件消费单元，须按《商品条码 零售商品编码与条码表示》（GB/T 12904—2008）的编码方法赋予一个 13 位的代码。当定量储运单元内含有不同种类的定量消费单元时，给储运单元分配一个区别于消费单元的 13 位数字代码，条码标识可用 EAN-13 条码，也可用 14 位交插二五条码（即 ITF-14，在 13 位数字代码前加一位"0"变成 14 位数字代码，然后用 ITF-14 条码标识）。

当定量储运单元内含同一种类的定量消费单元时，定量储运单元可用 14 位数字代码标识，用 ITF-14 条码或 EAN-128 条码标识。

（二）变量储运单元条码

变量储运单元是指按基本计量单位计价的商品储运单元，以随机数量销售，如布料、农产品、鲜肉等。

变量储运单元条码是由 14 位数字的主代码和 6 位数字的附加代码组成的，都用交插二五条码表示。附加代码是指包含在变量储运单元内按确定的基本计量单位计量取得的商品数量。变量储运单元条码主代码用 ITF-14 条码标识，附加代码用 ITF-6 条码标识。

运输和仓储是物流过程的重要环节，《商品条码 储运包装商品编码与条码表示》（GB/T 16830—2008）起到了对货物储运过程中物流条码的规范作用，在实际应用中具有标识货运单元的功能，是物流条码标准体系中一个重要的应用标准。

四、贸易单元 128 条码

商品条码与储运条码都属于不携带信息的标识码，在物流配送过程中，如果需要将生产日期、有效期、运输包装序号、重量、体积、尺寸、送出地址、送达地址等重要信息条码化，以便扫描输入，这时就可以应用 EAN-128 条码（又称贸易单元 128 条码）。

EAN-128 条码可携带大量的信息，所以其应用领域非常广泛，包括制造业的生产流程控制，批发物流业或运输业的仓储管理、车辆调配、货物追踪，医院血液样本管理，政府对管制药品的控制追踪等。应用 EAN-128 条码的主要优点如下：

（1）自动输入信息，可节省信息传递及输入的成本；

（2）保证信息传输的正确性和及时性；

（3）在生产、配送、零售等各环节都能掌握商品动态；

(4) 降低配送过程造成的损耗。

我国制定的《商品条码128条码》（GB/T 15425—2014）等效采用了 UCC/EAN-128 条码。UCC/EAN-128 条码是由国际物品编码协会、美国统一代码委员会和自动识别制造商协会共同设计而成的。它是一种连续型、非定长、有含义的高密度代码。贸易单元128条码是物流条码实施的关键。

（一）贸易单元128条码的结构

贸易单元128条码是一种可变长度的连续型条码。它是用一组平行的条、空及其相应的字符表示，由左侧空白区、起始符、数据符、校验符、终止符及右侧空白区组成。每个条码字符由3个条、3个空共11个模块组成。每个条、空由1~4个模块构成。起始符标识贸易单元128条码符号的开始，由两个条码字符组成；校验符用以校验贸易单元128条码的正误，条码结构同数据符，校验符的值是根据起始符及数据符的值，取模数103按一定的计算方法而得；终止符标识贸易单元128条码的结束，由13个模块组成，其中有4个条、3个空；左、右侧空白区分别由10个模块组成（见表2-11）。

表2-11 贸易单元128条码各部分宽度

左侧空白区	起始符	数据符	校验符	终止符	右侧空白区
10 模块	22 模块	11N 模块	11 模块	13 模块	10 模块

注：N 为数据字符与辅助字符。

贸易单元128条码有 A、B、C 三套字符集，其中 C 字符集能以双倍的密度来表示全数字的数据。这三套字符集覆盖了128个 ASCⅡ 码字符。

贸易单元128条码的模块宽度尺寸为1.0 mm，条码总长度计算公式为：

$$W = (66 + 11N) \text{模块} \times 1.0 \text{ mm}$$

（二）贸易单元128条码的编码标准

贸易单元128条码是根据 UCC/EAN-128 条码的定义标准将数据转变成条码符号，为识别所携带信息的意义，用不同的应用识别码进行识别。编码时，应用识别码定义其后码的长度意义，而信息码则是固定或可变长度的数字。

五、交插二五条码

交插二五条码在仓储和物流管理中被广泛采用。1993年，交插二五条码完整的规范被编入有关物资储运的条码符号美国国家标准 ANSI MH10.8M—1993 中。2003年，我国制定了《信息技术 自动识别与数据采集技术 条码码制规范 交插二五条码》（GB/T 16829—2003）。交插二五条码的特点如下。

（1）交插二五条码是一种连续、非定长、具有自校验功能，且条、空都表示信息的双向条码。它由左侧空白区、起始符、数据符、终止符及右侧空白区构成。它的每一个条码数据符由 5 个单元组成，其中 2 个是宽单元（用二进制"1"表示），其余是窄单元（用二进制"0"表示）。组成条码符号的条码数据符个数为偶数。条码符号从左到右，表示奇数位字符的条码数据符由条组成，表示偶数位字符的条码数据符由空组成，如图 2-9 所示。

条码数据符表示的字符个数为奇数时，应在字符串左端添加"0"，如图 2-10 所示。

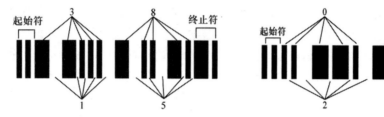

图 2-9　表示"3185"的条码　　　　图 2-10　表示"251"的条码

（2）交插二五条码的条、空二进制代码的表示方法相同，宽单元为"1"，窄单元为"0"。

（3）交插二五条码的起始符为"0000"，终止符为"100"。

（4）交插二五条码的字符集包括字符 0～9。交插二五条码的二进制表示如表 2-12 所示。

表 2-12　交插二五条码的二进制表示

字符	二进制表示
0	00 110
1	10 001
2	01 001
3	11 000
4	00 101
5	10 100
6	01 100
7	00 011
8	10 010
9	01 010

（5）为了防止扫描产生的误差，交插二五条码的符号经常采用托架条，即在符号数据条的顶部和底部各加一个横条，其宽度和宽条相一致。

为了提高交插二五条码的识读可靠性，在需要时可在数据字符后面加上一个校验字符，校验字符的计算方法如下：从第一位开始对每一位数据字符自左到右赋以权数 3、1、3、1、3……

相应的数据字符与权数相乘，然后将所得积相加。所得和与 10 的模进行运算，结果就是校验字符的值。

例如：某交插二五条码的数据字符为 21237，其相应的权数为 3、1、3、1、3。求和的运算为：2×3+1×1+2×3+3×1+7×3=37。所得和的个位数，就是校验字符的值。

ITF 条码是在交插二五条码的基础上扩展形成的一种应用于储运包装箱上的固定长度的条码。ITF 字符的条码符号表示与交插二五条码相同。其中，ITF-14 条码在物流管理中比较常见。ITF-14 条码是一种连续型、定长、具有自校验功能，并且条、空都表示信息的双向条码。ITF-14 条码只用于标识非零售的商品。ITF-14 条码对印刷精度要求不高，比较适合直接印刷在表面不够光滑、受力后尺寸易变的包装材料如瓦楞纸包装箱上，所以也称"箱码"。ITF-14 的条码字符集、条码字符组成与交插二五条码相同，由保护框、左侧空白区、条码字符、右侧空白区等组成，如图 2-11 所示。

图 2-11　ITF-14 条码的符号结构示意图

在物流系统中，常常用 ITF-14 条码和 ITF-6 条码来标识商品装卸、仓储、运输等储运单元，通常将其印在包装外箱上，用来识别商品种类与数量，也可将其用于仓储批发业销售现场的扫描结账。若有以重量计算的商品，还可追加 6 位加长码。

储运条码的基本结构为原印条码，当同一商品的包装数量不同或同一包装中有不同商品组合时，就必须加上储运标识码以示识别。

上述几种条码是物流条码中常用的码制，它们的具体应用在实际中有所不同。一般来说，通用商品条码用在单个大件商品的包装箱上，当包装箱内含有预先确定的规则数量商品的时候也可用通用商品条码码制给每个货运单元分配一个与消费单元不同的 EAN-13 条码；交插二五条码可用于定量储运单元的包装箱上，ITF-14 和 ITF-6 附加代码共同使用也可用于变量储运单元；贸易单元 128 条码的使用是物流条码实施的关键，它可以弥补通用商品条码和交插二五条码的不足，更多地标识贸易单元的信息，如产品批号、数量、规格、生产日期、有效期、交货地点等，而且条码的印刷要求更为宽松，在许多粗糙、不规则的包装上都可以印刷，识别比前两种码制容易得多。

单元测评

◆ 任务情境：

近期，某市市场监督管理局在进行商品条码专项检查时，发现以下常见问题：

(1) 商品上使用的条形码已过期；
(2) 产品不能在规定期限内提供有效条码证明；
(3) 委托加工的产品使用被委托方的商品条码；
(4) 子公司生产商品直接使用集团公司注册的商品条码。

◆ 任务要求：

请找出以上 4 个问题的对应法规条款，以及相应的处罚办法。

单元三　二维条码

单元目标

◆ 知识目标：

(1) 了解二维条码（简称"二维码"）的概念和发展背景；
(2) 熟悉二维条码的分类及特点；
(3) 掌握二维条码的工作原理，包括其构成、编码方式和识读方法等；
(4) 了解二维条码的安全性问题，包括可能存在的替换、篡改等风险。

◆ 技能目标：

(1) 能够分辨一维条码和二维条码的区别，并说明二维条码相对于一维条码的优势；
(2) 能够识别不同的二维条码的所属类型；
(3) 能够分析二维条码在不同领域的应用场景，并说明其作用和优势；
(4) 能够规避恶意二维条码带来的信息泄露风险。

◆ 素养目标：

(1) 提高学生信息获取和处理能力，培养对新技术的敏感性和理解能力；
(2) 通过二维条码的安全性问题学习，培养学生的责任意识和安全意识；
(3) 通过了解汉信码的故事，培养学生的工匠精神及爱国报国的理想信念；
(4) 培养学生的创新意识，鼓励学生探索新技术在不同领域的应用方式。

走进行业

◆ 案例情境：

饮料企业的 C 端之争总是格外激烈，每年必经的"水头大战""冰柜大战"，已经成为行业内的家常便饭。如何提升产品的动销率，是每个饮料企业的永恒课题。为此，营销活动不断升级迭代，从再来一瓶到扫码再来一瓶、扫码赢红包，饮料企业深谙C端扫码促销之道。让我们通过几个具体的案例，看看饮料企业是如何利用数字化手段进行创新营销的。

康师傅推出了"扫码摇再来1罐红包"活动，消费者购买活动产品后，通过扫描拉环二维码参与摇奖，有机会获得不同金额的红包奖励。这一活动不仅促进了消费者的复购和增购，还解决了传统"再来一瓶"模式的痛点，为品牌带来了长远效益。

维他柠檬茶实施了"开盖扫码赢大奖"活动，通过扫码奖品吸引消费者参与，同时推出"再来一瓶，红包翻倍"和"集满5瓶抽大奖"活动，鼓励消费者持续购买并扫码，培养扫码习惯，同时沉淀消费者数据。

可口可乐开展了"揭盖扫码赢再来一瓶礼金"活动，消费者参与活动后，需要在一定时间内再次购买产品才能兑换礼金，同时结合分享返利机制，激发了消费者的推荐欲望，扩大了活动的影响力。

香飘飘利用"一杯一码"数字化手段，开展多种促销活动，并通过构建不同的消费场景和与明星代言人、KOL合作，将产品融入消费者生活，增强品牌影响力。

元气森林通过"一物一码"的方式，将消费者从线下引入线上小程序；通过互动小游戏和积分任务，增强与消费者的互动，提升品牌黏性；通过一对一运营，提升消费者体验。

◆ **案例要求：**
请分享目前自己遇到的印象深刻的一些二维码应用场景。

一、二维条码概述

一维条码自出现以来，受到了人们的普遍关注，发展速度较快。一维条码的使用，极大地提高了数据采集和信息处理的速度，提高了工作效率，并为管理的科学化和现代化做出了较大贡献。

受信息容量限制，一维条码仅仅是对物品的标识，而不是对物品的描述，故一维条码的使用不得不依赖数据库。在没有数据库和不便联网的地方，一维条码的使用受到较大的限制。另外，在用一维条码表示汉字的场合，显得十分不便，且效率较低。现代高新技术的发展，迫切要求用条码在有限的几何空间内表示更多的信息，从而满足千变万化的信息表示需要。二维条码正是为了解决一维条码无法解决的问题而产生的。二维条码具有高密度、高可靠性等特点，所以可以用它表示数据文件（包括汉字文件）、图像等。二维条码是大容量、高可靠性信息实现存储、携带并自动识读的理想方法。

二维条码是用某种特定的几何图形按一定规律在平面（二维方向上）分布成的黑白相间的图形记录数据符号信息的条码。二维条码在代码编制上巧妙地利用构成计算机内部逻辑基础的"0""1"比特流的概念，使用若干个与二进制相对应的几何形体来表示文字数值信息，通过图像输入设备或光电扫描设备自动识读以实现信息自动处理。二维条码具有条码技术的一些共性：每种码制都有其特定的字符集，每个字符都占有一定的宽度，具有一定的校验功能等。同时，二维条码具有对不同行的信息自动识别及可处理图形旋转变化等功能特点。

由于二维码这种新兴的自动识别技术有着其他自动识别技术无法比拟的优势，它一出现便受到我国条码管理部门的重视。如二维码可作为一种连接报纸、手机和网络的新兴数字媒体，报纸利用二维码技术打造"立体报纸"以来，看报的用户通过使用智能手机上的各类二维码软件扫描报纸上的二维码，报纸立即成为"立体"的，同时还可以轻松阅读、观赏报纸的延伸内容。国内目前应用二维码的报纸有《华西都市报》《长江日报》《成都商报》等。二维码的应用使报纸的容量大大扩展，读报的乐趣也大大增加，这意味着，报纸已经不仅仅是平面的，还可以为用户带来全新 3D 视听感受，并且为用户提供更为全面的资讯以及更为便捷的购买方式。

二维码也在物流管理中得到较大发展。用二维码描述物品是其应用的又一方面。在货物的存储、运输中对其进行描述必不可少。现在的情况大多是用自然语言描述，这大大影响了信息采集的速度和精度。将二维码应用于物流，即将二维码制作在货物的包装上，这是其他自动识别技术（如 IC 卡）无法做到的。二维码在物流中的应用必将加快物流管理现代化的进程。二维码可用于如下方面，如图 2-12 所示。

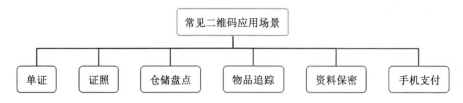

图 2-12　常见二维码应用场景

（1）单证：包括公文单证、订购单、报关单、商业单证等。

（2）证照：包括护照、身份证、挂号证、驾驶执照、会员证、识别证等。

（3）仓储盘点：包括物流中心、仓储中心等的物品盘点。

（4）物品追踪：包括会议资料、生产零件、客户服务、邮购运送、维修记录、危险物品、后勤补给、生态研究等。

（5）资料保密：包括商业机密、政治情报、军事机密、私人信函等。

（6）手机支付：包括通过扫描商品二维码支付，通过银行或第三方支付等。

二、二维条码的特点

二维码之所以得到广泛应用,改变着人们的工作生活方式,主要得益于以下几个主要特点,如图 2-13 所示。

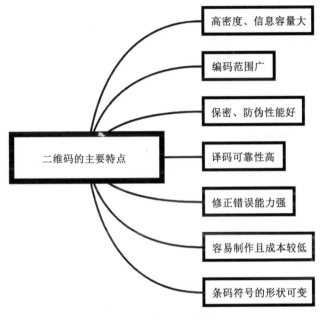

图 2-13　二维码的主要特点

(一)高密度、信息容量大

目前,应用比较成熟的一维条码如 EAN/UPC 条码因密度较小,仅作为一种标识数据,不能对产品进行描述。人们要知道产品的有关信息,需要通过识读条码而进入数据库。这就要求人们事先建立以条码所表示代码为索引字段的数据库。二维条码通过利用垂直方向的尺寸来提高条码的信息密度,根据不同的条空比例,每平方英寸(1 平方英寸=0.000645 平方米)可以容纳 250~1100 个字符。在国际标准的证卡有效面积上,二维条码可以容纳 1848 个字母字符或 2729 个数字字符,约 500 个汉字信息。通常情况下,二维条码的密度是一维条码的几十至几百倍,这样就可以把产品信息全部存储在一个二维条码中。要查看产品信息,只要用识读设备扫描二维条码即可,无须事先建立数据库,真正实现用条码对物品进行描述。

(二)编码范围广

二维条码可以将照片、指纹、掌纹、签字、声音、文字等可数字化的信息进行编码。多数一维条码所能表示的字符集不过是 10 个数字、26 个英文字母及一些特殊字符。因此，要用一维条码表示其他语言文字（如汉字等）是不可能的。多数二维条码都具有字节表示模式，即提供了一种表示字节流的机制。其实，不论何种语言文字，其在计算机中存储时都以机内码的形式表现，而机内码都是字节码。这样就可以设法将各种语言文字信息转换成字节流，然后再将字节流用二维条码表示，从而为多种语言文字的条码表示提供了一条前所未有的途径。

（三）保密、防伪性能好

二维条码具有多重防伪特性，它可以采用密码防伪、软件加密及利用所包含信息如指纹、照片等进行防伪，因此具有极强的保密、防伪性能。比如，用二维条码表示照片时，可以先用一定的加密算法将图像信息加密，然后再用二维条码表示。在识别二维条码时，加以一定的解密算法，就可以恢复所表示照片，这样便可以防止各种证件、卡片等的伪造。

（四）译码可靠性高

普通条码的译码错误率约为百万分之二，而二维条码的译码错误率不超过千万分之一，译码可靠性较高。

（五）修正错误能力强

二维条码采用了世界上极先进的纠错机制，如果破损面积不超过 50%，条码由于玷污、破损等原因所丢失信息也可以照常被破译出来。

一维条码的应用建立在这样一个基础上，那就是识读时拒读（即读不出）要比误读（读错）好。因此，一维条码通常同其表示的信息一同被印刷出来。当条码受到损坏（如污染、脱墨等）时，可以通过键盘录入代替扫描条码。鉴于以上原则，一维条码没有考虑到条码本身的纠错功能，尽管引入了校验字符的概念，但仅限于防止读错。二维条码可以表示数以千计字节的数据，通常情况下，所表示信息不可能与条码符号一同被印刷出来。如果没有纠错功能，当二维条码的某部分损坏时，该条码便会变得毫无意义，因此二维条码引入纠错误机制。这种纠错机制使得二维条码因穿孔、污损等引起局部损坏时，照样可以得到正确识读。二维条码的纠错机制与人造卫星等所用纠错机制相似。这种纠错机制使得二维条码成为一种安全可靠的信息存储和识别方法，这是一维条码无法相比的。

（六）容易制作且成本较低

利用现有的点阵、激光、喷墨等打印技术，即可在纸张、卡片甚至金属表面上印出二维条码，由此所增加费用仅相当于油墨的成本。

（七）条码符号的形状可变

同样的信息量，二维条码的形状可以根据载体面积及美工设计等进行调整。

三、二维条码的安全隐患

二维码虽然有诸多优点,但是用户在扫描之前不能有效判断所扫描的二维码是否安全、有效。不法分子正是抓住这一特点对二维码进行篡改、替换,使得一些用户在用手机等移动设备扫描时发生个人信息泄露、感染病毒等问题,主要表现在以下方面。

(一)二维码被替换

一些不法分子将公共场所如公交车、汽车站、广告牌等地方的二维码,偷偷替换掉,这种方法简单、成本较低,一旦扫描这些二维码就会被强制下载一些恶意软件,盗取用户个人信息。还有一些不法分子干脆偷偷将一些中小商铺的收款二维码覆盖掉,大多数顾客在扫码时并不会与商家核对信息,一旦付款想要追回会难上加难,如广州某市场 40 多家商铺的二维码被覆盖掉,短短 3 小时就损失了将近 3 万元。

(二)恶意篡改二维码

二维码本身由黑白两种颜色的小格子组成,即使只有一两个格子颜色互换,扫描出来的也是不同的内容。如图 2-14 所示,第一个是 eBay 的网站,经过部分修改,直接变成 gbay 的网站链接,而消费者在扫描前是根本无法察觉的。曾有新闻报道上海某家彩票代理网站的移动网络支付数据被黑客在后台篡改,造成 160 多万元的损失。篡改二维码一般技术难度较高,但是造成的损失也很大。

图 2-14 恶意篡改的二维码

新质生产力

在物流领域,将区块链技术与二维条码技术结合,可以实现货物追踪和供应链管理的革新。二维条码作为物流标识的载体,可以存储商品的唯一标识码以及相关信息。而区块链技术则提供了去中心化、不可篡改和分布式账本的特性,确保了信息的安全性和可追溯性。

通过将二维条码与区块链技术相结合，物流公司可以实现对货物运输过程的实时监控和记录。每一次货物的移动都可以通过扫描二维条码来记录，并将相关信息上传至区块链网络中，形成不可篡改的数据记录。这样一来，无论是生产商、物流公司还是消费者，都可以通过区块链上的信息查询货物的实时位置和运输历史，提高了货物追踪的效率和准确性。

同时，区块链技术的去中心化和信息共享特性也能够促进物流供应链上各方之间的合作与信任。通过共享区块链上的数据，不同的参与方可以实现信息的实时同步和透明化，减少信息不对称和纠纷，提高了供应链的协同效率和运作透明度。这种物流条码与区块链技术的结合，为整个物流行业带来了更高效、更安全和更可信赖的货物管理和运输体验。

四、二维条码的分类

二维条码的研究在技术路线上可从两个方面展开：一是在一维条码基础上向二维条码方向扩展；二是利用图像识别原理，采用新的几何形体和结构，设计出二维条码码制。二维条码可以分为堆叠式二维条码和矩阵式二维条码，如图 2-15 所示。

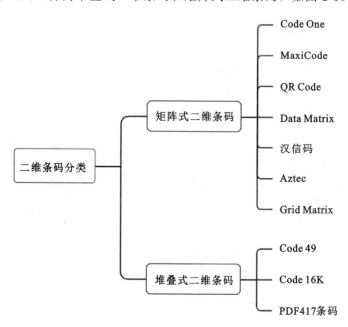

图 2-15　二维条码的分类

堆叠式二维条码形态上是由多行短截的一维条码堆叠而成的；矩阵式二维条码以矩阵的形式组成，在矩阵相应元素位置上用点的出现表示二进制"1"，用空的出现表示二进制"0"，由点的排列组合确定代码表示的含义。具有代表性的堆叠式二维条码包括 Code 49、Code16K、PDF417 条码等，具有代表性的矩阵式二维条码包括 Code one、MaxiCode、QR Code、Data Matrix、汉信码、Aztec、Grid Matrix 等。二维条码可以使用激光或 CCD 阅读器识读。

堆叠式二维条码在实现原理、结构形状、检校原理、识读方式等方面继承了一维条码的特点，识读设备与条码印制兼容一维条码技术。但由于行数的增加，行的鉴别、译校算法和软件不完全同于一维条码。堆叠式二维条码中包含附加的格式信息，信息容量可以达到 1K，例如，PDF417 条码可用来为运输/收货标签的信息编码，它作为 ANSI MH10.8 M—1993 标准的一部分，为"纸上 EDI"的送货标签内容编码，这种编码方法被许多工业组织和机构采用。

矩阵式二维条码带有更高的信息密度，可以作为包装箱的信息表达符号。在矩阵相应元素位置上，用"1"表示圆点的出现，用"0"表示没有圆点出现。圆点的排列组合确定了条码代表的意义，矩阵点阵就可以转换为矩阵的二进制字阵，经过译码解码反映出代表的信息。点阵码是建立在计算机图像处理技术、组合编码原理等基础上的一种新型图形符号自动识读处理码制。在电子半导体工业中，将 Data Matrix 用于标识小型的零部件。矩阵式二维条码只能被二维的 CCD 图像式阅读器识读，并能以全向的方式扫描。

新的二维条码能够将任何语言（包括汉字）和二进制信息（如签字、照片）编码，并可以由用户选择不同程度的纠错级别，以便在符号残损的情况下具有恢复所有信息的能力。

五、PDF417 条码

PDF417 条码是由留美华人王寅敬（音）博士发明的，如图 2-16 所示。PDF 取自英文 Portable Data File 三个单词的首字母，意为"便携数据文件"。组成条码的每一字符都是由 4 个条和 4 个空构成的，如果将组成条码的最窄条或空称为一个模块，则上述的 4 个条和 4 个空的总模块数一定为 17，所以称为 417 条码或 PDF417 条码。

图 2-16　PDF417 条码

（一）PDF417 条码的特点

在数据采集、数据传递方面，二维条码具有天然的优势。因此，在物流管理场景中，也常看到 PDF417 条码，该条码具有以下主要特点，如图 2-17 所示。

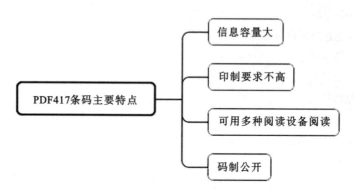

图 2-17　PDF417 条码主要特点

(1) 信息容量大。PDF417 条码除可以表示字母、数字、ASC Ⅱ 字符外，还能表示二进制数。为了使编码更加紧凑，提高信息密度，PDF417 条码在编码时有三种格式：一是扩展的字母数字压缩格式，可容纳 1850 个字符；二是二进制 ASC Ⅱ 格式，可容纳 1108 个字节；三是数字压缩格式，可容纳 2710 个数字。

(2) 印制要求不高。普通打印设备均可打印 PDF417 条码，传真件也能阅读 PDF417 条码。

(3) 可用多种阅读设备阅读。PDF417 条码可用带光栅的激光阅读器、线性及面扫描的图像式阅读器阅读。尺寸可调，以适应不同的打印空间。

(4) 码制公开。PDF417 已形成国际标准，我国也已制定了 PDF417 条码的国家标准。

二维条码的纠错功能是通过将部分信息重复表示（冗余）来实现的。比如在 PDF417 条码中，某一行除了包含本行的信息外，还有一些反映其他位置上的字符（错误纠正码）的信息。这样，即使当条码的某部分遭到损坏，也可通过存在于其他位置的错误纠正码将其信息还原出来。

PDF417 条码的纠错能力依错误纠正码字数的不同分为 0～8 级，级别越高，错误纠正码字数越多，纠正能力越强，条码也越大。当纠正等级为 8 级时，即使条码污损 50%，也能被正确读出。

（二）PDF417 条码在货物运输应用中的特点

在过去相当长一段时间内，我国的运输业包括铁路、邮政等都比较落后，主要的作业方式依然是手工操作。但随着近年来计算机技术、条码技术和网络技术的快速发展，我国的传统作业方式正在被越来越多的科学技术和管理方式所取代。

需要特别提及的是，计算机网络仅仅解决了信息流的处理问题，并没有解决物流中的物品实时跟踪问题，这就需要采取其他技术手段来解决。采用二维条码就是一个可行的方案。随着条码技术的不断发展，条码在包裹、货物运输上扮演着越来越重要的角色。特别是近年来，许多国家的运输公司纷纷采用一维条码和二维条码相结合的货票标签，用以实现货物运输中的条码跟踪和信息传递。

在货物运输过程中，一维条码和二维条码可以在货物运输的承运、中转、交付和清点等不同作业环节中发挥作用，货物的许多信息都可以采用 PDF417 条码表示。

(1) PDF417 条码表示的信息量,能够满足货物运输的要求。

(2) PDF417 条码通过选择错误修正等级,可以将受损面积达 50% 的条码符号所含信息复现。

(3) PDF417 条码是一种便携式数据文件,在计算机网络通信条件不完善的情况下,可以弥补数据通信条件上的不足。

(4) 在货物运输中,只要在货物起票时生成货物信息的单据和相应的 PDF417 条码,以后的各个环节都可以方便、快速、准确地识别货物和货物单据信息的一一对应关系,减少数据的重复录入,加快货物作业的速度。

(5) PDF417 条码已经作为国际标准和国家标准推行,是一种比较成熟的二维条码系统,具有同其他信息系统进行数据交换与共享的良好条件和基础。

(6) 一维条码的使用也是必要的,如使用 EAN-128 条码。在一些有条件使用联机识读设备的地方,扫描器连接数据库,可以减少对条码识读设备的投资。

(三)二维条码在货物运输作业过程中的应用方案

在货物运输过程中,作业的基本过程是承运、运输和交付。其他还包括装卸、保管、查询、赔付等。在货物运输作业中,货流和信息流产生,两者发生一对一的对应吻合时,如货物发生装卸、交接,货物在终到站交付时,条码都将发挥作用。在货物运输作业的具体环节中,条码信息在货物受理、货票等单证填写时应该同时生成。货物承运以后,在发生中转作业的装卸、清点、仓储等环节中可以使用一维条码表示货物运输作业过程中所需数据,如始发站、中转站、终到站、发送件数等信息。使用一维条码识读设备扫描货票、货签上的条码信息,就可以快速、准确地采集货物运输中作业状态的变化信息,使计算机信息系统中的货物信息流与货物运输的货物流同步对应起来,自动更新计算机系统中的有关信息,使其保持一致。在货物运输完成,向货主交付时,可以采用二维条码提取出货物交付时所需诸如含有取货人密约的详细信息。所以,在货物受理时,应该针对不同货物运输作业的要求,生成 EAN-128 条码和 PDF417 条码,如图 2-18 所示。

在货物装卸和中转交接过程中,可以利用条码识读设备扫描货物包装上的一维条码,核对是否按票装卸,将扫描货物条码的数据与货物中转数据库中的信息进行比较,检查出入库登记和所装卸货物的正确性,并更新相应货物数据库中的货物运输状态信息。在装卸时利用条码复核出入库待装卸的货物,可以简化人工作业时的烦琐和重复录入数据的过程,简化装卸交接凭证填写;利用条码在货物票据交接正确并转运发送后,可更新货物信息系统中货物的运输状态信息,提高货物运输生产过程的效率,加快货物中转、交接速度;在货物保管时的入库、出库过程中,可以利用货物上的条码信息简化办理货物保管时的手续和过程。

向货主交付货物时,可以利用条码识读设备扫描货票和取货人持有的取货凭证中的二维条码,核对发货人与取货人的密约、取货人的身份,完成货物的交付,并更新到达交付货物数据库的信息,减少错领、冒领的可能性。有时甚至可以取消取货凭证,通过取货密约,简化取货程序,加快货物交付速度,改善货物运输的服务形象。

图 2-18 货票示意图

六、汉信码

汉信码是一种全新的矩阵式二维条码,由中国物品编码中心牵头组织相关单位合作开发,完全具有自主知识产权。汉信码和国际上其他二维条码相比,更适合汉字信息的表示,而且可以容纳更多的信息。

(一)汉信码的特点

相较于其他类型的二维码,汉信码具有以下主要特点,如图 2-19 所示。

1. 汉字编码能力强

汉信码目前是唯一一个全面支持我国汉字信息编码强制性国家标准《信息技术 中文编码字符集》(GB 18030—2022)的二维码码制,能够表示该标准中规定的全部常用汉字、二字节汉字、四字节汉字。同时,在汉字信息编码效率方面,对于常用的双字节汉字采用 12 位二进制数进行表示,在现有的二维条码中表示汉字效率最高。

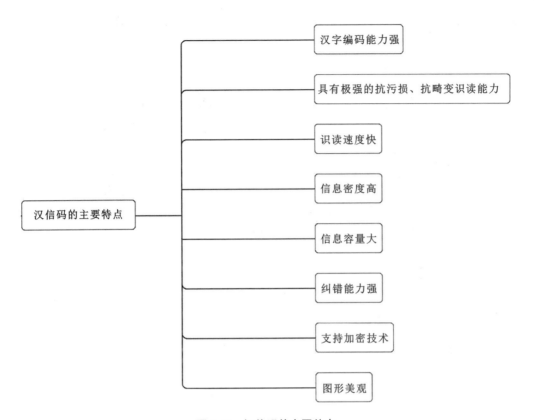

图 2-19　汉信码的主要特点

2. 具有极强的抗污损、抗畸变识读能力

考虑到物流实际使用环境会给二维条码符号造成污损，同时由于识读角度不垂直、镜头曲面畸变、所贴物品表面凹凸不平等原因，也会造成二维条码符号的畸变。为解决这些问题，汉信码在码图和纠错算法、识读算法方面进行了专门的优化设计，从而使汉信码具有极强的抗污损、抗畸变识读能力。现在汉信码能够在倾角为 60°的情况下准确识读，能够容忍较大面积的符号污损。因此汉信码特别适合在物流环境比较恶劣的条件下使用。

3. 识读速度快

为了提高二维条码的识读效率，满足物流、票据等实时应用系统的迫切需求，汉信码在信息编码、纠错编译码、码图设计方面采用了多种技术手段，提高了汉信码的识读速度。目前汉信码的识读速度比国际上的主流二维条码——Data Matrix要高，因此汉信码能够广泛地在生产线、物流、票据等实时性要求较高的领域中应用。

4. 信息密度高

汉信码在码图设计、字符集划分、信息编码等方面充分考虑对信息密度的要求，从而提高了汉信码的信息特别是汉字信息的表示效率。当对大量汉字进行编码时，相同信息内容的汉信码符号面积是 QR 码符号面积的 90%，是 Data Matrix 码符号面积的 64%，因此，汉信码是表示汉字信息的首选码制。

5. 信息容量大

汉信码最多可以表示 7829 个数字、4350 个 ASCII 字符、2174 个汉字、3262 个 8 位字节信息，支持照片、指纹、掌纹、签字、声音、文字等数字化信息的编码。

6. 纠错能力强

汉信码根据自身的特点及实际应用需求，采用最先进的 Reed-Solomon 纠错算法，设计了四种纠错等级，适用于各种情形，最大纠错能力可以达到 30%，在性能上接近并超越现有国际上通行的主流二维条码码制。

7. 支持加密技术

汉信码是第一种在码制中预留加密接口的条码，它可以与各种加密算法和密码协议进行集成，因此具有极强的保密防伪性能。

8. 图形美观

从码图的总体外观上看，汉信码特征明显，方向感强，美观整齐，凹凸有致，有立体美感。

（二）汉信码的应用

汉信码是我国第一个制定了国家标准并且拥有自主知识产权的二维码，达到了国际先进水平。汉信码码图结构如图 2-20 所示。其中，在汉字表示方面，汉信码支持 GB 18030 字符集，汉字表示信息效率高，达到了国际领先水平。2006 年中国物品编码中心向国家知识产权局申请了"纠错编码方法""数据信息的编码方法""二维条码编码的汉字信息压缩方法""生成二维条码的方法""二维条码符号转换为编码信息的方法""二维条码图形畸变校正的方法" 6 项技术专利成果，截至目前，汉信码的 6 项技术专利成果全部获得国家授权。2007 年，汉信码国家标准（GB/T 21049）正式发布。

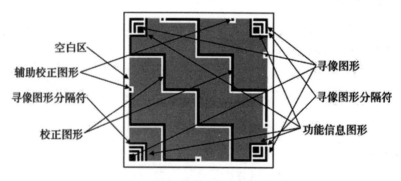

图 2-20　汉信码码图结构

汉信码由于具有汉字标识能力强、抗畸变、抗污损、信息容量大、密度高等特点，在涉及需要标识汉字信息、使用环境比较恶劣的大众应用中，相较于其他码制具有很强的竞争优势。因此，汉信码在作为信息载体类的应用，如物流行业、电子凭证或广告类业务中，具有广泛的应用前景。此外，汉信码是我国自主研发的二维码码制，能够在安全性等方面根据应用的不同需求进行相应的扩展，从而满足目前行业应用大众化发展过程中提出的对于安全与自主掌控方面的需求，在大众产品防伪、追溯等领域存在较大的发展空间。另外，汉信码是我国拥有自主知识产权的二维码码制技术，有利于我国的二维码技术研发与应用，可规避相关知识产权风险。汉信码在我国医疗、产品追溯、特殊物资管理等领域的广泛应用，极大地推进和带动了相关领域信息化的发展和我国二维码相关产业的健康发展。

近年来，在大众应用方面，中国物品编码中心专门推出了免费的汉信码 PC 端生成软件和手机端识读软件，标志着汉信码的应用从单一的行业应用向包括移动商务在内的大众应用发展。在移动应用方面，中国物品编码中心将与广大二维码技术相关方共同努力，通过提供汉信码生成识读工具、系列的标准化制定工作与综合服务平台的建设工作，为我国二维码技术的发展搭建一个良好的产业、技术、标准与应用环境，从而促进汉信码等拥有自主知识产权二维码与其他二维码码制在我国的广泛应用和持续健康发展。

（三）汉信码的国际标准化

为推动汉信码技术走向国际，2008 年，中国物品编码中心和中国自动识别技术协会启动了制定汉信码国际标准的工作，并组建了汉信码项目组，制定了汉信码 AIM 国际标准草案，并于 2008 年年底正式提交国际自动识别与移动技术协会。2011 年 9 月，汉信码标准工作项目获得国际自动识别与移动技术协会董事会批准，正式成为国际自动识别与移动技术协会的码制标准。汉信码 AIM 国际标准的制定和发布，标志着汉信码正式获得了国际自动识别技术产业界和主要自动识别技术企业的认可和支持，也标志着汉信码技术已经成为国际主流码制之一，国际自动识别与移动技术协会主席明确表示，支持汉信码进一步制定 ISO 标准。

自 2012 年起，中国物品编码中心在广泛推进汉信码应用的同时，着手准备汉信码 ISO 国际标准化工作。2015 年 9 月，国际 SC31 分委会正式公布中国提交的汉信码新工作项目（Han Xin Code NWIP）立项投票结果，正式设立成为 ISO 国际标准工作项目。据国际专家预计，汉信码有望在不久的将来完成国际标准制定工作并作为正式的 ISO 标准发布。汉信码的 ISO 标准正式立项，标志着汉信码在 ISO 国际标准进程中迈出了最关键、最重要的一步，这不仅是我国"国家标准走出去"战略取得的硕果，更标志着我国二维码等自动识别产业的逐步发展和日趋成熟，同时开始了我国自主自动识别产业的国际化征程。

汉信码作为一种针对我国需求量身定做的二维码，是目前我国技术最先进、生成识读技术最成熟、标准化程度最高、获得国内外支持最多的完全自主知识产权二维码码制，汉信码技术已经成为我国自动识别技术产业创新的平台和基础。在目前二维码应用呈现爆发式增长的时期，汉信码码制迎来了技术广泛应用的一个绝佳机遇，专利免费、技术成熟、标准化的汉信码技术必将成为国际主流应用的码制之一。

标准建设

2021年发布的汉信码国际标准《信息技术 自动识别与数据采集技术 汉信码条码符号规范》（ISO/IEC 20830：2021）是中国提出并主导制定的第一个二维码码制国际标准，是我国自动识别与数据采集技术发展的重大突破，解决了我国二维码技术"卡脖子"的难题。现在，汉信码已经广泛应用于医疗、产品追溯、特殊物资管理等领域。例如，汉信码在北京被用于新生儿疾病筛查工作，并且信息的准确率达100%。汉信码打破国外二维码技术壁垒，提供了中国解决方案，无疑增强了中国在二维码及其相关领域国际标准的话语权和主导权。

七、QR Code

（一）QR Code 的特点

QR Code 是由日本 Denso 公司于 1994 年 9 月研制的一种矩阵二维条码符号，它除了具有一维条码及其他二维条码具备的信息容量大、可靠性高、可表示汉字及图像和其他多种文字信息、保密防伪性强等优点外，还具有以下特点。

（1）超高速识读。超高速识读特点是 QR Code 区别于 PDF417 条码、Data Matrix 等二维条码的主要特性。由于在用 CCD 二维条码识读设备识读 QR Code 时，整个 QR Code 符号中信息的读取是通过 QR Code 符号的位置探测图形，用硬件来实现的。因此，信息识读过程所需时间较短。用 CCD 二维条码识读设备，每秒可识读 30 个含有 100 个字符的 QR Code 符号；对于含有相同数据信息的 PDF417 条码符号，每秒仅能识读 3 个。QR Code 的超高速识读特性使它能够广泛应用于工业自动化生产线管理等领域。

（2）全方位识读。QR Code 具有全方位（360°）识读的特点，这是 QR Code 优于行排式二维条码如 PDF417 条码的又一主要特点。由于 PDF417 条码是将一维条码符号在行排高度上进行截短来实现的，因此，它很难实现全方位识读，其识读方位角为±10°。

（3）能够有效地表示中国汉字、日本汉字。由于 QR Code 用特定的数据压缩模式表示中国汉字和日本汉字，它仅用 13 bit 可表示一个汉字，而 PDF417 条码、Data Matrix 等二维条码没有特定的汉字表示模式，因此仅用字节模式来表示汉字，在用字节模式表示汉字时，需用 16 bit（两个字节）表示一个汉字，QR Code 比其他二维条码表示汉字的效率提高了 20%。

（4）QR Code 与 Data Matrix 和 PDF417 条码的比较，如表 2-13 所示。

表 2-13　QR Code 与 Data Matrix 和 PDF417 条码的比较

码制	QR Code	Data Matrix	PDF417 条码
研制公司	Denso Corp.（日本）	I. D. Matrix Inc.（美国）	Symbol Technologies Inc.（美国）
码制分类	矩阵式		堆叠式
识读速度	30 个/秒	2～3 个/秒	3 个/秒
识读方向	全方位（360°）		±10°
识读方法	深色/浅色模块判别		条空宽度尺寸判别
汉字表示	13 bit	16 bit	16 bit

（二）编码字符集

（1）数字型数据（数字 0～9）；

（2）字母数字型数据（数字 0～9；大写字母 A～Z；9 个其他字符即 space、$、%、*、+、－、·、/、:）；

（3）8 位字节型数据；

（4）日本汉字字符；

（5）中国汉字字符（《信息交换用汉字编码字符集 基本集》（GB/T 2312—1980）对应的汉字和非汉字字符）。

（三）QR Code 符号的基本特性

QR Code 可高效地表示汉字，其尺寸小于相同密度的 PDF417 条码。目前市场上的大部分条码打印机都支持 QR Code，其专有的汉字模式更加适合在我国应用。因此，QR Code 在我国具有良好的应用前景。QR Code 符号的基本特性如表 2-14 所示。

表 2-14　QR Code 符号的基本特性

项目	基本特性	
符号规格	21×21 模块（版本 1）－177×177 模块（版本 40）每一规格：每边增加 4 个模块	
数据类型与容量	数字数据：7089 个字符	
	字母数据：4296 个字符	
	8 位字节数据：2953 个字符（指最大规格符号版本 40-L 级）	
	中国汉字、日本汉字数据：1817 个字符	
数据表示方法	深色模块表示二进制"1"，浅色模块表示二进制"0"	

续表

项目	基本特性
纠错能力	L 级：约可纠错 7% 的数据码字 M 级：约可纠错 15% 的数据码字 Q 级：约可纠错 25% 的数据码字 H 级：约可纠错 30% 的数据码字
结构链接 （可选）	可用 1~16 个 QR Code 符号表示一组信息
掩模（固有）	可以使符号中深色与浅色模块的比例接近 1∶1，使因相邻模块的排列造成译码困难的可能性降为最小
扩充解释 （可选）	这种方式使符号可以表示缺省字符集以外的数据（如阿拉伯字符、希腊字母等），以及其他解释（如用一定的压缩方式表示的数据），或者针对行业特点的需要进行编码
独立定位功能	有

八、复合码

（一）复合码概述

复合码是指 GS1 系统中的复合符号，由线性组分（对单元基本标识进行编码）和邻近相关的复合组分（对补充数据如批号或有效期进行编码）组成。复合符号通常包括一个线性组分以确保可被所有的扫描技术识读，并可使得图像扫描仪能够利用线性组分作为邻近二维复合组分的定位图形。复合符号通常包括三种多行二维复合组分（例如 CC-A、CC-B、CC-C），其与 CCD 扫描仪以及现行的光栅激光扫描仪兼容。

复合码是由不同数据载体叠加在一起而构成的一种新的码制，主要用于物流及仓储管理。复合码中的一维条码可以是任何形式的 RSS，也可以是普通的 EAN/UCC 条码。复合码既可作为单品标识，也可作为二维条码的定位符，用于成像仪识别时的定位。如图 2-21 所示，就是"一维条码＋二维条码＋RFID"的组合应用。

（二）复合码在物流中的应用

随着计算机技术在物流领域的应用，人们已经认识到现有的商品条码受其信息容量的限制，已无法满足商业物流管理的需要。复合码的出现，解决了人们标识微小物品及表述附加商品信息的问题。

图 2-21 复合码

目前，复合码的应用主要集中在标识散装商品（随机称重商品）、蔬菜水果、医疗保健品及非零售的小件物品以及物流管理中。在物流环节，越来越多的应用证明，信息采集和传递更多的运输单元信息是非常必要的。而目前现有的 EAN/UCC128 码受信息容量的限制，无法提供令人满意的解决方案。物流管理所需要的信息可分为两类：运输信息和货物信息。运输信息包括交易信息，诸如采购订单编号、装箱单及运输途径等。复合码中包含这些信息的好处在于供应链的各个环节都可以随时采集所需信息，而无须使用在线式数据库。将货物本身信息编在二维条码中是为了给电子数据交换（EDI）提供可靠的备份，从而减少对网络的依赖性。这些信息包括包装箱及其所装物品、物品数量与保质期等，掌握这些信息对混装托盘的运输及物流管理尤其重要。采用复合码以后，这种以 EAN/UCC128 码及 PDF417 条码构成的复合码可将 2300 个字符编入条码中，从而解决了物流管理中条码信息容量不足的问题，极大地提高了物流及供应链管理系统的效率和质量。

九、二维码与其他识别方式对比

二维码工作的原理其实就是二进制算法。二进制是将所有的语言信息用机器语言 0 和 1 表达出来。二维码图案由一系列黑白相间的方块组成，其中黑色方块代表二进制数值"1"、白色方块代表二进制数值"0"。这些黑白图案按照特定的编码规则组合，形成一串二进制序列，用于存储各种类型的数据。

识别设备通过捕获图像并分析其中的黑白对比，解析出二维码中的二进制编码序列。然后，解码软件运用相应的解码算法，将二进制数据转换为可读的字符。这些字符可以包括数字、字母、特殊字符、汉字编码等，具体取决于二维码所采用的编码标准和编码内容。而磁卡是一种通过在磁性材料上划定磁道来存储数据的卡片。IC 卡是一种利用集成电路技术存储和处理数据的卡片。光卡是继磁卡、IC 卡之后，20 世纪 90 年代利用激光技术发展起来的一种新型的大容量的卡片式存储介质。二维条码同其他自动识别技术的比较如表 2-15 所示。

表 2-15　二维条码同其他自动识别技术的比较

项目	二维条码	磁卡	IC 卡	光卡
抗磁力	强	弱	中等	强
抗静电	强	中等	中等	强
抗损性	强 可折叠 可局部穿孔 可局部切割	弱 不可折叠 不可穿孔 不可切割	弱 不可折叠 不可穿孔 不可切割	弱 不可折叠 不可穿孔 不可切割
数据存储方式	通过二维码中黑白相间的方块来存储数据	通过在磁性材料上划定磁道来存储数据	利用集成电路技术存储和处理数据	利用光学技术将信息记录到卡片上
读取方式	非接触式的数据读取方式	与读卡设备接触，物理交互	与读卡设备接触，物理交互	与读卡设备接触，物理交互
安全性	安全性相对较低，容易被截屏保存或篡改，存在一定的安全风险	相对不够安全，易受磁性和磁刷等外部因素的影响	安全性相对较高，可以实现密码验证、加密等功能	具有较高的安全性，防伪性较强，不易被复制或篡改

单元测评

◆ 任务情境：

二维码，被誉为"移动互联网的最后一段距离"，为移动互联网服务的落地做出了突出贡献。如今，不经意间，在海报、杂志、报纸上，在地铁、公交、电梯里，在火车票、机票、演唱会票上，都能看到二维码。

二维码的使用很方便，用户只需要用手机设备扫描二维码，就可以激活二维码的信息。这些信息可以是一段文字，也可以是一个名片、一个链接、一个页面……内容十分丰富。然而，二维码本身并不那么引人注意。我们通常看到的大多数软件生成的二维码都是黑白格子，单一品种吸引力很弱。如今媒体传播环境日益丰富，年轻化的消费受众更是喜欢尝鲜，所以二维码的外观是不是也应当创新改变呢？

很多人就担心了，二维码那些规则的黑白格子是不是非常严格？一旦发生变化，会不会识别错误？这个其实完全不需要担心，因为二维码具有较强的纠错能力，即使二维码部分被覆盖或丢失，依旧能识别出所记录的完整信息。这使得创新设计成为可能。

◆ 任务要求：

请你参考创意二维码的设计案例，设计一张专属于自己的独一无二的二维码名片。

单元四 条码标识及编码技术

单元目标

◆ 知识目标：
(1) 理解物流标识技术的概念和作用；
(2) 掌握条码技术在物流标识中的应用原理和特点；
(3) 了解物流标识技术的构成要素；
(4) 熟悉条码识读设备。

◆ 技能目标：
(1) 能够描述条码技术在实现物流标识信息采集方面的优势；
(2) 能够区分并解释物流编码技术的各个方面，如项目标识、动态项目标识、日期、度量、参考项目、位置码等；
(3) 具备使用物流编码技术的能力，包括正确识读和应用物流编码信息。

◆ 素养目标：
(1) 培养学生细致的工作态度，以保证物流标识信息的准确性和可靠性；
(2) 通过实际操作和项目实践，学生可以提升自己的实践能力和动手能力，培养解决问题的能力；
(3) 培养学生的创新意识，使其能够在特殊应用和内部使用等情况下灵活运用物流标识技术解决实际问题；
(4) 通过物流信息标识和编码，提升学生的数据处理能力和对信息的理解能力。

走进行业

◆ 案例情境：

看懂物流码，识别真假茅台酒

茅台酒瓶的背面有一个标签，上面是一个条形码，被称作物流码，下面是一串数字，被称作有机码。你可别小看这种标志，其不仅是茅台酒身份的象征，更是鉴别茅台酒真假的重要"武器"。其实，茅台酒真正的物流码是隐藏在所粘贴的条形码下面的一串黑蓝色数字，由于标签是手工贴上去的，在撕开后就能看到。

这组数字具有唯一性，且不可重复查询，是集防伪、溯源于一体的，记录着每一瓶茅台酒的出厂信息及对应的经销商。如果你的酒是正品，那么物流码则会显示：该商品是贵州茅台酒。除此之外，它不会给出任何其他信息。如果一瓶茅台酒已经查询过物流码，那么当它再次被查询时，会提示已经查询过，不可重复查询。这从某种程度上防止了用真茅台酒瓶灌假酒来出售的现象。

◆ 案例要求：

茅台酒为何要为其产品赋上有机码和物流码？这两种码分别有什么作用？

 知识储备

 一、物流标识技术概述

所谓物流标识，就是对在供应链中运转的物品进行标识。通过合理的标识，能够迅速、准确地采集实现供应链管理目标所需信息。

为了实现物流标识信息的快速、准确采集，可采用自动识别技术中的条码技术。条码技术的特点是数据采集快速、准确，成本较低，易于实现，并有全球通用的标准，使所标识信息能够适应供应链的特点。物流标识技术的应用关系到物流现代化的成败，是否在物流过程中应用物流标识技术，决定着能否实现对物流的实时控制与管理。

物流标识技术主要由物流编码技术、物流条码符号技术、符号印制与自动识读技术等构成。

 二、物流编码技术的内容

物流编码的内容可分为以下几个方面：项目标识、动态项目标识、日期、度量、参考项目、位置码、特殊应用及内部使用等。

1. 项目标识

项目标识即对商品项目及货运单元项目的标识，相同项目的编码是相同的，其内容是无含义的，但其对项目的标识是唯一的。主要编码方式有 13 位和 14 位两种。13 位编码由三段组成，分别为厂商识别代码、商品项目代码及校验码。14 位编码通常是在 13 位编码前面加一位数字组成的。

2. 动态项目标识

动态项目标识是对商品项目中每一个具体单元的标识，它是对系列货运包装箱的标识，其本身为系列号，即每一个货运包装箱具有不同的编码，其编码为 18 位。

3. 日期

对日期的标识为 6 位编码，依次表示年、月、日，主要有生产日期、包装日期、保质期、有效期等。相关方面的信息会随着应用的需要不断增加。

4. 度量

度量的内容比较多，不同度量的编码位数也不同，主要包括数量、重量、长、宽、高以及面积、体积等内容，相同的度量有不同计量单位的区别。

5. 参考项目

参考项目的内容也较多，包括客户购货订单代码、收货方邮政编码，以及卷状产品的长、宽、内径、方向、叠压层数等各种信息，其编码位数也各不相同。

6. 位置码

中国物品编码中心根据国际物品编码协会的相关技术规范，并结合我国具体情况，制定了《商品条码 参与方位置编码与条码表示》（GB/T 16828—2021）。位置码是对法律实体、功能实体、物理实体进行标识的代码。其中，法律实体是指合法存在的机构；功能实体是指法律实体内的具体部门；物理实体是指具体的地址。位置码具有唯一性、无含义性，国际通用，并有严格的定义和结构，主要应用于 EDI 和自动数据采集。

位置码由 13 位数字组成，其结构如表 2-16 所示。

表 2-16　位置结构与位数

XXX	XXXXXXXXX	X
前缀码	位置参考代码	校验码

前缀码是三位数字，是国际物品编码协会分配给中国物品编码中心的标识码，由于我国分配的前缀码为 690～699 的 EAN-13 条码已经全部分配为物品编码，因此，位置码以 690 为前缀码；位置参考代码由 9 位数字组成，由中国物品编码中心统一分配，以 900000000～999999999 为参考代码的范围；校验码是一位数字，具体计算方

法可以参考位置码的国家标准。当位置码用条码符号表示时，应与位置码应用标识一起使用，条码符号采用贸易单元128条码的码制。

7. 特殊应用及内部使用

特殊应用是指在特殊行业（如医疗保健业）的应用。内部使用是指在公司内部使用，由于其编码不与外界发生联系，编码方式及标识内容由公司自己制定。

应用标识符是标识编码应用含义和格式的字符，详见《商品条码 应用标识符》（GB/T 16986—2018），其作用是指明跟随在应用标识符后面的数字表示的含义。应用标识符由2至4位数字组成。应用标识符后面的数据部分由一组字符组成。应用标识符（部分）的含义如表2-17所示。

表2-17 应用标识符（部分）的含义

应用标识符	含义	格式
00	系列货运包装箱代码 SSCC-18	ln2＋n18
01	货运包装箱代码 SCC-14	ln2＋n14
10	批号或组号	ln2＋an..20
11	生产日期	ln2＋n6
13	包装日期	ln2＋n6
15	保质期	ln2＋n6
17	有效期	ln2＋n6
20	产品变体	ln2＋n2
21	连续号	ln2＋an..20
22	数量、日期、批号（医疗保健业用）	ln2＋an..29
30	数量	ln2＋n..8
400	客户购货订单号码	ln3＋an..30
410	以 EAN-13 表示的交货地点的（运抵）位置码	ln3＋n13
411	以 EAN-13 表示的受票（发票）方位置码	ln3＋n13
412	以 EAN-13 表示的供货方的位置码	ln3＋n13
414	表示贸易实体的 EAN 位置码	ln3＋n13
420	收货方与供货方在同一国家（或地区）收货方的邮政编码	ln3＋an..9
421	前置三位 ISO 国家（或地区）代码收货方的邮政编码	ln3＋n3＋an..9

三、条码识读原理及设备

（一）条码识读原理

条码的识读和数据的采集主要是由条码扫描器来完成的。光电转换器是条码扫描器的主要组成部分，它的主要作用是将光信号转换成电信号。当条码扫描器对条码符号进行扫描时，由条码扫描器光源发出的光通过光系统照射到条码符号上；条码符号反射的光经光学系统成像在光电转换器上，光电转换器接收光信号后，产生一个与扫描点处光强度成正比的模拟电压，模拟电压通过整形转换成矩形波，如图 2-22 所示；矩形波信号是一个二进制脉冲信号，再由译码器将二进制脉冲信号解译成计算机可直接采集的数字信号。这就是条码可被条码扫描器识读的基本原理。

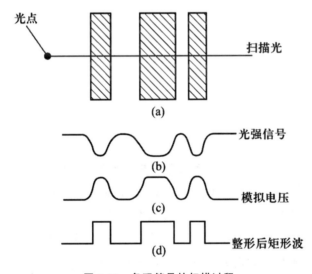

图 2-22　条码符号的扫描过程

（二）条码识读设备的种类

目前，条码识读设备虽然种类繁多，但大体上可分为两大类，即在线式阅读器和便携式阅读器。在线式阅读器按其功能和用途，又可分为多功能阅读器和各类在线阅读器。这类阅读器一般直接由交流电源供电，在阅读器与计算机或通信装置之间由电缆连接传输数据。多功能阅读器除具有识别多种常用码制的功能外，根据不同需要还可增加可编程功能、可显示功能以及多机联网通信功能等。而便携式阅读器则配有数据储存器，通常由电池供电，将数据收集后，先把数据存储起来，然后转储至主机，适用于脱机使用的场合。目前国际市场上已推出能储存上万个条码的便携式阅读器，广泛应用于仓库管理、商品盘点及各种野外作业。

条码扫描器作为阅读器的输入装置发展较快，大体上可分为接触式条码扫描器、非接触式条码扫描器、手持式条码扫描器和固定式条码扫描器等。目前常用的有笔式条码扫描器、CCD条码扫描器和激光式条码扫描器等。

四、物流条码技术的应用

物流条码技术在现代物流领域应用较为广泛。这一技术的引入不仅极大地优化了物流作业流程，更显著提升了物流运营效率。在当今竞争激烈的物流市场中，物流条码技术已成为行业进步、创新及发展的不可或缺的技术支撑，请大家分组探究物流条码技术在分拣运输、仓储管理、机场通道、货物通道以及运动中称量等方面的具体应用情况。

单元测评

◆ 任务情境：

条码识读设备属于物联网架构中的感知层，是实现对物流世界的智能感知识读、信息采集处理和自动控制的重要手段。随着物联网概念及相关产业的不断发展，条码识读设备的应用场景被极大扩宽，条码扫描器已被广泛应用于商业POS收银系统、快递仓储物流、图书、服装、医药、银行、保险、通信等领域。

条码识读设备市场与信息化建设具备正向相关性：信息化程度越高的国家和地区，条码识读设备市场规模越大。过去几年，中国产业信息化建设加速，在此背景下，条码扫描器市场需求显著增加。在条码扫描器行业快速发展的同时，乱象隐现：条码扫描对设备要求较低，普通的手机摄像头、超市简易的收银机扫描枪等不具备加密、防拆机等安全功能的设备均可识别条码，易被不法分子非法改装使用，造成用户资金损失。

◆ 任务要求：

请收集并学习关于条码识读设备行业的相关资料，分析国内条码识读设备市场的前景及存在的困难。

单元五　RFID 技术基础知识

单元目标

◆ 知识目标：
(1) 掌握射频的概念，了解射频的基本特征和频率范围；
(2) 理解 RFID 技术的工作原理，了解 RFID 系统的组成以及标签与阅读器之间的工作过程；
(3) 理解中间件的概念；
(4) 知悉 RFID 技术的优势及发展趋势；
(5) 掌握电子标签的分类及不同电子标签的特点。

◆ 技能目标：
(1) 能够应用 RFID 技术进行物品追踪和管理；
(2) 能够分析 RFID 技术在不同场景下的应用；
(3) 能够根据企业或项目需求，提出电子标签在防伪、供应链管理等领域的具体应用方案，并评估其可行性；
(4) 能够阐述不同电子标签的分类依据；
(5) 能够根据业务情况选择合适的电子标签。

◆ 素养目标：
(1) 培养学生对新技术的敏感性和创新意识，能够及时了解 RFID 技术的最新发展并将其应用于实践中；
(2) 在 RFID 系统的设计、搭建和应用过程中与团队成员协作，共同完成项目任务，培养学生的团队意识；
(3) 在实际应用 RFID 中间件的过程中，培养学生解决问题的能力；
(4) 使学生认识到 RFID 技术的广阔应用前景，掌握扎实的本领，培养社会责任感和关爱他人的情怀。

走进行业

◆ 案例情境：
科技巨头的动向往往预示着科技的发展方向，因此经常受到大众的关注。最近华为在 RFID 领域的一些动作引起了人们的关注,让我们一起看看以下几个事件。

• 事件 1:打造了新一代分布式 RFID ePIoT 解决方案

针对大规模仓储、物流、制造等场景,华为推出了新一代分布式 RFID ePIoT 解决方案。该方案通过收发分离、多天线等关键技术,实现了标签反向读取距离提升十倍、读取准确率提升到 99% 以上的效果。此外,该方案还具有更远的识读距离、更低的邻区干扰、更高的并发效率等优势,可以广泛应用于出入库管理、资产管理及生产过程管理优化等场景。

• 事件 2:推出 RFID 云平台

华为还推出了 RFID 云平台,该平台可以与华为的 IT 产品无缝集成,提供一站式的 RFID 解决方案。通过该平台,可以实现 RFID 设备的远程管理和监控,提高设备的可靠性和可用性。同时,该平台还可以提供数据分析和挖掘服务,帮助企业实现数据驱动的业务优化和管理升级。

• 事件 3:大力推广 RFID 技术

在 2023 年第八届华为全联接大会上,华为与利元亨深入探讨了 RFID 在智能仓储和智慧制造工厂中的进一步应用,并联合发布了基于 ePIoT RFID 的物流线解决方案,还向大家详细介绍了在智能仓储领域中使用 RFID 的实际成果。

• 事件 4:邀请专家去华为进行 RFID 知识培训

2022 年,华为邀请了 AIoT 星图研究院高级分析师张中良进行知识分享,张中良向华为技术人员分享了 RFID 产业最新发展情况。

◆ 案例要求:

种种迹象表明,华为十分看好 RFID 技术未来的发展。要知道,目前整个 RFID 行业一年国内产值为两三百亿元,与华为公司一年营收就超过 7000 亿元相比,实在是差距很大。那么华为为什么会看上 RFID?请说说你的观点。

一、RFID 概念及工作原理

(一)射频

射频(RF)是指可传播的电磁波。每秒变化小于 1000 次的交流电称为低频电流,每秒变化大于10000次的称为高频电流,而射频就是一种高频电流。医学上把频率为 0.5~8 MHz 的交流高频电流称为射频电波。

(二) RFID

射频识别(RFID)技术是一种非接触的自动识别技术,其基本原理是利用射频信号和空间耦合或雷达反射的传输特性,实现对被识别物体的自动识别。射频技术利用无线电波对记录媒体进行读写。射频识别的距离可达几十厘米至几米,且根据读写的方式,可以输入数千个字节的信息,同时具有极高的保密性。射频识别技术适用的领域主要是物料跟踪、运载工具和货架识别等要求非接触数据采集和交换的场合,要求频繁改变数据内容的场合尤为适用。例如,我国交通运输部正在推行的 ETC(电子不停车收费系统),采用的主要技术就是射频识别技术。截至 2019 年 12 月中旬,全国 ETC 用户累计超过 1.9 亿,即有近 2 亿台汽车装上了电子标签。装有电子标签的车辆通过装有射频扫描器的专用隧道、停车场或高速公路路口时,无须停车即可完成缴费,这大大提高了行车速度和效率。射频技术在其他物品的识别及自动化管理方面也得到了比较广泛的应用。

(三) RFID 技术的工作原理

RFID 技术的工作原理并不复杂:标签进入磁场后,接收解读器发出的射频信号,凭借感应电流所获能量发送出存储在芯片中的产品信息,或者由标签主动发送某一频率的信号,解读器读取信息并解码后,送至中央信息系统进行有关数据处理。

射频识别技术可以用来追踪和管理几乎所有物理对象。因此,越来越多的零售商和制造商在关心和支持这项技术的发展和应用。RFID 技术由 Auto-ID 中心开发,其应用形式为标记(Tag)、卡和标签(Label)设备。标记设备由 RFID 芯片和天线组成,可分为三种:自动式 RFID 标记设备、半被动式 RFID 标记设备和被动式 RFID 标记设备。现在市场上开发的基本上是被动式 RFID 标记设备,因为这类设备造价较低,且易于配置。被动式 RFID 标记设备运用无线电波进行操作和通信,信号必须在识别器允许的范围内,通常为 3 米。这类标记设备适用于短距离信息识别。RFID 芯片可以是只读的,也可是读/写的,依据应用需求决定。被动式 RFID 标记设备采用 EEPROM(带电可擦可编程只读存储器),便于运用特定电子处理设备往上面写数据。一般标记设备在出厂时都设定为只读方式。Auto-ID 规范中还包含有死锁命令,以在适当情形下阻止跟踪进程。

一套完整的 RFID 系统,主要由阅读器(Reader)、应答器(Transponder)和应用软件系统组成。其工作原理是:Reader 发射特定频率的无线电波能量给 Transponder,用以驱动 Transponder 电路将内部的数据送出,此时 Reader 便依序接收解读数据并传送给应用程序做相应的处理。

(四) RFID 技术的优势

RFID 技术具有以下主要优势,如图 2-23 所示。

图 2-23　RFID 技术的主要优势

1. 扫描识别较准确、灵活

RFID 识别较准确、灵活，可以做到穿透性和无屏障阅读。

2. 数据容量不断扩大

RFID 随着记忆载体的发展，数据容量有不断扩大的趋势。

3. 抗污染能力和耐久性强

RFID 对水、油和化学药品等物质具有较强的抵抗性；RFID 卷标将数据存在芯片中，因此数据可以免受污损。

4. 可重复使用

可以重复地新增、修改、删除 RFID 卷标内储存的数据，方便信息更新。

5. 体积小型化、形状多样化

RFID 在读取上并不受尺寸大小与形状限制，不需为了读取精度而配合纸张的固定尺寸和印刷品质。此外，RFID 标签更可往小型化与多样化形态发展，以应用于不同产品。

6. 安全性高

RFID 承载的是电子信息，其数据内容可经由密码保护，使其内容不易被伪造及变造。

近年来，RFID 因其具备的远距离读取、高储存量等特性而备受瞩目。它不仅可以帮助企业大幅提高货物、信息管理的效率，还可以让销售企业和制造企业互联，从而更加准确地接收反馈信息，控制需求信息，优化整个供应链。

条码扫描器在人的指导下工作，只能接收其视野范围内的条码。相比之下，射频识别不要求看见目标，射频标签只要在接收器的作用范围内就可以被读取。条码本身还具有其他缺点，如标签被划破、污染或脱落，条码扫描器就无法辨认目标。条码只能识别生产者和产品，并不能辨认具体的商品，贴在同一种产品包装上的条码都一样，无法辨认哪些产品先过期。

由于组成部分不同，智能标签要比条码贵得多，条码的成本主要是所用纸张和油墨成本，而有内存芯片的主动射频标签价格在 2 美元以上，被动射频标签价格在 1 美元以上。但是没有内置芯片的标签价格只有几美分,它可以用于对数据信息要求不那么高的情况,同时具有条码不具备的防伪功能。

二、RFID 系统的组成

RFID 系统一般由射频标签、阅读器、天线、应用系统等组成(见图 2-24)。

RFID 组成

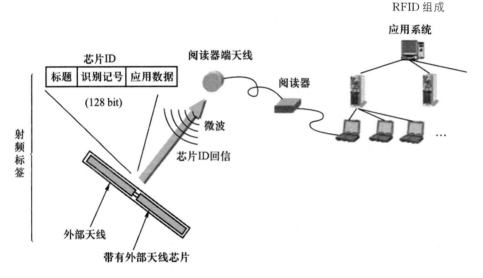

图 2-24 RFID 系统的组成

(一)电子标签

电子标签是由 IC 芯片和无线通信天线组成的超微型标签。电子标签中保存有约定格式的电子数据。在实际应用中,电子标签附着在待识别物体表面。存储在芯片中的数据,由阅读器以无线电波的形式非接触地读取,通过阅读器的处理器进行信息解读并进行相关的管理。因此,电子标签是一种非接触式的自动识别技术,是目前使用的条码的无线版本。电子标签的应用将给零售、物流等产业带来革命性的变化。电子标签便于大规模生产,并能够做到日常免维护。

电子标签具有条码所不具备的一些优点,如防水、防磁、耐高温,使用寿命长,读取距离大,标签上数据可以加密,存储数据量大,存储信息可以修改等(见图 2-25)。

电子标签是 RFID 系统中存储可识别数据的电子装置,通常安装在被识别对象上面,存储被识别对象的相关信息。电子标签存储器中的信息可由读写器进行非接触式读写。电子标签主要由天线、射频接口和芯片三部分组成,其内部结构如图 2-26 所示。

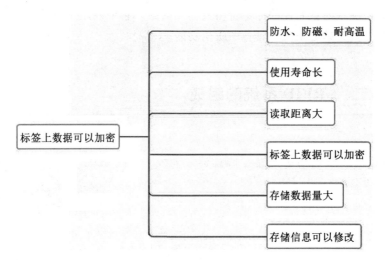

图 2-25　电子标签的主要优点

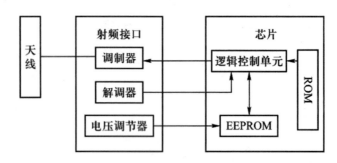

图 2-26　电子标签内部结构图

1. 电子标签的特点

电子标签由耦合元件及芯片组成，每个电子标签具有唯一的电子编码，附着在物体目标上。电子标签中的内容在被改写的同时可被永久锁死而受到保护。通常电子标签的芯片体积很小，厚度一般不超 0.35 mm，可印制在纸张、塑料、木材、玻璃、纺织品等包装材料上，也可直接制作在商品标签上。

电子标签的主要特点如下。

（1）具有一定的存储容量，能存储被识别物品的相关信息。

（2）在一定工作环境及技术条件下，能够对电子标签的存储数据进行读取和写入操作。

（3）维持对识别物品的识别及相关信息的完整。

（4）具有可编程操作，对于永久性数据不能进行修改。

（5）对于有源标签，通过读写器能够显示电池的工作状况。

2. 电子标签的分类

当前市面上的电子标签多种多样，按照不同的分类方法，电子标签会有不同的名称和归属，如图 2-27 所示。

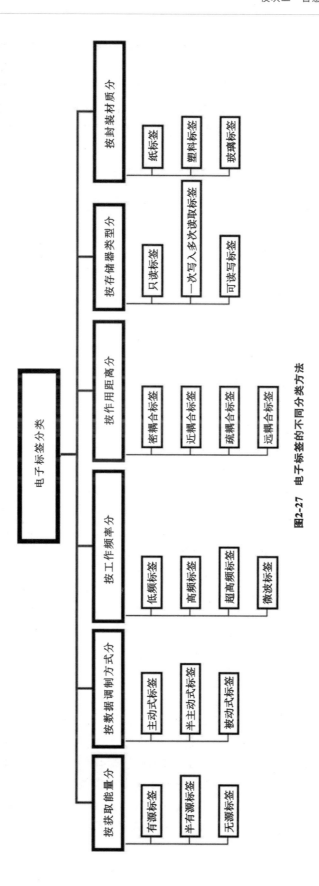

图2-27 电子标签的不同分类方法

按获取能量，电子标签可以分为有源标签、半有源标签和无源标签。

按数据调制方式，电子标签可以分为主动式标签、半主动式标签和被动式标签三种。

按工作频率，电子标签可以分为低频标签、高频标签、超高频标签和微波标签。

按作用距离，电子标签可以分为密耦合标签、近耦合标签、疏耦合标签和远耦合标签四类。

按存储器类型，电子标签可以分为只读标签、一次写入多次读取标签和可读写标签。

按封装材质，电子标签可以分为纸标签、塑料标签和玻璃标签。

3. 电子标签与条码

从概念上来说，电子标签和条码很相似，目的都是快速准确地确认追踪目标物体。与传统条码识别技术相比，主要的区别在于有无写入信息或更新内存的能力。条码的内存不能更改，电子标签不像条码，它特有的辨识器不能被复制。电子标签的作用不仅仅局限于视野之内，因为信息是由无线电波传输的，而条码必须在视野之内。与条码相比，电子标签具有以下优势。

（1）快速扫描。一次只能有一个条码受到扫描，RFID 读写器能够同时识别多个电子标签。

（2）体积小型化、形状多样化。电子标签在读取上并不受到尺寸大小与形状的限制，不需要为了读取准确度而配合纸张的固定尺寸和印刷品质。此外，电子标签更适宜向小型化与多样化发展，以应用于不同产品。

（3）抗污染能力和耐久性。传统条码的载体是纸张，因此容易受到污染，但电子标签对水、油和化学药品等物质有很强的抵抗性。此外，条码是附在塑料袋或外包装纸箱上，所以特别容易受到污损；电子标签是将数据存在芯片中，因此很难受到污损。

（4）可重复使用。现今的条码印刷上去之后就无法更改，电子标签则可以重复地新增、修改、删除存储的数据，方便信息的更新。

（5）穿透性和无障碍读取。在被覆盖的情况下，电子标签能够透过纸张、木材和塑料等非金属或非透明材质进行穿透性通信。而条码扫描器必须在近距离而且没有物体阻挡的情况下，才可以辨识条码。

（6）数据的记忆容量大。一维条码的容量一般是 50 B，二维条码可储存 3000 B。而电子标签的容量能够达到 MB 级别，且随着记忆载体的发展，容量有不断扩大的趋势。

（7）安全性。由于电子标签承载的是电子信息，其数据内容可经由密码保护而不易被伪造及变造。相对而言，电子标签的数据保密性要更高。

电子标签和条码技术是两种不同的技术，尽管有时候也会存在重叠现象，但具有不同的应用领域。两者之间最大的区别在于：条码需要视距，但是电子标签不需要。条码的扫描器必须"看到"条码读取信息，但是 RFID 读写器尽管看不到电子标签也可以对其进行信息的读取。标准的条码只能识别制造商和产品，而无法识别单独的货物。

很多人认为电子标签会取代条码，但是还需要花上几年的时间，因为条码是一项成熟的技术，并且就目前而言，相对于电子标签，条码所需的成本相对较低。电子标签与条码的优缺点比较如表 2-18 所示。

表 2-18 电子标签与条码的优缺点比较

电子标签	条码
不需视距	需要视距
单独识别货物、箱子、托盘等	只能识别货物的种类
货物与读写器之间的方向不重要	需要合适的方向
同步一次性识别	一次只能扫描一个货物
具有动态的读写容量	没有写的能力，只有静态信息
在恶劣环境下亦可使用	弄脏了就难以读取
数据存储容量较大	数据存储容量较小
世界范围的标准仍在制定中	世界范围的标准已经制定好
较昂贵：0.1 美元，还有贴标签的花费	较廉价：0.001 美元或以下
需要两步操作：标签的创建和标签的粘贴	只需一步操作：生产时可以很容易地打印在盒子上

4. 电子标签的应用领域

电子标签作为数据载体，能起到标识识别、物品跟踪、信息采集的作用。电子标签、读写器、天线和应用软件构成的 RFID 系统直接与相应的管理信息系统相连。每一件物品都可以被准确地跟踪，这种全面的信息管理系统能为客户带

RFID 案例

来较多便利，包括实时数据的自由采集、安全的数据存取通道、离线状态下对所有产品信息的获取等。采用电子标签系统，意味着能提供更新更好的服务，以提高客户满意度。

电子标签基于低成本的设计和制造工艺，可广泛应用于工业生产和日常生活的各个方面。

1）防伪

（1）商品防伪。如今，防伪产品已经在世界范围内形成了一个庞大的行业。电子标签的制造成本较高，几乎不可能伪造，可产品的单价相对便宜。电子标签体积较小，便于封装。例如：可将防伪标签内置于酒瓶盖中，用手持设备进行检验；在电视机、计算机、摄像机、名牌服装等产品上也都可以使用。

（2）车牌防伪。在车牌中置入标签，便于交通管理部门查验真假，并获知车主信息。

（3）证件防伪。如护照的防伪。

一般而言，防伪分为专业型防伪和消费者防伪两种。专业型防伪的使用者一般是机构，防伪时面对的是大量的产品；消费者防伪在消费者面对较少数量的产品时使

用。电子标签的应用需要专门的读写器，更适用于专业型防伪。其用在消费类产品上时，最好和其他防伪产品结合使用，以发挥更多的功能。

2）供应链管理

在产品生产或库存过程中，将标签贴在物品上，这些标签将一直存在于整个供应链上。物品从生产线前端到各加工流程、成品入库直至被摆上货架，通过扫描，详尽的物流记录就生成了。

3）生产流水线管理

用 RFID 技术在生产流水线上实现自动控制、监视，将极大提升快捷性和准确性，提高工作效率，改进生产方式，节约成本。电子标签在生产流水线上可以方便、准确地记录工序信息和工艺操作信息，满足柔性化生产需求。对工人工号、时间、操作、质检结果进行记录，可以实现生产的可追溯，还可避免生产环境中手写、眼看信息造成的失误。

4）仓储管理

将 RFID 系统用于智能仓库货物管理，对于大型仓储基地来说，管理中心可以实时了解货物位置、货物存储情况，对于提高仓储效率、反馈产品信息、指导生产等具有重要意义。不但可以增加一天内处理货物的件数，还可以监看货物的一切信息。其中应用的形式多种多样，可以将电子标签贴在货物上，由叉车上的读写器和仓库相应位置上的读写器进行读写，也可以将条码和电子标签配合使用。

5）销售渠道管理

建立严格而有序的渠道，高效地管理好进、销、存，是许多企业的强烈需要。产品在生产过程中嵌入电子标签，其中包含唯一的产品号，厂家可以用识别器监控产品的流向，批发商可以用厂家提供的读写器来识别产品的合法性。

思考：

电子标签除了以上应用，还有哪些方面的应用？

5. 电子标签的发展趋势

电子标签具有以下发展趋势。

（1）工作距离更远。随着低功耗 IC 技术的发展，电子标签所需功耗可以降到非常低的水平，这就使得无源 RFID 系统的工作距离可以更远，有些可以达到几十米以上。

（2）无线可读写性能更加完善。系统误码率不断降低，抗干扰性不断提高。

（3）更加适合高速移动物体识别。电子标签和阅读器之间的通信速率会获得很大程度的提高，对高速移动物体的识别会越来越准确。

（4）快速多标签读写功能更加完善。采用适用于识别大量物品的系统通信协议，实现快速的多标签读写功能。

（5）自我保护功能更加完善。在能量场较强的环境中，电子标签接收到的电磁能量较强，产生高电压，为此需要加强自保功能，保护电子标签芯片不受损害。

(6) 标签附属功能更多。例如，带有传感器或者蜂鸣器、光指示，或者标签具备杀死功能，即标签的设计寿命到期或终止应用时能够自行销毁。

(7) 体积更小。目前日立公司设计开发的带有内置天线的芯片厚度约为 0.1 mm。

(8) 成本更低。新的生产工艺使得整个系统的生产成本不断降低。

（二）RFID 读写器

读写器是负责读取或写入电子标签信息的设备，可以是单独的个体，也可以嵌入其他系统之中。读写器通过其天线与电子标签进行无线通信，可以实现对标签识别码和内存数据的读出或写入操作。读写器有时也称阅读器。

读写器是射频识别系统中一个非常重要的组成部分，它负责连接电子标签和计算机通信网络，与标签进行双向数据通信，读取标签中的数据，或者按照计算机的指令对标签中的数据进行改写。读写器的工作频率决定了整个射频识别系统的工作频率，读写器的功率大小决定了整个射频识别系统的工作距离。

典型的读写器终端一般由天线、射频接口模块和逻辑控制模块三部分构成，其结构如图 2-28 所示。

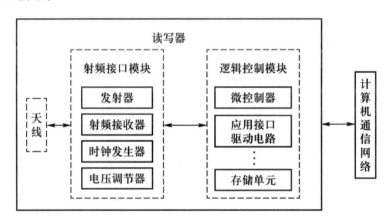

图 2-28　读写器构成

1. 读写器的功能

读写器之所以非常重要，是由它的功能所决定的。读写器的主要功能如下。

（1）实现与电子标签的通信。最常见的就是对标签进行读数，这项功能需要有一个可靠的软件算法来确保安全性、可靠性等。除了进行读数以外，有时还需要对标签进行写入，这样就可以对标签进行批量生产，由用户按照自己的需要对标签进行写入。

（2）给标签供能。在标签是被动式或者半被动式的情况下，需要读写器提供能量来激活射频场周围的电子标签；读写器射频场所能达到的范围主要是由天线的大小以及读写器的输出功率决定的。天线的大小主要是根据应用要求来考虑的，而输出功率在不同国家和地区具有不同的规定。

(3) 实现与计算机网络的通信。读写器能够利用一些接口实现与上位机的通信，并能够给上位机提供一些必要的信息。

(4) 实现多标签识别。读写器能够准确地识别其工作范围内的多个标签。

(5) 实现移动目标识别。读写器不但可以识别静止不动的物体，也可以识别移动的物体。

(6) 实现错误信息提示。对于在识别过程中产生的一些错误，读写器可以发出一些提示。

(7) 对于有源标签，读写器能够读出其电池信息，如电池的总电量、剩余电量等。

2. 读写器的工作方式

读写器主要有两种工作方式：一种是读写器先发言（RTF）方式，另一种是标签先发言（TTF）方式。

在一般情况下，电子标签处于等待或休眠状态，当电子标签进入读写器的作用范围被激活以后，便从休眠状态转为接收状态，接收读写器发出的命令，进行相应的处理，并将结果返回给读写器。只有接收到读写器特殊命令才发送数据的工作方式被称为 RTF 方式；与此相反，进入读写器的能量场即主动发送数据的工作方式被称为 TTF 方式。

3. 读写器的种类

根据用途，各种读写器在结构及制造形式上也是千差万别的。大致可以将读写器划分为以下几类：固定式读写器、OEM 读写器、工业读写器、发卡机、便携式读写器（见图 2-29）。

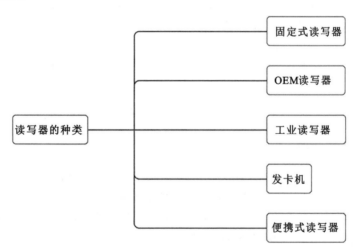

图 2-29　读写器的种类

1）固定式读写器

固定式读写器是最常见的一种读写器。它是将射频控制器和高频接口封装在一个固定的外壳中构成的。有时，为了减少设备尺寸、降低成本、便于运输，将天线和射频接口模块封装在一个外壳单元中，这样就构成了固定式读写器。

2）OEM 读写器

为了将读写器集成到用户自己的数据操作终端、BDE 终端、出入控制系统、收款系统及自动装置等，需要采用 OEM 读写器。OEM 读写器是装在一个屏蔽的白铁皮外壳中向用户供货的，或者以无外壳的插件板的方式供货。电子连接的形式大致有焊接端子、插接端子或螺丝旋接端子等。

3）工业读写器

在安装或生产设备中，需要采用工业读写器。工业读写器大多具备标准的现场总线接口，以便容易集成到现有设备中，它主要应用在矿井、畜牧、自动化生产等领域。此外，这类读写器还可以满足多种不同的防护需要，包括防爆保护。

4）发卡机

发卡机也叫读卡器、发卡器等，主要用来对电子标签进行具体内容的操作，包括建立档案、消费纠正、挂失、补卡、信息纠正等，经常与计算机放在一起。从本质上说，发卡机实际上是小型的射频读写器。

5）便携式读写器

便携式读写器是适合用户手持使用的一类射频电子标签读写设备，其工作原理与其他形式的读写器一样。便携式读写器主要作为检查设备、付款往来的设备、服务及测试工作中的辅助设备。便携式读写器一般带有 LCD 显示屏，并且带有键盘面板以便于操作或输入数据。通常可以选用 RS-232 接口来实现便携式读写器与 PC 机之间的数据交换。

（三）天线

天线是标签与阅读器之间传输数据的发射、接收装置。在实际应用中，除了系统功率外，天线的形状和相对位置也会影响数据的发射和接收，需要专业人员对系统的天线进行设计、安装。

三、RFID 系统的种类

根据 RFID 系统的功能，可以把 RFID 系统分成四种类型：EAS 系统、便携式数据采集系统、物流控制系统和定位系统（见图 2-30）。

（一）EAS 系统

EAS 系统（电子商品防窃（盗）系统）是一种设置在需要控制物品出入门口的 RFID 技术。这种技术的典型应用场合是商店、图书馆和数据中心等地方，当未被授权的人从这些地方非法取走物品时，EAS 系统会发出警告。在应用 EAS 技术时，首先在物品上黏附 EAS 标签，当物品被正常购买或者合法移出时，在结算处通过一定

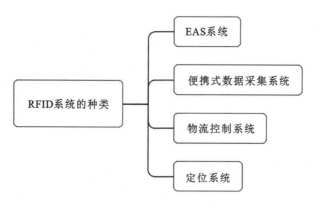

图 2-30　RFID 系统的种类

的装置使 EAS 标签失活，即可将物品取走。物品经过装有 EAS 系统的门口时，EAS 装置能自动检测标签的活动性，如发现活动性标签，EAS 系统会发出警告。EAS 技术的应用可以有效防止物品被盗。应用 EAS 技术，物品不用再锁在玻璃橱柜里，可以让顾客自由地观看、检查商品，这在自选商品日益流行的今天有着非常重要的现实意义。

　　EAS 系统的工作原理如下。在监视区，信号发射机以一定的频率向信号接收机发射信号。信号发射机与信号接收机一般安装在零售店、图书馆的出入口，形成一定的监视空间。当具有特殊特征的标签进入该区域时，会对信号发射机发出的信号产生干扰，这种干扰信号也会被信号接收机接收，再经过微处理器的分析判断，就会控制警报器的鸣响。根据信号发射机发出的信号不同以及标签对信号干扰原理不同，EAS 可以分成多种类型。关于 EAS 技术，最新的研究方向是标签的制作。人们正在讨论 EAS 标签能不能像条码一样，在产品的制作或包装过程中加进产品，成为产品的一部分。

　　典型的 EAS 系统一般由以下三部分组成：
（1）附着在商品上的电子标签、电子传感器；
（2）电子标签灭活装置，以便授权商品能正常出入；
（3）监视器，在出口形成一定区域的监视空间。

（二）便携式数据采集系统

　　通过便携式数据采集系统，可以使用带有 RFID 阅读器的手持式数据采集器采集 RFID 标签上的数据。这种系统具有比较大的灵活性，适用于不宜安装固定式 RFID 系统的应用环境。手持式阅读器（数据输入终端）可以在读取数据的同时，通过无线电波数据传输方式实时地向主计算机系统传输数据，也可以暂时将数据存储在阅读器中，成批地向主计算机系统传输数据。

（三）物流控制系统

　　在物流控制系统中，阅读器分散布置在给定的区域，并且阅读器直接与数据管理信息系统相连，信号发射机是移动的，一般安装在移动的物体、人流上方。当物体、人流经过阅读器时,阅读器会自动扫描标签上的信息并把数据信息输入数据管理信息系统进行存储、分析和处理,以达到控制物流的目的。

(四)定位系统

定位系统用于自动化加工系统中的定位,以及对车辆、轮船等进行运行定位支持。阅读器放置在移动的车辆、轮船或者自动化流水线中移动的物料、半成品和成品上,信号发射机嵌入操作环境的地表。信号发射机上存储有位置识别信息,阅读器一般通过无线的方式连接至主信息管理系统。

四、RFID 技术的工作频率

RFID 系统中的读写器和电子标签通过各自的天线构建了两者之间非接触的信息传输信道。在 RFID 系统中,特定频率范围内的无线电波经过编码,在读写器和电子标签之间传输信息。无线电波可以划分成低频、高频、超高频和微波,如表 2-19 所示。RFID 技术一般采用的都是这些范围内的无线电波,通过无线电波进行能量的辐射,称为电磁辐射。

表 2-19　RFID 系统所占用的频段

频段范围	低频/kHz	高频/MHz	超高频/MHz	微波/GHz
可用频段	30～300	3～30	300～1 000	1～6
RFID 占用频段	125～134	13.56	433 或 860～960	2.4 和 5.8

五、RFID 中间件

RFID 技术是专家早在 2005 年就建议企业可考虑引入的十大策略技术之一,然而除了标签的价格、天线的设计、波段的标准化、设备的认证之外,最重要的是要有关键的应用软件,RFID 技术才能得到迅速推广。而中间件可称为 RFID 运作的中枢,因为它可以加速应用软件的问世。

(一)中间件

中间件是基础软件的一大类,属于可复用软件的范畴。顾名思义,中间件处于操作系统软件与用户的应用软件的中间。中间件在操作系统、网络和数据库之上,在应用软件的下层,总体作用是为处于自己上层的应用软件提供运行与开发的环境,帮助用户灵活、高效地开发和集成复杂的应用软件。

（二）RFID 中间件

RFID 中间件是用来加工和处理来自读写器的所有信息和事件流的软件，是连接读写器和企业应用的纽带。使用 RFID 中间件提供一组通用的应用程序接口（API），即能连接 RFID 读写器，读取 RFID 标签数据。RFID 中间件要对标签数据进行过滤、分组和计数，以减少发往信息网络系统的数据量并防止错误识读、多读信息。

（三）RFID 中间件原理

RFID 中间件扮演 RFID 标签和应用程序之间的中介角色，即使存储 RFID 标签情报的数据库软件或后端应用程序增加，或改由其他软件取代，或者 RFID 读写器种类增加等情况发生时，应用端无须修改也能处理，省去多对多连接的维护复杂性问题。

RFID 中间件是一种面向消息的中间件（MOM），信息（Information）是以消息（Message）的形式，从一个程序传送到另一个或多个程序的。信息可以异步的方式传送，所以传送者不必等待回音。面向消息的中间件包含的功能不仅是传递信息，还包括解译数据、数据广播、错误恢复、定位网络资源、找出符合成本的路径、确定消息与要求的优先次序等服务。

（四）如何将现有的系统与新的 RFID 阅读器连接

面对各式各样 RFID 的应用，企业的首要问题是：如何将现有的系统与这些新的 RFID 阅读器连接？该问题的本质是企业应用系统与硬件接口的问题。因此，通透性是整个应用的关键，正确抓取数据，确保数据读取的可靠性，以及有效地将数据传送到后端系统都是必须考虑的问题。传统应用程序与应用程序之间，数据通透是通过中间件架构来解决的。因此，中间件的架构设计解决方案便成为 RFID 应用中一项极重要的核心技术。通过 RFID 中间件，可以快速连接 RFID 阅读器。RFID 中间件的逻辑结构如图 2-31 所示。

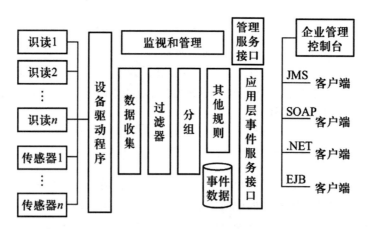

图 2-31　RFID 中间件的逻辑结构

六、 RFID 技术发展史

RFID 直接继承了雷达的概念,并由此发展成一种生机勃勃的新技术,但实际上它比条码还要古老。RFID 技术是无线电波与雷达技术的结合。奠定 RFID 基础的技术最先是在第二次世界大战中得到发展的,当时是为了鉴别飞机,又被称作"敌友"识别技术,该技术的后续版本至今在飞机识别中使用。

1948 年哈里·斯托克曼发表的"利用反射功率的通信"奠定了 RFID 的理论基础。RFID 技术在国外的发展较早也较快,尤其是在美国、英国、德国等国,目前均有较成熟且先进的 RFID 系统。

我国在 RFID 技术的研究方面也发展较快,比较典型的是在中国铁路车号自动识别系统建设中,推出了完全拥有自主知识产权的远距离自动识别系统。

在近距离 RFID 应用方面,许多城市已经实现了公交射频卡作为预付费电子车票的应用,还有预付费电子饭卡等。RFID 技术显示出其在各个领域的巨大发展潜力,这就掀起了 RFID 技术研究、制造和应用的浪潮,RFID 技术已经成为 21 世纪极有发展潜力的技术之一。表 2-20 列举了 RFID 技术在历史上的一些重要事件。

表 2-20　RFID 技术的发展十年期划分表

年份	事件
1940—1950 年	雷达的改进和应用催生了射频识别技术,1948 年哈里·斯托克曼发表的"利用反射功率的通信"奠定了 RFID 的理论基础
1950—1960 年	RFID 的探索阶段,主要处于实验室实验研究阶段
1960—1970 年	RFID 的理论得到了发展,开始了一些应用尝试
1970—1980 年	RFID 与产品研发处于一个大发展时期,各种 RFID 测试得到加速,出现了一些较早的 RFID 应用
1980—1990 年	RFID 及产品进入商业应用阶段,各种应用出现
1990—2000 年	RFID 标准化问题日益受到重视,RFID 产品得到广泛采用,RFID 产品逐渐成为人们生活中的一部分
2000 年至今	标准化问题日益为人们所重视,RFID 产品种类更加丰富,有源电子标签、无源电子标签及半无源电子标签均得到发展,电子标签成本不断降低,应用行业规模扩大
	RFID 的理论得到丰富和完善,单芯片电子标签、多电子标签识读、无线可读可写、无源电子标签的远距离识别、适应高速移动物体的 RFID 与产品正在成为现实并得到应用

在 RFID 技术研究及产品开发方面，我国已具有了自主开发低频、高频与微波 RFID 电子标签与读写器的技术能力及系统集成能力，与国外 RFID 先进技术之间的差距主要体现在 RFID 芯片技术方面。在标签芯片设计及开发方面，国内已有多个成功的低频 RFID 系统标签芯片面市。

电子无线射频识别技术在动物标识及疫病追溯方面的应用

标准建设

ISO/IEC 是资深的全球非营利性标准化专业机构，目前大部分 RFID 标准都由 ISO/IEC 的技术委员会（TC）或分技术委员会（SC）制定。

我国制定的 RFID 标准概况如表 2-21 所示。

表 2-21　ISO/IEC 及我国制定的 RFID 标准概况

技术标准	ISO/IEC 10536	密耦合非接触式 IC 卡标准
	ISO/IEC 14443	近耦合非接触式 IC 卡标准
	ISO/IEC 15693	疏耦合非接触式 IC 卡标准
	ISO/IEC 18092	近场无线通信接口和协议
	ISO/IEC 21481	近场无线通信接口和协议 2
	ISO/IEC 18000 系列标准	基于物品管理的 RFID 空中接口参数
	ISO/IEC 18000-1	空中接口一般参数
	ISO/IEC 18000-2	低于 135kHz 频率的空中接口参数
	ISO/IEC 18000-3	13.56MHz 频率下的空中接口参数
	ISO/IEC 18000-4	2.45GHz 频率下的空中接口参数
	ISO/IEC 18000-6	860～930MHz 的空中接口参数
	ISO/IEC 18000-7	433MHz 频率下的空中接口参数
	GJB 7377.1	军用射频识别空中接口 800/900MHz 参数
	GJB 7377.2	军用射频识别空中接口 2.45GHz 参数
	GB 29768	射频识别 800/900MHz 空中接口协议
	GB 28925	射频识别 2.45GHz 空中接口协议
	EPC C1G2 HF	13.56MHz 第一类第二代高频通信协议
	EPC C1G2 UHF	860～960MHz 第一类第二代超高频通信协议

续表

数据内容标准	ISO/IEC 15424	数据载体/特征标识符
	ISO/IEC 15418	EAN、UCC 应用标识符及 ASC MH10（ANSI 标准）数据标识符
	ISO/IEC 15434	大容量 ADC 媒体用的传送语法
	ISO/IEC 15459	物品管理的唯一识别号（UID）
	ISO/IEC 15961	数据协议：应用接口
	ISO/IEC 15962	数据编码规则和逻辑存储功能的协议
	ISO/IEC 15963	射频标签（应答器）的唯一标识
	ISO/IEC 19762	自动识别和数据捕获技术协调词汇
应用标准	ISO/IEC 10374	货运集装箱识别标准
	ISO/IEC 18185	货运集装箱密封标准（电子铅封）
	ISO/IEC 18186	海运集装箱-RFID 货物物流标签（修改 17363 而来）
	ISO/IEC 10891	海运集装箱-RFID 身份标签
	ISO/IEC 11784	动物 RFID 的代码结构
	ISO/IEC 11785	动物 RFID 的技术准则
	ISO/IEC 14223	动物追踪的直接识别数据获取标准
	ISO/IEC 17363	一系列物流容器（如货盘、货箱、纸盒等）识别的规范
	ISO/IEC 17364	可回收运输单品
	ISO/IEC 17365	运输单元
	ISO/IEC 21007	气瓶标识标记
	ISO/IEC 17358	应用需求
	ISO/IEC 28560	图书馆的射频识别
性能标准	ISO/IEC 18046	RFID 设备性能测试方法
	ISO/IEC 18047	有源和无源的 RFID 设备一致性测试方法
	ISO/IEC 10373-6	按 ISO/TEC 14443 标准对非接触式 IC 卡进行测试的方法

单元测评

◆ **任务情境：**

在建设物流信息系统的过程中，RFID、二维码、条形码是三种主要的数据收集方式，也是物联网技术在物流领域应用的基础。它们有什么区别，在物流信息系统的构建过程中应如何选择？它们在物流业中的发展前景如何？

◆ **任务要求：**

请结合本模块学习的内容，调研收集相关资料，对比 RFID、二维码、条形码的优缺点及应用前景。

单元六　RFID 技术在物流管理中的应用

单元目标

◆ **知识目标：**

(1) 了解 RFID 技术的原理、工作方式；
(2) 了解 RFID 技术的主要分类；
(3) 掌握 RFID 技术在物流不同环节中的应用；
(4) 理解 RFID 技术如何提高集装箱信息传递的准确性和安全性。

◆ **技能目标：**

(1) 能够分析现有物流管理流程，提出 RFID 技术优化方案；
(2) 熟悉 RFID 技术的发展趋势，能够提出创新性的 RFID 技术应用方案；
(3) 能够评估 RFID 技术在业务场景应用的优势和局限性，并提出改进建议。

◆ **素养目标：**

(1) 在实际应用 RFID 技术的过程中，培养学生学以致用、解决问题的能力；
(2) 能够将 RFID 技术与物流管理、信息技术等相关领域知识结合起来，提出综合解决方案，为企业降本增效，提升学生的职业素养；
(3) 通过不断探索 RFID 技术的新应用场景和解决方案，培养学生的创新思维和实践能力。

走进行业

◆ **案例情境:**

每年大约有 58 亿吨的货物,即全球贸易量的 80% 通过海运进行,但大约有 5% 的集装箱会受检测。如何保护由 46000 艘海船运往全球 4000 个港口的 1100 万个集装箱的安全?如何确保货品安全及准确掌握库存?解决上述所有问题与挑战的诀窍就是使企业对其供应链的一举一动了如指掌。因此,RFID 的发展应用在港口行业中备受瞩目。

国内某港口计划开始"智能集装箱"试点,港口有 300 个需加装 RFID 电子标签的集装箱。集装箱分别在仓储端与货主端开始实施作业,所有实施作业的集装箱均在港口码头装船。

在仓储端的集装箱作业模式是,货主将货物运送至储运中心,在出口货物经海关核准放行后,由储运中心进行货物装箱作业,在完成装箱作业的集装箱上加装电子标签,并以手持终端机启动 RFID 电子标签。

在货主端的集装箱作业模式是,货主完成出口集装箱装箱作业后,在集装箱上加装 RFID 电子标签并以手持终端机启动 RFID 电子标签,再由集装箱运输公司将集装箱运往码头集装箱场。待集装箱进入港口后,系统通过 RFID 读取器实时记录集装箱到达的时间与集装箱的安全状态,并实时将信息传至运输安全管理系统。储运中心与货主除了以手持终端机启动 RFID 电子标签,将集装箱信息传送至运输安全管理系统外,同时需要通过网络登录事先预设的账户,并在运输安全管理系统上维护集装箱的舱单资料。

◆ **案例要求:**

请总结在仓储端的集装箱作业模式和在货主端的集装箱作业模式的异同。

知识储备

当前的供应链物流中存在信息不对称、不能及时得到信息等弊端,难以实现及时调节和协同。随着经济全球化进程的推进,调度、管理和平衡供应链各环节之间的资源变得日益迫切,以电子产品编码和 RFID 技术为核心,在互联网之上构造物联网,将在全球范围内从根本上改变对产品生产、运输、仓储、销售等物流供应链中各环节的物品流动监控和动态协调的管理水平。从采购、存储、生产制造、包装、装卸、运输、流通加工、配送、销售到服务,RFID 技术在供应链的诸多环节都发挥着重要的作用。

目前在我国物流与制造业企业中还没有将 RFID 技术作为信息采集和跟踪的完整应用，这也严重影响和制约了行业内服务水平的提高。目前我国商品标识标签的应用市场还未形成，但企业和行业内已经开始起步。海尔集团等在企业内部自动化立体仓库的托盘上安置了电子标签，明显提高了管理的精细化程度。同时，我国物流企业的基础条件和信息化手段参差不齐，因此在未来相当长一段时间内，RFID 技术仍将与传统条码技术并存。如何在现有信息系统的基础上，完成对企业流程管理的改造，实现条码系统与 RFID 技术的集成应用，是众多企业关心的问题。

新质生产力

将云计算技术与 RFID 技术相结合，可以实现物流领域的智能化管理和实时监控。RFID 技术作为一种无线识别技术，能够实现对物品的唯一标识和追踪，而云计算技术则提供了强大的数据存储和处理能力，能够有效管理和分析大量的 RFID 标签数据。

通过将 RFID 标签与云平台连接，物流公司可以实时监控货物的位置、状态和运输信息。RFID 标签可以记录货物的唯一标识码以及相关信息，如生产日期、目的地等，而云计算平台则可以将这些信息上传至云端进行存储和处理。物流公司可以通过云端平台实时查看货物的位置和运输状态，及时调整物流计划，提高运输效率和准确性。

此外，云计算技术还可以为 RFID 数据提供强大的数据分析和挖掘能力，帮助物流公司更好地理解和优化物流运营。通过对大量的 RFID 数据进行分析，物流公司可以发现运输过程中的瓶颈和问题，并通过优化方案提升整体运输效率。同时，云计算平台还可以为不同的物流参与方提供数据共享和协作的平台，促进物流信息的共享和协同，提高整个供应链的运作效率和透明度。

一、RFID 技术在生产制造环节中的应用

RFID 技术不仅是与零售业相关的技术，而且是与生产制造业相关的技术。RFID 技术正从零售业进入制造过程的核心，通过在工厂车间层逐步采用 RFID 技术，制造商可以不间断地集成从 RFID 技术捕获的信息并连接到现有的、已验证和加强的控制系统基础结构，与配置 RFID 功能的供应链相协调，不需要更新已有的制造执行系统和制造信息系统就可以发送准确、可靠的实时信息流，从而创造附加值，提高生产率和节省投资。

RFID 技术在生产制造业中的影响是广泛的,包括制造信息管理,制造执行、质量控制和标准的一致性,产品的跟踪和追溯,库存可视化管理等。

(一)制造信息管理

将 RFID 技术和现有的制造信息系统相结合,可建立更强大的信息链,以及在准确的时间及时传送准确的数据,从而提高生产力、提高资产利用率,以及实现更高层次的质量控制和各种在线测量。通常从 RFID 获取数据后,还需要中间件将这些数据进行处理,反馈到制造信息系统。

(二)制造执行、质量控制和标准的一致性

实施 RFID 技术可实现对整个生产流程的跟踪、识别和控制。在实际生产过程中,实时统计在各个车间和仓库中物品的数量,以及跟踪某一批号的物品目前正送往什么位置等都非常重要。电子标签支持信息写入,使用可读写电子标签可以标记生产过程中想要标记的要素,再通过安装在生产线上的电子标签自动读写器就可以将上述所需数据自动地、实时地、准确地传送到计算机中。这样就可以进行实时统计,以便进行对产品及员工的管理等。

(三)产品的跟踪和追溯

要求符合特定质量规范的呼声不断增强,促使消费用包装品、食品、饮料企业在其整个供应链中要求准确地跟踪和追溯产品信息。在这些方面,RFID 技术能和现有的制造执行系统互为补充。对大多数部件而言,制造执行系统已能收集如产品标识符、时间、物理属性、订货号及每个过程的批量等信息,这些信息可以被转换成 RFID 编码并传送到供应链,帮助制造商跟踪和追溯产品的历史信息。

(四)库存可视化管理

应用 RFID 技术跟踪库存,实现库存可视化,需做到以下两点:一是必须给待识别物品附加电子标签;二是必须在物品存储或经过的关键节点安装相应的读写器,这些关键节点包括原材料仓库、成品仓库以及生产车间的各关键工序之间。当附有电子标签的待识别物品出现在读写器的读写范围内,读写器自动以非接触的方式将电子标签信息取出,从而实现自动识别物品或自动收集物品标识信息的功能。这样,读写器就可以对待识别物品存储或经过的多个关键节点实施跟踪。这个过程是自动的,无须人工参与,保证了数据采集的实时性及准确性。除了具备以上两个基本条件外,库存可视化管理还需要有功能强大的计算机网络系统,以实现对所收集数据进行处理,并实现在制造企业内部甚至供应链物流内的信息共享。

二、RFID技术在仓储管理环节中的应用

传统仓储管理中的许多操作都依赖于实时的手工输入操作，需要人根据仓储管理系统（WMS）的指示做出响应，采用手动输入条码甚至语音来验证库存量单位（SKU）、数量或者库存位置等数据。尽管SKU能够通过条码准确获得，但大多数情况下，数量信息还是通过操作员目测得到，从订单接收到库存盘点都需要依赖人工操作。现在可以利用RFID技术提供的信息，如图2-32所示。

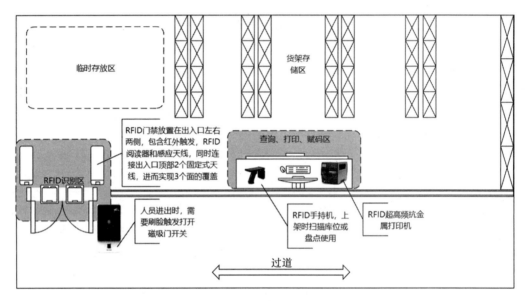

图2-32 基于RFID的最小库房管理系统

有了RFID技术的帮助，在仓储管理的以下场合可减少对人的依赖。

（一）收货

读取每个货箱和托盘上的电子标签，将获取的信息自动与供应商提供的信息进行比较，从而使耗损、货物替换、数量不符以及运送错误都可以检查出来。

（二）位置

产品的存储位置信息在堆放过程中已经被探测并保存下来，保证在任何时候都可以知道每个货箱实际的堆放位置，特别是在实际位置和预设的堆放位置不同的时候。通过RFID技术，某个特定库存物品可以通过手持式读写器来快速定位，语音或其他提示功能可以向操作员指明库存物品在众多相同物品中的确切位置。

（三）备料

RFID 数据可以通过在备料操作中为成套业务自动核实实际内容与计划之间的差异来提高精度，并减少备料，确认缩量、不正确的组件以及过剩或者不足的实时引导，以更好地控制库存和质量。此外，从组件产品到成品组件制造推广 RFID 数据能够提高召回管理和退货处理的能力。

（四）运输

利用 RFID 信息可以确保正确的数量、产品和运输工具，有助于精细化管理运输业务。在客户收货发现错误的时候，运输过程中所获得的所有 RFID 信息就可以用来查找错误的环节。

（五）退货

在理想情况下，根据 RFID 技术提供的信息跟踪检查可以追溯到生产过程中，仓储管理中的退货步骤将更加有效和快速。损坏的货物和需要退回工厂的货物，可以安全地与其他库存隔离和被记录，通过分析 RFID 信息，可以找出损坏发生位置，还可以退回原产地。

（六）货场管理

目前，集成到 WMS 中的货物管理软件可以优化出货的步骤和调度交通工具。基于 RFID 技术可以很容易地完成货场管理和跟踪及移动库存货柜（拖车）的管理和优化。货场出入口的 RFID 读写器可以提供可视化操作，拖车使用电子标签可由手持式读写器读取。例如：货场管理系统可以指示司机哪里有空地；安排离码头最近的拖车去装货；利用基于 RFID 技术的实时定位系统，可即时跟踪在货场中拖车的位置、设备甚至人。采用 RFID 技术的货场管理软件可以充分利用场地空间和准确实时地将货物运送到仓库的入货处。

RFID 技术所提供信息能够给仓储业务的配送效率、性能和精度带来较大影响。仓储管理最终会直接影响位于供应链物流中的上游或下游贸易伙伴，通过 RFID 信息可以改善流通、提高质量、准确地采购物品和运送货物，最终改善整个供应链物流管理。

三、RFID 技术在配送环节中的应用

目前，国内配送中心大多采用条码技术作为仓库管理中货物流和信息流同步的主

要载体。但随着企业对信息化要求的不断提高,条码技术在应用中存在着许多无法克服的缺点。RFID技术优于条码技术之处在于可以动态地同时识别多个数据,识别距离大,信息可以改写。电子标签可以唯一标识商品,因此可以在整个供应链上跟踪货物,实时掌握商品处于供应链上的哪个节点上并将信息及时反馈给配送中心。RFID技术在配送中心主要应用于以下方面。

(一)入库和检验

当贴有电子标签的货物运抵配送中心时,入口处的读写器将自动识读电子标签,根据得到的信息,配送中心信息管理系统会自动更新存货清单。同时,根据订单的需要,将相应货品发往正确的地点。这一过程将传统的货物验收入库程序大大简化,省去了烦琐的检验、记录、清点等大量需要人力的工作。

(二)整理和补充货物

装有移动读写器的运送车自动对货物进行整理,根据计算机管理中心的指示自动将货物运送到正确的位置,同时将计算机管理中心的存货清单更新,记录最新的货品位置。存货补充系统将在存货不足指定数量时自动向管理中心发出申请,根据管理中心的命令,在适当的时间补充相应数量的货物。在整理货物和补充存货时,如果发现有货物堆放到了错误位置,读写器将随时向管理中心报警。根据指示,运送车将把这些货物重新堆放到指定的正确位置。

(三)订单填写

通过RFID系统,存货和管理中心紧密联系在一起。而在管理中心的订单填写过程中,将发货、出库、验货、更新存货目录整合成一个整体,最大限度地减少了错误的发生,同时大大节省了人力。

(四)货物出库运输

应用RFID技术后,货物运输将实现高度自动化。当货品在配送中心出库,经过仓库出口处读写器有效范围时,读写器自动读取货品电子标签上的信息,不需要扫描,可以直接将出库的货物运输到零售商手中。而且由于前述的自动操作,整个运输过程速度大为提高,同时货物避免了条码不可读和存放到错误位置等情况的出现,准确率大大提高。

四、 RFID技术在集装箱运输管理中的应用

目前,集装箱的识别和交接是以箱号为准的。而人工的数据采集难免会出现差

错,比如在集装箱装卸时常会因箱号看错发生集装箱装卸错误,延误交货期限,带来很大的损失。集装箱的运输管理需要一种更加自动化、智能化,能够实时更新数据的技术。RFID 技术无疑具备了这些特点。它提高了集装箱信息传递的准确性和安全性,加快了集装箱流转速度,具有很高的经济效益。RFID 技术和现代信息技术的结合将是集装箱运输行业的一个发展契机。RFID 集装箱管理系统完成装箱点数据输入、集装箱信息实时采集和自动识别,完成数据统计与分析,向客户提供集装箱信息查询服务;通信系统完成数据无线传输。而港口集装箱管理系统可以监测、记录经过出入口的集装箱、拖运车辆、事件发生时间、操作人员、集装箱堆放位置等信息。RFID 集装箱运输管理系统常见的应用如下。

(一)集装箱的自动识别

将记录有集装箱号、箱型、货物种类、数量等数据的电子标签安装在集装箱上,在经过安装有识别设备的公路、铁路的出入口、码头的检查门时,RFID 电子标签自动感应后将相应的数据返回阅读器,从而将电子标签上保存的信息传输到 EDI 系统,实现集装箱的动态跟踪与管理,提高集装箱运输的效率,促进信息的共享。这种系统一般使用被动式 RFID 技术,在集装箱码头应用较多。这种系统不仅加快了车辆进港提箱的速度,而且对车辆提箱进行了严密的管理,并减少了人为因素造成的差错。

(二)电子封条与货运追踪

一般电子封条采取的是物理封条与 RFID 组件的混合形式。如前所述,大多数电子封条也同样用到被动式 RFID 技术和主动式 RFID 技术。被动式电子封条的主要特点是使用距离短、成本低、一次性。被动式电子封条不能提供持续的电力来检测封条的状态,因此不能检测和记录损害行为发生的时间,而只能在通过装有阅读装备的供应链节点时提供其完整与否的信息。主动式电子封条更复杂一些,只有当其价格明显下降的时候才可能反复使用。主动式电子封条在结合 GPS 技术后,能在集装箱状态发生变化时实时将状态变化发生的时间、地点及周围的环境信息传输到货主或管理人员的机器上去。更有一些电子封条能够在损害行为发生时提供即时求救信号。

RFID 技术正在世界集装箱运输中得到不断推广。目前还有各种问题需要解决:标准化及数据收集设备与信息系统的接口问题;无线频段不统一的问题;使用的标签和阅读器的类型各异,数据交换标准也不统一;对供应链的执行系统(港口信息系统、车辆调度系统、仓储管理系统等)还没有定义好的接口。

在未来几年内,随着上述问题的逐步解决,射频识别技术将以更加经济的方式获取货物流动的信息,完全取代条码的地位,同时将在很大程度上改变供应链业务流程、提高运营边际收益、加速存货流转和改善整个供应链服务水平。借助射频识别技术的供应链将在运营成本和执行效率方面大大超过其竞争对手。

五、目前 RFID 技术在供应链物流管理中存在的问题

（一）技术标准

当前的条码自动识别技术在许多行业中都有共同的标准，并且已有多年供应链物流管理的实践传统，而 RFID 技术应用涉及使用频率、发射功率、标签类型等诸多因素，目前尚没有像条码那样形成在社会上应用的统一标准，主要是在一些企业内部系统中使用。因此，RFID 技术在供应链物流应用中面临的最大问题是技术标准，由于尚未形成统一的行业标准，应用企业持观望态度，在 RFID 项目的投入上会相对谨慎与保守。RFID 是一个开放式的系统，不仅仅是在企业内部使用，更多的是在供应链的上下游与其他企业进行信息传递与交换。企业如果在行业标准未出台之前在 RFID 项目上进行大规模投入，则具有一定的项目风险。一旦将来的行业标准与企业目前所采用技术有较大偏差，那么企业需要按照新的标准来重新实施 RFID 项目。

（二）价格因素

由于电子标签的成本比条码的成本高，目前在物流过程中很少像条码那样用于消费品标识，多数用于物流器具如可回收托盘、包装箱的标识。电子标签的价格与过去相比，已经有了较大幅度的降低。尽管如此，对大规模推广来说，电子标签和识读设备的价格仍显得较高。虽然业界普遍对 RFID 技术看好，但真正形成规模、实际投入运营的系统不多。有研究报告表明，一个供货商要满足沃尔玛的 RFID 基本要求，需 130 万～200 万美元，加上相关的软硬件设施、集成服务、系统测试及培训等，每年投入的成本将增加 913 万美元。在我国，要解决 RFID 技术的价格瓶颈，还需解决电子标签和读取设备的本地化生产问题。目前，国内只有少数公司掌握着核心技术和具有自主知识产权的 RFID 设备的生产能力。

由于制造技术较为复杂，生产费用相应较高，在新的制造工艺没有普及推广之前，高成本的电子标签只能用于一些本身价值较高的产品。新的电子标签制造技术的推广应用，将会促使电子标签价格大幅降低，电子标签必将得到更广泛的应用。

统计数据

随着"万物互联"时代的来临，目前的 RFID 技术运用于物联网工程中的方方面面，是构建物联网体系较基础也是较核心的技术。中国已经逐步成为超高频 RFID 标签产品的主要生产国，在国家对物联网发展的大力支持下，行业应用和整个生态的发展十分迅猛。

全球 RFID 的产能绝大多数在中国，根据相关数据，2021 年中国超高频 RFID 标签的产量已达到 168 亿个，占全球的份额有 70%～80%，且每年有小幅增长。目前全球 UHF RFID 主要的产能在中国境内，但是在中国生产，不一定在中国应用。事实上，目前消耗 UHF RFID 标签最大量的大多是国外品牌。但最近几年，国内的用户使用量已明显逐渐增多。

最近几年，单个标签所带来的最终产值是 1 元左右。随着硬件产品涨价，单一标签带来的产值会增加。而未来几年，随着硬件价格的降低，以及产业规模的扩大，硬件价格有降低趋势，但是系统软件的价值逐渐提升。

（三）开放和大规模应用较少

RFID 技术目前在国内尚处于封闭应用阶段，未能充分发挥出其在物流与供应链领域的功效。虽然 RFID 技术的封闭使用对内部物流操作效率有一定的提高作用，但要使其发挥最大功效，需要建立起一个开放的应用系统，通过 RFID 技术将整个产业链上各个环节的企业都关联在一起，从原料供应商、生产商、分销商到流通领域，各企业采用同样一套标准的 RFID 电子标签及读写技术，才能使整个供应链的信息传递与反馈效率达到最大化，同时能获得最大限度的回报。由于 RFID 技术的行业标准化、设备与标签成本等问题，很多应用 RFID 技术的企业目前还多处于试点应用阶段，在企业的采购管理、库存管理、分销管理或生产执行管理等领域进行调研分析与实验尚未形成规模效益，需要等待国内 RFID 市场各方面的条件逐渐成熟之后，才有大规模推广应用的可能。

（四）隐私和安全方面的担忧

RFID 技术在供应链物流管理中面临着信息安全方面的隐患。首先是标签内容的安全问题，其次是标签的位置安全问题。从事 RFID 项目的企业必须为项目的实施配备专门的安全人员和安全机制。RFID 技术存在安全漏洞的原因如下：① 电子标签很小，在技术上很难提供保护，且由于电子标签的移动范围是整个供应链物流，接触到电子标签的人当中大部分是未授权的用户；② 电子标签上的信息不总是敏感信息，花费太多的时间和费用去保证货物电子标签信息的安全性意义不大；③ 电子标签的用途非常广，因此在其安全性问题上很难做到标准化和量化。随着 RFID 技术在供应链管理中的扩展应用，如果安全不能保证，犯罪分子可能会通过无线方式获得供应链管理中的商业信息。

为了解决以上问题，针对我国供应链物流管理中的实际情况，应选择合适的业务，寻找合适的切入点和应用模式，尽快开展应用试点，采用"小步快走"的方式取得成效和经验，并进一步推广。具体可考虑选择当前供应链管理中迫切需要的应用，如供应链全程监控，适合发挥 RFID 特点的应用，如食品和药品质量跟踪，并以此作为建立 RFID 软件基础架构和检验标准的依据。我国应尽快开展相关标准的研究工作，根据"一物一码"的原则，建立符合国内实际情况的电子产品编码体系。

单元测评

◆ **任务情境：**

某知名企业器材仓的物料管理模式一直以来偏简单、静态，存在传统物料管理模式的普遍问题，如物资库存量大、物资跟踪困难、资金与物资周转效率低、人力成本高和物品盘亏成本高等。企业希望通过 RFID 技术的引入，与客户系统对接，协调各个环节的运作，保证及时准确的进出库作业和实时透明的库存控制作业，合理配置仓库资源、优化仓库布局和提高仓库的作业水平，提升仓储服务质量，节省劳动力和库存空间，降低运营成本。要求在不损失现有仓库的空间的情况下，多层货架的原包装物料无须人员干预，针对未拆包的成品及已拆包的物料进行自动盘点、自动出入库，减少仓库的管理人员，系统实时性 100％，盘点准确率 100％。

◆ **任务要求：**

要想满足企业的这些要求，应该把 RFID 标签嵌入哪里更合适？除了 RFID 技术，还应该辅以哪些技术才能实现智能仓储管理的实施？

单元七　RFID 与物联网

单元目标

◆ **知识目标：**

(1) 了解物联网概念的起源、发展历程；
(2) 理解物联网的基本原理；
(3) 掌握 RFID 与物联网发展的关系；
(4) 知悉物联网的应用场景和领域；
(5) 了解物联网在全球范围内的发展趋势。

◆ **技能目标：**

(1) 理解物联网的系统架构；
(2) 具备分析物联网在各个行业中的具体应用场景的能力；
(3) 能够理解物联网在全球范围内的发展策略；
(4) 能够创新性设计未来物联网应用场景。

◆ **素养目标：**

（1）培养学生对物联网领域的创新思维，鼓励其探索新的应用场景和解决方案；

（2）引导学生思考物联网技术可能带来的社会影响，包括隐私保护、安全风险等，培养其社会责任感；

（3）培养学生持续学习和自我提升的意识，使其能够及时了解物联网领域的最新进展，并不断更新知识和技能；

（4）通过了解国内物联网的发展历程，激发学生开拓进取的精神。

走进行业

◆ **案例情境：**

临近暑假，小学三年级的浩浩迷上了打乒乓球，随之对相关装备也产生了浓厚的兴趣，从球拍到乒乓球，再到球鞋和服装，浩浩准备购置一套专业装备。于是，他和妈妈来到一家体育与休闲线下商店，精心选购。

选购完心仪的商品准备结账时，细心的浩浩发现，在结账区域，一共设有五六台自助收银装置，很多顾客将购买的商品放进一个篮子里，甚至不用扫描商品条码，就快速完成商品信息的读取和结算。这样的操作引发了浩浩的好奇心。

"阿姨，这是什么'黑科技'？"浩浩一边咨询商场内的工作人员，一边调皮地将自己选购的商品反复放进篮子里，意图探索其中的奥秘。

"奥秘就藏在商品标签里！"工作人员告诉浩浩，"目前卖场内的每件商品标签里都被植入了RFID（射频识别）标签，通过物品落入结账筐的瞬间，两侧隐藏的读写器自动收到信息，后台就可以识读商品价格等相关信息了。"

◆ **案例要求：**

为何企业乐于引进RFID技术，选择应用智能解决方案？

知识储备

一、物联网的概念

物联网（IoT）被视为互联网的扩展应用。应用创新是物联网发展的核心，以用户体验为核心的创新是物联网发展的灵魂。2005年,在突尼斯举行的信息社会世界峰会上,国际电信联盟(ITU)发布了《ITU互联网报告2005:物联网》,正式提出了"物联网"的概念。国际电信联盟在一份报告中曾描绘物联网时代的场景:当司机出现操作失误时汽车会自动报警;公文包会"提醒"主人忘了带什么东西;衣服会"告诉"洗衣机对颜色和水温的要求等。物联网在物流领域的应用,例如:一家物流公司应用了物联网系统的货车,当装载超重时,汽车会自动告诉你超载并且超载多少,但空间还有剩余,告诉你轻、重货怎样搭配;当搬运人员卸货时,一只货物包装可能会大叫"你扔疼我了";当司机在和别人扯闲话时,货车会装着老板的声音喊道"别聊天了,该发车了"。

物联网就是"物物相连的互联网",是通过射频识别、红外感应器、全球定位系统、激光扫描器等信息传感设备,按约定的协议把任何物品与互联网连接起来,进行信息交换和通信,以实现智能化识别、定位、跟踪、监控和管理的一种网络。"物物相连的互联网"有两层意思:一是物联网的核心和基础仍然是互联网,是在互联网基础上的延伸和扩展;二是其用户端延伸和扩展到了任何物品与物品之间进行信息交换和通信。

毫无疑问,如果物联网时代来临,人们的日常生活将发生翻天覆地的变化。然而,先不谈什么隐私权和辐射问题,单把所有物品都植入识别芯片这一点现在看来还不太现实。人们正走向物联网时代,但这个过程可能需要很长时间。

二、物联网原理及特征

(一)物联网原理

物联网是在计算机互联网的基础上,利用RFID、无线数据通信等技术,构造一个覆盖世界上万事万物的网络。在这个网络中,物品能够彼此进行"交流",而不需人的干预。其实质是利用射频自动识别技术,通过计算机互联网实现物品的自动识别和信息的互联与共享。

RFID正是能够让物品"开口说话"的一种技术。在物联网的构想中,RFID标签中存储着规范而具有互用性的信息,通过无线数据通信网络将其自动采集到中央信息系统,实现物品的识别,进而通过开放性的计算机网络实现信息交换和共享,实现对物品的透明管理。

"物联网"概念的问世,打破了传统思维。传统思维一直是将物理基础设施和IT基础设施分开:一方面是机场、公路、建筑物,另一方面是数据中心、个人计算机、宽带等。而在物联网时代,钢筋混凝土、电缆将与芯片、宽带整合为统一的基础设施,在此意义上,基础设施更像是一块新的地球工地,世界的运转就在它上面进行,其中包括经济管理、生产运行、社会管理乃至个人生活。

（二）物联网的特征

物联网的特征如下。

（1）全面感知。物联网利用传感器、二维条码等随时随地获取物体的信息。

（2）可靠传递。物联网通过各种电信网络与互联网的融合，将物体的信息实时准确地传递出去。

（3）智能处理。物联网利用云计算、模糊识别等智能计算技术，对海量的数据和信息进行分析和处理，对物体实施智能化控制。

（4）M2M 是物联网现阶段的主要表现形式。从运营商角度定义，M2M 是基于特定行业终端，以 SMS/USSD/GPRS/CDMA 等为接入手段，为集团客户提供机器到机器的解决方案，满足客户对生产过程监控、指挥调度、远程数据采集与测量、远程诊断等方面的信息化需求。

三、物联网的发展

物联网的概念最早可以追溯到 20 世纪 80 年代初，时至今日，已历经 40 多年的发展，表 2-22 展示了物联网的重要发展节点。

表 2-22 物联网的重要发展节点

时间	阶段	事件
1982 年	物联网的萌芽	来自卡内基梅隆大学的程序员将一台可口可乐自动售卖机连接到互联网，让工程师无须下楼就知道还剩多少可乐。这个是名义上最早的物联网设备
1991 年	物联网的雏形	剑桥大学特洛伊计算机实验室的科学家们，常常要下楼去看咖啡煮好了没有，为了解决麻烦，他们在咖啡壶旁边安装了一个便携式摄像头，利用终端计算机的图像捕捉技术，以 3 帧/秒的速率传递到实验室的计算机上，以方便工作人员随时查看咖啡是否煮好，这就是早期典型的物联网雏形，也是世界上第一个网络摄像头
1995 年	物联网的构想	比尔·盖茨在《未来之路》一书中提及对物联网的构想，但受限于当时无线网络、硬件和传感器的发展，并没有引起太多关注
1999 年	首次提出物联网概念	任职于宝洁公司的前瞻技术开发者凯文·阿什顿做了一次以"Internet of things"为标题的演讲，首次提出物联网的概念——把所有物品通过射频识别等信息传感设备与因特网连接起来，实现智能化识别和管理。凯文·阿什顿也因此被称为"物联网之父"

续表

时间	阶段	事件
2005年	正式提出物联网概念	国际电信联盟（ITU）在信息社会世界峰会上发布了《ITU互联网报告2005：物联网》，其中明确提出无所不在的网络社会概念，并指出，物联网通信时代即将来临，从任何时间、任何地点的人与人之间的沟通连接扩展到人与物、物与物之间的沟通连接
2009年	快速发展期	IBM提出物联网战略——"智慧地球"，标志着物联网进入快速发展期
2011年	工业4.0	德国政府提出"工业4.0"，工业物联网（IIoT）的概念重新进入人们的视野
2013年	全球物联网应用进入实质推进阶段	谷歌眼镜发布，这是物联网和可穿戴技术的一个革命性进步。随着传感技术、云计算、大数据、移动互联网融合发展，全球物联网应用真正进入实质推进阶段
2014年	智能家居时代到来	亚马逊发布了Echo智能扬声器，开启智能音箱及智能家居时代
2020年	成熟期	随着5G的逐渐普及，物联网开始迎来一波爆发，国家和企业纷纷在5G和物联网的风口中寻找突破点，开启万物互联的智能世界

新质生产力

"智慧地球"是一种综合利用信息技术、物联网、大数据等现代技术手段来实现对地球各种资源和活动进行智能化管理和优化的理念。在物流领域，"智慧地球"概念包括利用先进的技术手段来实现对货物运输、仓储、配送等各个环节的智能化监控、管理和优化。

将智慧地球理念与RFID技术和物联网技术相结合，可以实现对物流领域的革命性变革。RFID技术通过在物品上植入微型芯片和天线，使得物品能够被识别和追踪，从而实现了对物流链中货物的全程实时监控。同时，物联网技术将RFID标签连接到互联网，使得货物的信息可以被实时上传至云端平台，实现大规模的数据收集和管理。通过在物联网平台上应用智能算法和大数据分析技术，可以实现对货物运输过程中的实时监测、预测和优化调度，从而提高物流效率和降低物流成本。应用"智慧地球"不仅可以帮助企业实现物流管理的智能化和精细化，还能提升全球物流体系的整体运行效率。

四、物联网将是下一个经济增长点

物联网被称为继计算机、互联网之后世界信息产业的第三次浪潮。业内专家认为，物联网一方面可以提高经济效益，大大节约成本；另一方面可以为全球经济的复苏提供技术动力。目前，美国、欧盟等都在投入巨资深入研究物联网。我国高度关注、重视物联网，工业和信息化部会同有关部门在新一代信息技术方面正在开展研究，以形成支持新一代信息技术发展的政策措施。

2009年，中国移动时任总裁王建宙反复提及，物联网将会成为中国移动未来的发展重点。据他介绍，运用物联网技术，上海移动已为多个行业客户量身打造了集数据采集、传输、处理和业务管理于一体的整套无线综合应用解决方案。相关数据显示，上海移动目前已将大量芯片装载在出租车、公交车上，形式多样的物联网应用在各行各业大显神通，确保城市的有序运作。在上海世博会期间，"车务通"全面运用于上海公共交通系统，以最先进的技术保障了世博园区周边大流量交通的顺畅；面向物流企业运输管理的"e物流"，可为用户提供车辆跟踪定位、运输路径选择、物流网络设计与优化等服务，大大提升物流企业综合竞争能力。

此外，在物联网普及以后，用于动物、植物、机器、物品的传感器与电子标签及配套的接口装置的数量将大大超过手机的数量。物联网的推广将成为推进经济发展的又一个驱动器，为产业开拓了又一个潜力无穷的发展机会。按照目前对物联网的需求，在近年内就需要数以亿计的传感器和电子标签，这将大大推进信息技术元件的生产，同时增加大量的就业机会。

据介绍，要真正建立一个有效的物联网，应具备以下两个重要因素。一是规模性。只有具备了规模，才能使物品的智能发挥作用。例如，一个城市有100万辆汽车，如果人们只在1万辆汽车上装上智能系统，就不可能形成一个智能交通系统。二是流动性。物品通常不是静止的，而是处于运动状态，必须保持物品在运动状态甚至高速运动状态下都能随时实现信息交流。

2010年以来，全球物联网连接数长期处于高速增长阶段。2010—2019年，物联网连接数每年同比增速处于25%至45%之间。2025年全球物联网连接数将较2021年增长121%。全球物联网市场规模保持稳步增长，发展态势良好。

产业数字化

物联网技术是数字产业化的支撑技术之一，物联网技术可以收集海量数据，而数据是数字经济时代最核心的生产要素。

物联网的基本特征包括全面感知、可靠传递和智能处理，关键技术包括传感器技术、射频识别技术和传输技术。物联网的具体应用场景包括智慧物流、智能交通、智能安防、智慧能源、智能医疗、智慧建筑、智能制造、智能家居、智能零售和智慧农业等。发展物联网的价值体现在产生海量实时数据、推进万物泛在互联、促进新技术集成创新、推动智慧城市建设和促进全球经济增长。

目前我国物联网行业仍处于成长期的早中期阶段，作为新一代信息技术的重点方向，物联网市场空间广阔。GSMA发布的移动经济发展报告预测，到2025年，中国物联网行业规模将超过2.7万亿元。

五、物联网在中国的发展

目前，我国的无线通信网络已经覆盖了城乡，从繁华的城市到偏僻的农村，到处都有无线网络。无线网络是实现物联网必不可少的基础设施，安置在动物、植物、机器和物品上的电子介质产生的数字信号可随时随地通过无处不在的无线网络传送出去。云计算技术的运用，使数以亿计的各类物品的实时动态管理变得可能。

在物联网这个全新产业中，我国的技术研发水平处于世界前列，具有重大的影响力。中科院早在1999年就启动了传感网研究，与其他国家相比具有先发优势。该院组成了2000多人的团队，先后投入数亿元，在无线智能传感器网络通信技术、微型传感器、传感器端机、移动基站等方面取得了重大进展，目前已拥有从材料、技术、器件、系统到网络的完整产业链。在世界传感网领域，中国与德国、美国、韩国一起，成为国际标准制定的主导国之一。业内专家表示，掌握物联网的世界话语权，不仅仅体现在技术领先上，更在于我国是世界上少数能实现产业化的国家之一。

中科院无锡高新微纳传感网工程技术研发中心（以下简称"无锡传感网中心"），是目前国内研究物联网的核心单位。2009年9月，无锡传感网中心的传感器产品在上海浦东国际机场和上海世博会被成功应用，首批价值1500万元的传感安全防护设备销售成功。这套设备由10万个微小的传感器组成，散布在墙头、墙角、墙面和周围道路上，传感器能根据声音、图像、振动频率等信息分析判断爬上墙的究竟是人还是猫、狗等动物。

多种传感手段组成一个协同系统后，可以防止人员的翻越、偷渡等入侵行为。由于效率高于国外研发的防入侵产品，我国民用航空管理部门正式发文要求，全国民用机场都要采用国产传感网防入侵系统。2009年，刘海涛称，仅上海浦东国际机场直接采购传感网产品金额为4000多万元，加上配件共5000万元。若全国近200家民用机场都加装防入侵系统，将产生上百亿元的市场规模。

六、物联网的用途

物联网用途广泛，遍及智能交通、环境保护、政府工作、公共安全、平安家居、智能消防、工业监测、老人护理、个人健康、花卉栽培、水系监测、食品溯源等多个领域。

物联网把高新技术充分运用到各行各业中，具体地说，就是把感应器嵌入和装备到电网、铁路、桥梁、隧道、公路、建筑、供水系统、大坝、油气管道等各种物体中，然后将物联网与现有的互联网整合起来，实现人类社会与物理系统的整合。在这个整合的网络当中，存在能力超级强大的中心计算机群，能够对整合网络内的人员、机器、设备和基础设施进行实时管理和控制。在此基础上，人类可以更加精细和动态的方式管理生产和生活，达到"智慧"状态，提高资源利用率和生产力水平，改善人与自然间的关系。

产业体系与物流发展

为了解物联网在物流行业的发展方向，我们首先看一下其当前的一些应用。

1. 货物跟踪和监控

RFID 标签、eSIM 和全球定位系统（GPS）传感器等无线设备，使物流公司能够跟踪货物位置并监控集装箱温度、相对湿度和其他实时条件。借助物联网技术，人工智能算法可以处理这些数据，以协助路线管理并提高安全性，防止出现问题。

2. 库存管理

物联网技术还可用于自动化库存管理。例如，物流公司可以在仓库货架的货物上放置 RFID 标签，以实时跟踪产品的位置和库存水平。通过分析智能货架和物联网传感器自动获取的库存水平数据，物流公司可以不断优化库存水平。

3. 车队管理

支持物联网的物流车队可以提供实时车辆位置、拖车或卡车重量管理以及车辆当前状态和速度。通过这种方式，企业可以优化路线和调度，帮助减少空转并提高车队效率。这些解决方案有助于降低燃油成本并协助监控驾驶员的不安全驾驶行为。

4. 5G 和低时延网络

物联网设备需要强大的互联网连接。低延迟 5G 网络的部署可以改善物联网设备的连接性和速度，从而提高可靠性和效率。

5. 增强现实（AR）

借助 AR 技术，物联网可以为物流人员提供实时信息和指导，该技术可以减少错误并提高库存准确性。

6. 自动驾驶汽车和无人机

此外，物联网驱动的无人机和自动驾驶汽车的发明可以提高物流运营的速度和效率。如果编程正确，这些无人机和车辆可以自主导航到特定位置，同时避开障碍物并根据累积的实时传感器数据帮助决策。

7. 区块链

区块链技术可以为每个数据点（例如库存和运输信息）创建分散且安全的分类账，从而提高物流运营的效率和透明度，从而使物流行业受益。

8. 智能仓储物流中心

物联网在自动化仓库运营以及优化资源和空间利用率方面发挥着至关重要的作用。通过使用积累的分析数据，智能仓库和物流中心可以改进预测和库存管理。

七、物联网系统架构

物联网系统架构由传感层、网络层和应用层构成（见图 2-33）。

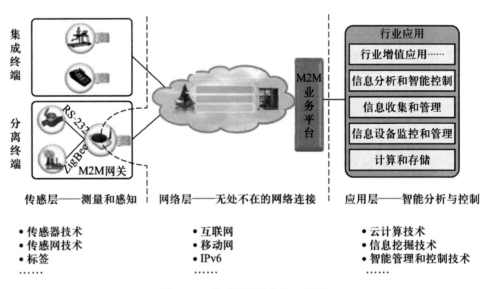

图 2-33 物联网系统架构示意图

（1）传感层。传感层主要负责测量和感知，实现标识、识别功能，主要包括传感器技术、传感网技术和标签，采用射频识别技术、NFC 技术实现物体的标识功能，采用传感器技术实现物体的识别、感知功能。

（2）网络层。网络层就是无处不在的网络连接，主要实现信息的传输，采用无线网络技术、互联网技术，主要包括互联网、移动网和IPv6。

（3）应用层。应用层负责智能分析与控制，主要包括云计算技术、信息挖掘技术、智能管理和控制技术。

其中，感知识别是基础，网络传输是支撑平台，智能应用是标志和体现。

一般来讲，物联网的开展步骤如下。

（1）对物体属性进行标识。属性包括静态属性和动态属性。静态属性可以直接存储在标签中，动态属性需要先由传感器实时探测。

（2）识别设备完成对物体属性的读取，并将信息转换为适合网络传输的数据格式。

（3）将物体的信息通过网络传输到信息处理中心（处理中心可能是分布式的，如家里的计算机或者手机，也可能是集中式的，如中国移动的IDC），由处理中心完成物体通信的相关计算。

八、物联网存在的问题

物联网有着广阔的发展前景，但不少问题有待解决，如图2-34所示。

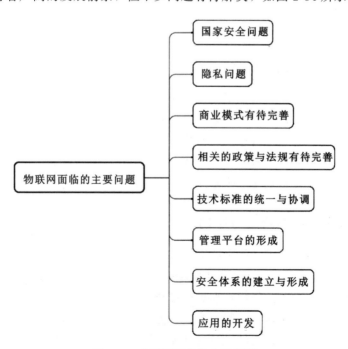

图2-34 物联网面临的主要问题

（一）国家安全问题

中国大型企业、政府机构如果与国外机构进行项目合作，如何确保企业商业机密、国家机密不被泄漏？这不仅是技术问题，而且涉及国家安全问题，必须引起高度重视。

（二）隐私问题

在射频识别系统中，标签有可能预先被嵌入任何物品中，比如人们的日常生活物品中。但物品（比如衣物）的拥有者，不一定能够觉察该物品预先已嵌入电子标签以及自身可能不受控制地被扫描、定位和追踪，这势必会使个人的隐私受到侵犯。因此，如何确保标签物的持有者个人隐私不受侵犯便成为射频识别技术乃至物联网推广的关键问题。这不仅是技术问题，还涉及政治和法律问题，该问题必须引起高度重视并从技术和法律上予以解决。造成侵犯个人隐私问题的关键在于射频识别标签的基本功能：任意一个标签的标识或识别码都能在远程被任意扫描，且标签自动地、不加区别地回应阅读器的指令并将其所存储信息传输给阅读器。这一特性可用来追踪和定位某个特定用户或物品，从而获得相关的隐私信息。

（三）商业模式有待完善

物联网商用模式有待完善，要发展成熟的商业模式，必须打破行业壁垒，充分完善政策环境，并进行共赢模式的探索。应用物联网技术让企业面临改造成本问题，新的商业模式将改变改造成本高的现状。

（四）相关的政策与法规有待完善

物联网不是一个小产品，也不是一个小企业可以生产出来的，它不仅需要技术，更牵涉各个行业、各个产业，需要多种力量的整合。这就需要国家的产业政策和立法走在前面，制定出适合这个行业发展的政策和法规，保证行业的正常发展。因此，对于复杂的物联网，必须有政府的政策支持，政府必须有专门人员和专门机构来研究和协调，物联网才能有真正意义上的发展；否则，它只能小有成就，而不会大有作为。

（五）技术标准的统一与协调

互联网发展到今天，有一件事解决得非常好，就是标准化问题。全球进行传输的TCP/IP协议、路由器协议、终端构架与操作系统，这些都解决得非常好。因此，可以在全世界任何一个角落，使用计算机连接到互联网中去，可以很方便地上网。物联网发展过程中，传感、传输、应用各个层面会有大量的技术出现，可能会采用不同的技术方案。如果各行其是，则结果可能是灾难性的：大量的小型专用网，相互无法连通，不能进行联网，不能形成规模经济，不能形成整合的商业模式，也不能降低研发成本。因此，尽快统一技术标准，形成一个管理机制，这是物联网马上就要面对的问题。这个问题开始解决得好，以后有问题就很容易解决；开始解决得不好，积重难返，以后的问题就很难解决。

（六）管理平台的形成

物联网是什么？人们经常会说是 RFID。这只是感知，其实感知的技术已经存在，虽然未必说成熟，但开发起来并不难。但是，物联网的价值在什么地方？在于网，而不在于物。传感是容易的，但感知的信息，如果没有一个庞大的网络体系，不能进行管理和整合，那么这个网络就没有意义。因此，建立一个全国性的、庞大的、综合的业务管理平台，将各种传感信息进行收集，进行分门别类的管理，进行有指向性的传输，这就是一个大问题。一个小企业甚至都可以开发出传感技术，开发出传感应用，但没有办法建立起一个全国性高效率的网络。没有这个平台，各自为政的结果将是效率低、成本高，很难发展起来，也很难起到作用。电信运营商最有力量与可能来建设这个平台，也可能在这个过程中会有新的管理平台建设者出现。我们相信，这个平台的建设者会在未来的物联网发展中取得较高的市场地位，甚至是最大的受益者。

（七）安全体系的建立与形成

物联网目前的传感技术主要是 RFID，植入这个芯片的产品，是有可能被任何人进行感知的。对于产品的主人而言，有这样的一个体系，可以方便地进行管理。但是，它也存在着一个较大的问题：其他人也能进行感知，比如产品的竞争对手。那么，如何做到在感知、传输、应用过程中，这些有价值的信息可以为我所用，却不被别人所用，尤其不被竞争对手所用？这就需要在安全上下功夫，形成一套强大的安全体系。应该说，哪些安全问题会出现、如何应对这些安全问题、怎么进行屏蔽，是一系列非常复杂的问题。对这些问题一定要引起注意，尤其是管理平台的提供者。安全问题解决不好，则有一天可能有价值的物联网会成为给竞争对手提供信息方便的平台，那么它的价值就会大打折扣，就不会有企业愿意和敢于去使用。

（八）应用的开发

物联网的价值不是一个可传感的网络，而是需要各个行业参与进来进行应用。不同行业会有不同的应用，也会有各自不同的要求，这些必须根据行业的特点，进行深入的研究和有价值的开发。这些应用开发不能仅仅依靠运营商，也不能仅仅依靠物联网企业，因为运营商和物联网企业都无法理解行业的要求和行业具体的特点。这是非常难的一步，也是需要时间的，需要一个物联网的体系基本形成，需要一些应用形成示范，更多的传统行业感受到物联网的价值，才能有更多企业看清物联网的意义，看清物联网有可能带来的商业价值，才会把自己的应用与业务和物联网结合起来。

单元测评

◆ **任务情境**：

某冷链物流企业承接了一批进口水果的华南地区配送业务，近期运输途中多次发生以下问题：

（1）冷藏车温度异常未能及时报警，导致部分水果被退货；

（2）无法实时掌握多个配送车辆的运行路线与位置；

（3）仓库盘点时发现部分批次信息记录不完整。

◆ **任务要求**：

请你作为物流技术部实习生，设计基于物联网技术的优化方案，需绘制出现有问题与物联网技术对应关系思维导图。

模块综合测评

一、单选题

1. （   ）表示条码中反射率较低的部分。
   A. 条　　　　　　　　　　　　B. 空
   C. 空白区　　　　　　　　　　D. 模块

2. 下列选项中，（   ）属于一维条码。
   A. PDF417 条码　　　　　　　　B. QR Code
   C. Code 49　　　　　　　　　　D. EAN 条码

3. 我国某商品使用 EAN-13 条码进行编码，前缀码为 692，则其厂商识别码由（   ）位数字组成。
   A. 6　　　　　　　　　　　　　B. 7
   C. 8　　　　　　　　　　　　　D. 9

4. 下列选项中，（   ）属于行排式二维条码。
   A. PDF417 条码　　　　　　　　B. QR Code
   C. 龙贝码　　　　　　　　　　D. Code One

5. EAN 条码 694750370393 的校验码是（   ）。
   A. 4　　　　　　　　　　　　　B. 5
   C. 6　　　　　　　　　　　　　D. 7

6. 射频是指（   ）。
   A. SP　　　　　　　　　　　　 B. RF
   C. RFID　　　　　　　　　　　 D. RFDC

7. RFID 是指（　　）。
A. 射频技术　　　　　　　　　　B. 物流技术
C. 射频识别技术　　　　　　　　D. 无线通信技术
8. 低频的频率是指（　　）。
A. 100kHz 以下　　　　　　　　B. 125～134kHz
C. 860～960MHz　　　　　　　 D. 13.56MHz
9. 无线数据通信是指（　　）。
A. RFDC　　　　　　　　　　　B. RFID
C. RF　　　　　　　　　　　　　D. IoT
10. RFID 技术是无线电波与（　　）的结合。
A. 雷达技术　　　　　　　　　　B. 射频技术
C. 信息技术　　　　　　　　　　D. 物流技术
11. 每一个电子标签都会附有一个特定代码，称之为（　　）。
A. ROM　　　　　　　　　　　　B. EEPROM
C. EPC　　　　　　　　　　　　 D. AUTO-ID
12. 电子标签内部能将数据加载到天线上，成为天线可以传送的射频信号的单元是（　　）。
A. 逻辑控制单元　　　　　　　　B. 电压调节单元
C. 存储单元　　　　　　　　　　D. 调制单元
13. 读写器在进入使用有源标签的工作场所时，采用的工作方式通常是（　　）。
A. 标签先发言　　　　　　　　　B. 读写器先发言
C. 主动式　　　　　　　　　　　D. 被动式
14. 我国二代身份证中采用的 RFID 技术工作频段为（　　）。
A. 低频　　　　　　　　　　　　B. 中高频
C. 超高频　　　　　　　　　　　D. 微波

二、多选题

1. 条码应用系统设计主要考虑的因素有（　　）。
A. 条码设计　　　　　　　　　　B. 符号印制
C. 识读设备选择　　　　　　　　D. 系统工程
2. 物流条码有（　　）特点。
A. 储运单元的唯一标识　　　　　B. 服务于供应链全过程
C. 消息多　　　　　　　　　　　D. 可变性
3. 中国 EAN 条码前缀有（　　）。
A. 696　　　　　　　　　　　　 B. 695
C. 690　　　　　　　　　　　　 D. 692
4. （　　）是二维条码。
A. 汉信码　　　　　　　　　　　B. QR Code
C. PDF417 条码　　　　　　　　D. 龙贝码

5. 条码作为一种图形识别技术与其他识别技术相比有哪些特点？（　　）
A. 简单
B. 信息采集速度快
C. 采集信息量大
D. 超前性

6. 二维码面临的主要安全问题有（　　）。
A. 被替换
B. 恶意篡改
C. 被收买
D. 被污损

7. 条码技术是在计算机技术与信息技术的基础上发展起来集以下哪些方面于一身的新兴技术？（　　）
A. 编码
B. 印刷
C. 识别
D. 数据采集和处理
E. 条码应用系统设计
F. 符号技术

8. 条码应用系统设计主要考虑哪些因素？（　　）
A. 数据库技术
B. 条码设计
C. 符号印制
D. 识读设备选择

9. 物流条码可以应用于以下哪些场景？（　　）
A. 分拣运输
B. 仓储管理
C. 机场通道
D. 货物通道
E. 运动中称量

10. 以下属于一维条码的是（　　）。
A. QR Code
B. 通用商品条码
C. 贸易单元 128 条码
D. PDF417 条码

11. RFID 系统一般由（　　）组成。
A. 射频标签
B. 阅读器
C. 天线
D. IC 卡

12. RFID 系统的类型有（　　）。
A. EAS 系统
B. 便捷式数据采集系统
C. 网络控制系统
D. 定位系统

13. 电子标签一般分为（　　）这几种频率。
A. 低频
B. 高频
C. 超高频
D. 微波

14. RFID 中间件的特征是（　　）。
A. 独立于架构
B. 数据流
C. 处理流
D. 标准

15. 电子标签按照标签获取能量的方式分类可以分为（　　）。
A. 有源标签
B. 半有源标签
C. 无源标签
D. 半无源标签

16. 物联网系统架构由（　　）构成。
A. 传感层
B. 网络层
C. 应用层
D. 中间件

17. 物联网的关键在于（　　）。
A. RFID
B. 传感器
C. 嵌入式软件
D. 传输数据计算

三、判断题

1. 交插二五条码与 EAN-13 条码的编码方法一致。（　）
2. EAN 条码中每一个条码字符所占模块数为 7 个，每个模块长 1.0mm。（　）
3. ITF 码中指示符为 "9" 时，箱子中通常为非零售变量贸易单元。（　）
4. 在宽度调节法中，"1" 表示条，"0" 表示空。（　）
5. SSCC 是 GS1 编码体系中的全球贸易项目代码。（　）
6. EPC Global 是由 GS1 组织成立的。（　）
7. 射频识别相较条码识别，不需视距。（　）
8. 条码标签可读可写。（　）
9. 工作距离小于 1cm 的 RFID 标签称之为近耦合标签。（　）

四、案例分析题

1. 在立库中，托盘被用于存储和搬运成品，实现成品的高效堆垛和运输。托盘上贴有独特的条码，该条码包含有关成品的关键信息，如食品饮料类型、批次号、生产日期等。通过扫描条码，系统可以快速识别和跟踪托盘的位置和内容。条码识别技术使仓库系统能够实时监控和管理成品的存储和运输过程。

   问题：试举例说明，条码识别技术在成品的管理、存储、运输过程中是如何起作用的？

2. 随着国家经济发展和工业自动化的需求，扫描设备识别行业市场规模持续扩大，国内条码扫描器市场快速发展。数据显示，2022 年国内条码扫描设备市场规模为 4.65 亿美元，预计 2026 年条码扫描设备市场规模将达 7.08 亿美元。合适的条码扫描器可以大大提高各行各业的生产效率。

   问题：请根据零售业、生产制造业、物流行业的不同特性推荐相适配的条码扫描器。

参考答案

模块三 智慧物流定位追踪技术

 模块导学

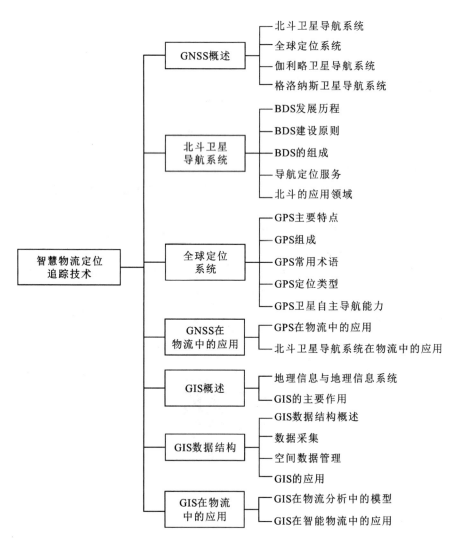

单元一　GNSS 概述

单元目标

◆ 知识目标：
(1) 了解 GNSS 技术的定义、特点和发展趋势；
(2) 了解北斗卫星导航系统、全球定位系统、伽利略卫星导航系统和格洛纳斯卫星导航系统的概念和内容；
(3) 明确 GNSS 技术在现代物流行业中的重要性。

◆ 技能目标：
(1) 使学生能通过团队合作完成项目任务，提升团队协作和沟通表达能力；
(2) 使学生能够分析并预测未来技术的应用前景，从而在相关领域做出适应性规划；
(3) 使学生能够运用所学知识解决实际问题，如路径规划、资源调查、环境监测等；
(4) 使学生具备一定的创新能力，能够参与新技术的研发或现有技术的改进。

◆ 素养目标：
(1) 培养学生具备相关的专业知识和技能；
(2) 提高学生的信息素养，使其能够有效地收集、处理和利用物流信息，提高物流效率；
(3) 激发学生的创新意识，鼓励其运用所学知识进行创新实践，探索智慧物流动态追踪技术的新模式和新方法；
(4) 培养学生自主学习的习惯，以适应未来技术的变化和更新。

走进行业

◆ 案例情境：

假设你是一家国际物流公司的高级经理，该公司负责运输各种商品，从电子产品到食品，物流过程中产生大量的数据，包括货物种类、目的地、交货情况要求、交通堵塞、运输车辆的状态等。实时的定位导航数据、交通摄像头图像和气象信息都可以作为数据源，帮助你了解交通状况和路线选择。你的公司还可以通过客户订单和库存系统获取实时需求和存货信息。

◆ 案例要求：

你面临一个挑战：如何针对不同的客户需求、货物类型和交通状况，优化货物的运输路线，以降低成本并提高交付效率？

知识储备

全球导航卫星系统（GNSS），又称全球卫星导航系统，目前主要包括中国的北斗导航系统（BDS）、美国的全球定位系统（GPS）、欧盟的伽利略卫星导航系统（Galileo）和俄罗斯的格洛纳斯卫星导航系统（GLONASS）。除了上述四大全球系统外，还包括区域系统和增强系统，其中区域系统有日本的 QZSS 和印度的 IRNSS，增强系统有美国的 WAAS、日本的 MSAS、欧盟的 EGNOS、印度的 GAGAN 以及尼日利亚的 NIG-GOMSAT-1 等。

一、北斗卫星导航系统

（一）北斗卫星导航系统的基本情况

北斗卫星导航系统，简称"北斗"或"北斗系统"，是中国自主研发、独立运行的全球卫星导航系统。

北斗卫星导航系统的建设目标是：建成独立自主、开放兼容、技术先进、稳定可靠的覆盖全球的北斗卫星导航系统，促进卫星导航产业链形成，形成完善的国家卫星导航应用产业支撑、推广和保障体系，推动卫星导航在国民经济社会各行业的广泛应用。北斗卫星导航系统由空间端、地面端和用户端三部分组成。空间端包括 5 颗静止轨道卫星和 30 颗非静

认识北斗卫星导航系统

止轨道卫星。地面端包括主控站、注入站和监测站等若干个地面站。用户端由北斗用户终端以及与美国 GPS、俄罗斯 GLONASS、欧盟 Galileo 等其他卫星导航系统兼容的终端组成。

北斗卫星导航系统可在全球范围内全天候、全天时为各类用户提供高精度、高可靠的定位、导航、授时服务，并兼具短报文通信能力。我国生产定位服务设备的厂商，今后都将提供对 GPS 和北斗系统的支持，从而提高定位的精确度。

（二）北斗卫星导航系统的工作原理

北斗一号卫星导航系统的工作过程是：首先由中心控制系统向卫星Ⅰ和卫星Ⅱ同时发送询问信号，经卫星转发器向服务区内的用户广播。用户响应其中一颗卫星的询问信号，并同时向两颗卫星发送响应信号，经卫星转发回中心控制系统。中心控制系统接收并解调用户发来的信号，然后根据用户的申请服务内容进行相应的数据处理。对定位申请，中心控制系统测出两个时间延迟：一是从中心控制系统发出询问信号，经某一颗卫星转发到达用户，用户发出定位响应信号，经同一颗卫星转发回中心控制系统的延迟；二是从中心控制系统发出询问信号，经上述同一卫星到达用户，用户发出响应信号，经另一颗卫星转发回中心控制系统的延迟。由于中心控制系统和两颗卫星的位置均是已知的，因此由上面两个延迟量可以算出用户到第一颗卫星的距离，以及用户到两颗卫星的距离之和，从而知道用户处于一个以第一颗卫星为球心的一个球面和以两颗卫星为焦点的椭球面之间的交线上。另外，中心控制系统从存储在计算机内的数字化地形图查寻到用户高程值，又可知道用户处于某一与地球基准椭球面平行的椭球面上。从而中心控制系统可最终计算出用户所在点的三维坐标，这个坐标经加密由出站信号发送给用户。北斗工作原理如图 3-1 所示。

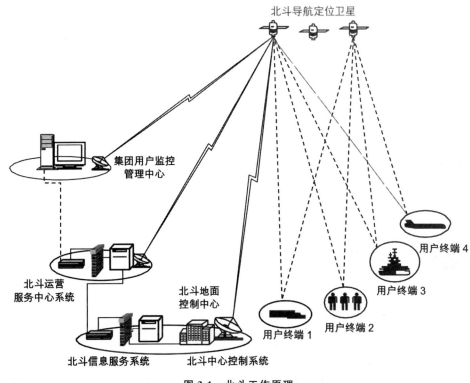

图 3-1　北斗工作原理

北斗一号导航卫星的星载原子钟是由瑞士进口，北斗二号导航卫星的星载原子钟则将逐步使用中国航天科工二院 203 所提供的国产原子钟。

统计数据

以下数据来自 2023 年末发布的《中国北斗产业发展指数报告》：

（1）当前北斗终端应用规模达数千万量级，每天有数千万用户数、亿次量级使用北斗卫星导航；

（2）在智能手机外，9 个省（区、市）北斗终端应用超百万台/套，最多的江苏省超 185 万台/套；

（3）4 个行业领域应用超百万台/套，最多的交通运输行业接近 820 万台/套；

（4）北斗产品在全球半数以上国家和地区应用，应用领域不断拓展。

截至 2023 年上半年，我国北斗产业综合发展综合指数为 1312 点，相比北斗产业元年——2013 年的 250 点出现超过 424% 的增长。

截至 2023 年上半年，我国各种类型北斗终端设备应用总量接近 2300 万台/套，同比增长 46.93%。

北斗应用渗透率超过 50%。

《中国地理信息产业发展报告（2023）》显示，截至 2022 年末，我国在轨运行卫星超过 668 颗，其中遥感（地球观测）卫星 419 颗，占比约 63%。我国在轨运行遥感卫星数量占全球比例为 33.3%，居世界第二位。我国民用遥感卫星在轨工作 294 颗，其中商业遥感卫星在轨工作 189 颗，占比超六成。2022 年，我国新增商业遥感卫星为 2021 年的 3.3 倍、2020 年的 6.4 倍，商业遥感卫星成为我国民用遥感卫星的主体。我国遥感卫星形成由陆地卫星、气象卫星和海洋卫星组成的强大对地观测体系，数量和质量都达到世界先进水平。

二、全球定位系统

（一）全球定位系统（GPS）的基本情况

GPS 是 Global Positioning System 的简称，译为全球定位系统。《物流术语》（GB/T 18354—2021）将其定义为：以人造卫星为基础、24 小时提供高精度的全球范围的定位和导航信息的系统。美国从 20 世纪 70 年代开始研制，历时约 20 年，耗资约 200 亿美元，于 1994 年全面建成 GPS。GPS 是

GPS 的概述

具有在海、陆、空进行全方位实时三维导航与定位能力的卫星导航与定位系统。GPS 能对静态、动态对象进行动态空间信息的获取,快速、精度均匀、不受天气和时间的限制反馈空间信息。

GPS 主要用于船舶与飞机导航、地面目标的精确定位、地面与空中交通管制、空间与地面灾害监测等。进入 20 世纪 90 年代,GPS 在物流领域得到越来越广泛的应用。

(二) GPS 工作原理

GPS 采用高轨测距体制,以观测站至 GPS 卫星之间的距离作为基本观测量。为获得距离观测量,主要采用两种观测方法:一是测量 GPS 卫星发射的距离码信号(C/A 码或 P 码)达到用户接收机的传播时间;二是测量接收机接收到的具有多普勒频移的载波信号与接收机产生的参考载波信号之间的相位差。载波相位观测是目前极精确的观测方法,它对精确定位工作具有极为重要的意义。但由于载波相位观测存在整周不确定、跳周和半周跳等现象,因此其数据处理比较复杂。

在导航和动态定位中主要有两种定位方式:单点定位和差分定位。所谓单点定位,就是用一台 GPS 信号接收机接收 3 颗或 4 颗卫星的信号,来确定接收点的位置。该方法的优点是只需一台接收机。但由于单点定位的结果受卫星星历误差和卫星信号传播过程中的大气延迟误差的影响比较显著,定位精度较差。在移动性一次观测定位中,其误差在使用 P 码时为 10~25 m,使用 C/A 码时约为 100 m。采用固定点定位测量时,使用两种码的相应误差分别为 1 m 和 5 m。所谓差分定位,就是将一台接收机安置在地面已知点上作为基准点,并与所有待测点的接收机进行同步观测。基准点根据其精确已知的坐标可以求出定位结果的坐标改正数或伪距观测量的改正数,然后通过数据链把这些改正数实时传送给用户。用户利用这些改正数对自己的定位结果或者伪距观测量进行改正,从而提高定位结果的精度。虽然基本观测量的观测方法有测距码和载波相位之分,定位方式有单点定位和差分定位之分,但不论使用何种观测方法和何种定位方式,其基本原理都是一致的。

三、伽利略卫星导航系统

(一) 伽利略卫星导航系统概况

伽利略卫星导航系统是欧盟研制和建立的全球卫星导航系统,有"欧洲版 GPS"之称,也是除美国的全球定位系统、俄罗斯的格洛纳斯卫星导航系统及中国的北斗卫星导航系统外,第四个可供民用的卫星导航系统。建造此系统的目的有以下几点:为用户提供更准确的数据;加强对高纬度地区的覆盖,包括挪威、瑞典等地区;降低对现有 GPS 的依赖。

（二）发展历程

伽利略卫星导航系统使用30颗人造卫星，于2010年供民间使用。系统的总耗资超过30亿欧元，包括在地球上的控制中心等内部架构，所需资金当中，有近三分之二是来自私营公司及投资者，其余三分之一由欧盟及欧洲航天局拨付。在系统开放时，用支持系统的接收装置即可，另外系统提供了收费的增值服务，包括免费服务没有的数据加密、更高的准确度及更大的带宽。

中国于2003年9月加入"伽利略计划"，并将在往后几年间投资2.3亿欧元。

2004年7月，以色列与欧盟签订协议，成为"伽利略计划"的合作伙伴。

2005年6月，欧盟与乌克兰草签了一份协议，让乌克兰加入"伽利略计划"。同年9月，印度也与欧盟签约，加入"伽利略计划"。

2006年9月，韩国同欧盟签订了有关韩国参与"伽利略计划"的协定。同年12月，欧盟与摩洛哥签署了"伽利略计划"的合作协议。

2017年12月，伽利略卫星导航系统第19颗、20颗、21颗和22颗卫星由一枚阿丽亚娜5型火箭从法属圭亚那库鲁航天发射中心发射成功。欧洲航天局表示，这次成功发射意味着距该系统全部卫星组网并实现覆盖全球的导航服务只差2018年的最后一次发射。

2018年5月，荷兰政府宣布，设在荷兰诺德韦克的欧洲伽利略卫星导航系统参考中心启用，中心将监测该系统生成的数据及提供服务的质量。中心的主要任务是监测与评估伽利略卫星导航系统的性能及服务，在技术和操作层面完全独立于伽利略卫星导航系统的服务运营方。除自有核心设施外，中心还将积极利用欧盟成员国、挪威和瑞士提供的资源。荷兰政府发布的新闻公报称，在不远的将来，伽利略系统能提供精度达到20 cm的定位数据，对汽车导航、视障者定向、应急信号等基于定位服务的诸多计算机应用程序非常重要。紧急救助的反应时间也将从目前的有时需要个把小时缩短至10分钟，可为世界各地的搜救工作做出重大贡献。

2018年7月，欧洲成功发射了4颗伽利略卫星导航系统全运行能力卫星，卫星进入轨道后使伽利略空间星座卫星数量达到26颗，从而扩大了伽利略卫星导航系统的全球覆盖范围。经大约6个月的在轨测试后，上述4颗卫星加入了伽利略卫星导航系统运行星座，从而使伽利略卫星导航系统基本达到全面运行的能力。

（三）系统构成

卫星数量：30颗。

离地面高度：23222千米（MEO）。

轨道：三条轨道，56°倾角（每条轨道将有9颗卫星运作，最后1颗作后备）。

卫星寿命：12年以上。

卫星重量：每颗675千克。

卫星长宽高：2.7 m×1.2 m×1.1 m。

太阳能集光板宽度：18.7 m。

太阳能集光板功率：1500W。

（四）提供服务

伽利略卫星导航系统主要提供以下四种导航服务：① 开放服务；② 商业服务；③ 公共规范服务；④ 生命安全服务。

四、格洛纳斯卫星导航系统

（一）格洛纳斯卫星导航系统概况

格洛纳斯卫星导航系统（GLONASS）是由俄罗斯研发的全球卫星导航系统，类似于美国的全球定位系统、中国的北斗卫星导航系统及欧盟的伽利略卫星导航系统。该系统由俄罗斯政府运作。

GLONASS 由卫星、地面测控站和用户设备三部分组成，系统主要由 21 颗工作卫星和 3 颗备份卫星组成，分布于 3 个轨道平面上，每个轨道面有 8 颗卫星，轨道高度 1.9 万千米，运行周期 11 小时 15 分钟。

（二）格洛纳斯卫星导航系统发展历程

格洛纳斯卫星导航系统于 1976 年开始组建，现在由俄罗斯政府负责运营。1991 年组建成具备覆盖全球的卫星导航系统。从 1982 年 12 月 12 日开始，该系统的卫星不断得到补充，至 1995 年，该系统的卫星在数目上基本上得到完善，组网后届时其卫星导航范围可覆盖整个地球表面和近地空间，定位精度将达到 1m 左右。

俄罗斯航天局打算 2019 年至 2033 年发射 4 颗"格洛纳斯-M"型卫星、9 颗"格洛纳斯-K"型卫星和 33 颗"格洛纳斯-K2"型卫星。首颗"格洛纳斯-K"卫星于 2011 年发射。第二颗同型号卫星于 2014 年发射，2016 年以来一直处于运行状态。"格洛纳斯-K"和"格洛纳斯-K2"卫星可传输更多导航信号，设计寿命最长 10 年，比"格洛纳斯-M"卫星长。

2019 年 5 月 27 日，俄罗斯空天部队从西北部阿尔汉格尔斯克州普列谢茨克发射场，用"联盟-2.1B"中级运载火箭成功发射了一颗"格洛纳斯-M"导航卫星。

（三）GLONASS 与 GPS 比较

1. 卫星发射频率不同

GPS 的卫星信号采用码分多址技术，每颗卫星的信号频率和调制方式相同，不同卫星的信号靠不同的伪随机码区分。而 GLONASS 采用频分多址技术，卫星靠频率不同来区分，每组频率的伪随机码相同。基于这个原因，GLONASS 可以防止整个卫星导航系统同时被各方干扰，因而具有更强的抗干扰能力。

2. 坐标系不同

GPS 使用 WGS-84 坐标系，而 GLONASS 使用 PZ-90 坐标系。

3. 时间标准不同

GPS 与世界标准时间相关联，而 GLONASS 则与莫斯科标准时间相关联。

此外，由于 GLONASS 没有施加 SA 干扰，所以它的民用精度优于施加 SA 干扰的 GPS。但是，GLONASS 的应用普及度还远不及 GPS，这主要是由于俄罗斯长期以来不够重视开发民用市场。

单元测评

◆ 任务情境：

物流公司 A 负责在全球范围内运输多样化的商品，包括电子产品、食品、医疗设备等。随着业务量的增长，公司面临着运输成本上升和交付效率下降的挑战。为了应对这些挑战，公司决定利用先进的数据分析技术和实时信息来优化其运输路线。

公司首先整合了多个数据源，包括实时的定位导航数据、交通摄像头图像、气象信息、客户订单和库存系统。这些数据提供了关于货物种类、目的地、交货要求、交通状况和库存水平的关键信息。公司采用了以下运输路线优化策略。

（1）需求分析：公司分析了客户的订单信息，明确了不同货物的运输时间、运输距离、运输量和特殊要求（如温度控制、湿度要求）。基于这些信息，公司可以针对不同客户需求选择合适的运输方式和路线。

（2）交通状况分析：利用实时的定位导航数据和交通摄像头图像，公司能够准确了解各个路段的交通拥堵情况、道路状况和预计的行驶时间。这有助于公司避开拥堵路段，选择更高效的运输路径。

（3）多式联运策略：公司采用了多式联运的方式，结合公路、铁路、水路和航空运输的优势。通过综合考虑货物特性、目的地和运输时间等因素，公司选择最佳的运输组合方式，以提高运输效率并降低成本。

（4）实时调整与优化：公司建立了实时监控系统，对运输过程中的各个环节进行实时监控和调整。遇到突发的交通事件或天气变化时，公司能够迅速调整运输路线和计划，确保货物能够准时、安全地送达客户手中。

◆ 任务要求：

（1）请你结合本单元内容，简单分析各大全球卫星导航系统的使用地区。

（2）谈一谈各大全球卫星导航系统在以上案例中的应用。

单元二　北斗卫星导航系统

单元目标

◆ 知识目标：
（1）了解北斗卫星导航系统的发展历程；
（2）掌握北斗卫星导航系统的建设原则，理解北斗卫星导航系统的设计原则、技术路线以及与其他全球卫星导航系统的比较；
（3）熟悉北斗卫星导航系统的组成部分及其功能特点，理解北斗定位服务的原理，包括卫星信号的产生、传输、接收和处理过程以及定位原理；
（4）认识北斗卫星导航系统的应用领域。

◆ 技能目标：
（1）使学生能够利用 BDS 技术进行有效的路径规划和导航；
（2）使学生能够通过团队合作完成项目任务，提升团队协作和沟通表达能力；
（3）使学生能够利用北斗卫星导航系统的原理和特点，针对具体应用场景，解决实际的定位和导航问题。

◆ 素养目标：
（1）使学生深入了解北斗卫星导航系统在国民经济和国防安全中的重要作用，培养学生的社会责任感和服务意识；
（2）培养学生的团队协作精神，通过参与课堂团队项目，增强与他人合作解决问题的能力；
（3）培养学生持续学习的习惯，使其适应技术进步和市场变化。

走进行业

◆ 案例情境：

近年来，长江水运管理部门依托北斗的信息化、智能化应用，不断提高长江水运的通航效率和通过能力，切实保障了长江水运安全。长江沿岸各城市、港口把北斗与船舶通航管理相结合，对长江黄金水道沿线船舶、生态、水域等进行监测，推动"智慧航运"建设。

一、船舶管理

2019 年，交通运输部长江航务管理局加快科技创新步伐，完成了单北斗智能船载终端研发。公务船舶及运输船舶北斗终端系统的安装应用同步加快，长江电子航道图实现长江全线联通运行，加速推进北斗卫星导航系统在长江航运应用全覆盖。

2019 年 12 月 9 日，长江航运公安局安庆分局（简称"长航安庆"）顺利完成公安巡逻艇北斗卫星导航系统设备安装工作，巡航查控范围实现长江安庆段全覆盖。

长航安庆警方可实现对船舶类型、名称、停靠港信息等数据的自动识别与采集，大幅提升了巡航查控能力，对打击非法盗采江砂、非法捕捞等破坏长江生态安全犯罪行为能起到至关重要的作用。

2019 年，长江干线北斗卫星地基增强系统工程加速推进，长江通信管理局开展"百日攻坚"行动，确保启动长江航务系统近 800 艘公务船、2000 艘社会船舶单北斗船载终端安装及基于北斗的内河遇险报警管理系统、航运信息公共服务系统建设工作。

北斗卫星导航系统的导航、定位、船岸信息互动、终端可移动等高精度、高覆盖功能，将成为"智慧长江"建设的重要保障。

二、船舶过闸

2015 年，安徽省首个基于北斗卫星导航系统的水上"电子不停车收费系统"（ETC）项目启动。通过在船上安装 ETC 过闸系统终端，以北斗导航为主要手段，同时兼容自动识别系统、射频识别等多技术手段融合进行船舶身份识别。行船也像走高速公路，不停船即可自动缴费。

三、生态保护

作为长江主枢纽港区之一，九江港区严格按照要求对辖区船舶开展北斗卫星导航系统安装及使用情况普查，推动北斗卫星导航系统应用于九江港区公务船安全与防污染管理的实施，实现"美丽长江建设"。

2018 年以来，湖州交通港航部门加快推进内河水运转型发展示范区建设，在绿色水运发展领域，完成内河船舶生活污水排放北斗在线监测平台建设，为几十艘运输货船安装在线监测系统，实现了生态文明建设与水运转型发展"双赢"。

2019 年 6 月，江苏省首套智能北斗船舶生活污水接收装置在江苏省如皋市建成并投入使用。该装置结合北斗卫星导航系统定位技术和物联传感技术，实现全过程闭环监测和环保大数据监控，有效避免如皋港内作业船舶污水偷排漏排。该装置安装到位后，实现了对辖区港内作业船舶生活污水收集、排放的实时在线监控。目前，如皋港区在港船舶产生的生活污水，可以被北斗船舶生活污水岸上接收装置接收处理，以保障内河船舶在港期间船舶生活污染零排放、全接收。

北斗卫星导航系统为长江黄金水道建设持续提供智能服务，切实保障长江水运健康发展，取得了显著成效。未来，随着北斗卫星导航系统不断建设发展，将为航运建设贡献更多的"北斗智慧"。

其实，北斗卫星导航系统还是助力实现交通运输信息化和现代化的重要手段，对建立畅通、高效、安全、绿色的现代交通运输体系具有十分重要的意义。主要包括：陆地应用，如车辆自主导航、车辆跟踪监控、车辆智能信息系统、车联网应用、铁路运营监控等；航海应用，如远洋运输、内河航运、船舶停泊与入坞等；航空应用，如航路导航、机场场面监控、精密进近等。随着交通的发展，高精度应用需求加速释放。

◆ 案例要求：
（1）北斗卫星导航系统为长江黄金水道建设提供了哪些智能服务？
（2）北斗卫星导航系统在车辆上可以提供哪些应用？

一、BDS 发展历程

北斗卫星导航系统（BDS）是中国自主研发的全球卫星导航系统。20 世纪 70 年代，我国开始研究卫星导航系统的技术和方案，但之后这项名为"灯塔"的研究计划被取消。1983 年，我国航天专家陈芳允提出使用两颗静止轨道卫星实现区域性的导航功能。1989 年，我国使用通信卫星进行试验，验证了其可行性，之后的北斗卫星导航试验系统即基于此方案。

（一）试验系统阶段

1994 年，我国正式开始北斗卫星导航试验系统（"北斗一号"）的研制，并在 2000 年发射了 2 颗静止轨道卫星，区域性的导航功能得以实现。在 2003 年又发射了一颗备份卫星，完成了北斗卫星导航试验系统的组建。

（二）正式系统阶段

2004 年，我国启动了具有全球导航能力的北斗卫星导航系统（"北斗二号"）的建设，并在 2007 年发射了一颗中圆地球轨道卫星，进行了大量试验。2009 年起，后续卫星持续发射，同时也开始了"北斗三号"工程的正式启动，并在 2011 年开始对我国及周边地区提供测试服务，2012 年完成了对亚太大部分地区的覆盖并正式提供卫星导航服务。特别是 2015 年至 2016 年成功发射 5 颗新一代导航卫星，完成了在轨验证。

2015年7月25日,我国成功发射了两颗北斗导航卫星,使北斗导航系统的卫星总数增加到19枚。这对北斗"双胞胎"兄弟,将为北斗全球组网承担"拓荒"使命。2018年前后,我国发射18颗"北斗三号"组网卫星,覆盖了"一带一路"沿线国家。

2020年6月23日,我国在西昌卫星发射中心用"长征三号"乙运载火箭,成功发射了第55颗北斗导航卫星。自此,北斗卫星导航系统建设先后经历了"北斗一号"系统、"北斗二号"系统、"北斗三号"系统三个阶段,目前"北斗一号"4颗试验卫星已全部退役,从"北斗二号"首颗星起算,我国已发射55颗北斗导航卫星。随着第55颗北斗导航卫星顺利入轨,我国提前半年完成了"北斗三号"全球卫星导航系统星座部署目标。"北斗三号"系统由24颗中圆地球轨道卫星、3颗地球静止轨道卫星和3颗倾斜地球同步轨道卫星组成。2020年7月31日,"北斗三号"全球卫星导航系统正式开通。

(三) BDS 卫星组网

随着BDS第55颗导航卫星的成功发射,北斗系统已经具备了服务全球的能力。北斗系统在国民经济、国防建设、物流管理等各领域的应用逐步深入,核心技术取得了突破,整体应用已进入产业化、规模化、大众化、国际化的新阶段,早在2018年就率先覆盖"一带一路"沿线国家,在2020年正式覆盖全球。目前北斗系统已拥有58颗北斗导航卫星,北斗卫星发射一览表如表3-1所示。

表3-1 北斗卫星发射一览表

卫星	发射日期	运载火箭	轨道
第1颗北斗导航试验卫星	2000.10.31	CZ-3A	GEO
第2颗北斗导航试验卫星	2000.12.21	CZ-3A	GEO
第3颗北斗导航试验卫星	2003.5.25	CZ-3A	GEO
第4颗北斗导航试验卫星	2007.2.3	CZ-3A	GEO
第1颗北斗导航卫星	2007.4.14	CZ-3A	MEO
第2颗北斗导航卫星	2009.4.15	CZ-3C	GEO
第3颗北斗导航卫星	2010.1.17	CZ-3C	GEO
第4颗北斗导航卫星	2010.6.2	CZ-3C	GEO
第5颗北斗导航卫星	2010.8.1	CZ-3A	IGSO
第6颗北斗导航卫星	2010.11.1	CZ-3C	GEO
第7颗北斗导航卫星	2010.12.18	CZ-3A	IGSO
第8颗北斗导航卫星	2011.4.10	CZ-3A	IGSO
第9颗北斗导航卫星	2011.7.27	CZ-3A	IGSO
第10颗北斗导航卫星	2011.12.2	CZ-3A	IGSO
第11颗北斗导航卫星	2012.2.25	CZ-3C	GEO

续表

卫星	发射日期	运载火箭	轨道
第12、13颗北斗导航卫星	2012.4.30	CZ-3B	MEO
第14、15颗北斗导航卫星	2012.9.19	CZ-3B	MEO
第16颗北斗导航卫星	2012.10.25	CZ-3C	GEO
第17颗北斗导航卫星	2015.3.30	CZ-3C	IGSO
第18、19颗北斗导航卫星	2015.7.25	CZ-3B	MEO
第20颗北斗导航卫星	2015.9.30	CZ-3B	IGSO
第21颗北斗导航卫星	2016.2.1	CZ-3C	MEO
第22颗北斗导航卫星	2016.3.30	CZ-3A	IGSO
第23颗北斗导航卫星	2016.6.12	CZ-3C	GEO
第24、25颗北斗导航卫星	2017.11.5	CZ-3B	MEO
第26、27颗北斗导航卫星	2018.1.12	CZ-3B	MEO
第28、29颗北斗导航卫星	2018.2.12	CZ-3B	MEO
第30、31颗北斗导航卫星	2018.3.30	CZ-3B	MEO
第32颗北斗导航卫星	2018.7.10	CZ-3A	IGSO
第33、34颗北斗导航卫星	2018.7.29	CZ-3B	MEO
第35、36颗北斗导航卫星	2018.8.25	CZ-3B	MEO
第37、38颗北斗导航卫星	2018.9.19	CZ-3B	MEO
第39、40颗北斗导航卫星	2018.10.15	CZ-3B	MEO
第41颗北斗导航卫星	2018.11.01	CZ-3B	GEO
第42、43颗北斗导航卫星	2018.11.19	CZ-3B	MEO
第44颗北斗导航卫星	2019.4.20	CZ-3B	IGSO
第45颗北斗导航卫星	2019.5.17	CZ-3C	MEO
第46颗北斗导航卫星	2019.6.25	CZ-3B	IGSO
第47、48颗北斗导航卫星	2019.9.23	CZ-3B	MEO
第49颗北斗导航卫星	2019.11.5	CZ-3B	MEO
第50、51颗北斗导航卫星	2019.11.23	CZ-3B	MEO
第52、53颗北斗导航卫星	2019.12.16	CZ-3B	MEO
第54颗北斗导航卫星	2020.3.19	CZ-3B	GEO
第55颗北斗导航卫星	2020.6.23	CZ-3B	GEO
第56颗北斗导航卫星	2023.5.17	CZ-3B	GEO
第57、58颗北斗导航卫星	2023.12.26	CZ-3B	MEO

二、BDS 建设原则

北斗的发展目标是：建设世界一流的卫星导航系统，满足国家安全与经济社会发展需求，为全球用户提供连续、稳定、可靠的服务；发展北斗产业，服务经济社会发展和民生改善；深化国际合作，共享卫星导航发展成果，提高全球卫星导航系统的综合应用效益。BDS 建设遵循了四个原则，如图 3-2 所示。

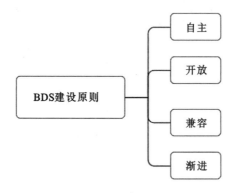

图 3-2　BDS 建设原则

（一）自主

自主是 BDS 建设的核心原则。坚持自主建设、发展和运行北斗系统，确保系统的独立性和自主性，具备向全球用户独立提供卫星导航服务的能力。这一原则体现了中国在卫星导航领域的自主创新能力和技术实力。

（二）开放

BDS 免费提供公开的卫星导航服务，这体现了其开放原则。同时，鼓励开展全方位、多层次、高水平的国际交流与合作，促进北斗系统的国际化发展，提升其在全球卫星导航领域的影响力和竞争力。

（三）兼容

BDS 提倡与其他卫星导航系统开展兼容与互操作，这有助于实现不同系统之间的资源共享和优势互补，提升卫星导航服务的整体性能。同时，鼓励国际交流与合作，为用户提供更好的服务体验。

（四）渐进

BDS 的建设遵循分步骤推进的原则，逐步提升系统的服务性能。这有助于确保系统的稳定性和可靠性，同时有利于推动卫星导航产业的全面、协调和可持续发展。

大国工匠

北斗对于中国的重要性和意义不仅体现在科技创新、国家安全、经济发展等方面,也深刻影响着人们的日常生活和社会进步。北斗是中国走向世界的重要名片,也是中国为全球科技、经济和社会发展做出贡献的重要力量。它的应用与发展历史见证了中国航天事业的不断崛起和科技进步的辉煌成果。让我们一起走进功勋人物——"北斗之父"孙家栋院士。

孙家栋作为中国航天事业的杰出代表,与北斗卫星导航系统有着深厚的渊源。

1994年12月,孙家栋被任命为"北斗一号"系统工程总设计师。他满怀激情地承担起这一重任,为北斗卫星导航系统的研制和发射付出了较大的努力。在"北斗一号"的研制过程中,他面临了诸多技术挑战。其中,"北斗一号"卫星最初的研制规划是在"东方红二号"甲卫星双自旋卫星平台基础上研制一种导航卫星专用平台。然而,这类卫星平台没有太阳翼,功率比较小,经过多次试验都没有成功,耗费了大量精力。在孙家栋的建议下,"北斗一号"卫星平台转而采用"东方红三号"卫星的三轴稳定平台,这一决策大大加快了卫星的研制进度。

此外,孙家栋还带领北斗人逐步探索出具有中国特色的"三步走"发展战略。在他的领导下,2000年成功建立了"北斗一号"系统(北斗卫星导航试验系统),为中国用户提供服务;2012年,"北斗二号"系统建成,为亚太地区用户提供服务;2020年,北斗全球系统建成,为全球用户提供服务。

孙家栋不仅为北斗卫星导航系统的建设做出了卓越贡献,他还长期致力于我国航天事业的发展。他主持了以我国第一颗人造地球卫星"东方红一号"为代表的45颗卫星的研制和发射,为我国突破人造卫星技术、卫星遥感技术、地球静止轨道卫星发射和定点技术、导航卫星组网技术和深空探测技术做出了重大贡献。他是我国人造卫星技术、深空探测技术和卫星导航技术的开创者之一。

孙家栋是我国航天事业的重要推动者和北斗卫星导航系统的关键人物。他的事迹不仅彰显了他的卓越才能和坚定信念,也体现了中国航天人不畏艰难、勇攀高峰的精神。

卫星导航的民航应用是世界航空强国的重要标志。2023年,我国北斗卫星导航系统正式加入国际民航组织,实现了全球民航通用。为此我国科研工作者奋战了13年,让我们通过了解北斗民航应用领军专家——大国工匠朱衍波,来看看北斗导航应用故事。

"五一"期间,随着游客大量出行,全国各大机场的航班起降量明显增多。面对密集的航班,指挥塔台上却很安静,管制员轻轻点击鼠标,指令信息就一键到达飞机，飞行员很快就能完成起降操作，一切井然有序。数字化的静默指挥，避免了飞行员排队轮候管制指令和抄录及复诵的时间，飞行员获取起降信息的时间也由平均55秒缩短到5秒。

空中运行效率的大幅提升，来自朱衍波带领团队10多年钻研的成果——数字化协同管制服务系统。从事民航工作约30年，朱衍波曾带领团队攻克了数字化管制服务、地空数据链等20多项技术难题。2010年，他迎来了人生中的一场国际大考。那一年，我国正式提交了北斗系统加入国际民航组织的申请，朱衍波带领团队必须完成定位精度、抗干扰性能等12类189项技术指标的验证，还要与GPS等已有的卫星导航系统实现兼容。而他们首先面临的一个难题就是没有空中飞行测试平台。

朱衍波曾说道："这个空中平台不能从国外进口，因为国外的平台原来用过的都是测GPS的，它的接口也不开放。关键核心技术是要不来、买不来、讨不来的，我们必须从头开始干，必须把它做出来。"

朱衍波带头进行总体系统设计，他把国际民航组织的十多本、数千页的标准一项项解析吃透，并据此研究算法，一遍遍推倒重来。经过6年钻研，终于成功研制出了具有自主知识产权的空中飞行测试平台和机载导航接收机，随后开始在各地辗转跋涉，完成了北斗系统航空服务性能的空中飞行测试。就这样，朱衍波带领团队先后参加了50多次国际会议，反复测试、论证了2000多项问题，最终获得了国际专家的认可。2023年11月，随着《国际民用航空公约》附件10-卷1最新修订版的正式生效，北斗系统成为全球民航通用的卫星导航系统。这一刻，距离我国正式向国际民航组织提交申请，已经过去了13年。

北斗在亚太地区配备独有的3.6万千米高度地球同步卫星。"这些卫星站得高看得远，信号不易被城市中的摩天大楼遮挡，导航的可用性、连续性相比其他国家的导航系统会更好。现在开车感觉导航系统越来越好用，原因就在这里。"林宝军院士曾说道。他不仅是北斗三号总设计师，更是推动北斗事业不断向前发展的中坚力量。今天，就让我们一起走进林宝军院士与北斗的故事，感受这位航天英雄的传奇经历。

从"别垫底"到超越昔日"霸主"。林宝军有个外号叫"北斗狂人"。"狂人"指他敢用新技术，甚至使用世界上从未使用过的技术。在航天系统，业内有个不成文的规矩，即一个航天器上采用的新技术不超过30%，但"北斗三号"研发时用到了超过160项关键技术，创新程度超过70%。很多世界上没有用过的新技术，林宝军都实践在了"北斗三号"的设计中。在他看来，新技术不等于不可靠，如果配合成熟的部件和工艺，再把试验做透，这样就能迈过"学也学不来、买也买不来、绕也绕不过去"的坎儿。

在"北斗三号"系统的研发过程中，林宝军带领团队攻克了一个又一个技术难题。他们深入剖析系统架构，优化算法设计，提升性能指标。每一次试验、每一次调试，都凝聚着林宝军及团队成员的智慧和汗水。在他们的共同努力下,"北斗三号"系统逐渐从蓝图变为现实,展现出强大的生命力和应用潜力。

然而,成功的道路并非一帆风顺。在"北斗三号"系统的建设过程中,林宝军也遇到了许多困难和挑战。有时是技术上的瓶颈,有时是资源上的限制,但无论遇到什么困难,林宝军都保持着坚定的信念和昂扬的斗志。他鼓励团队成员要敢于面对困难、勇于挑战自我,不断寻求解决问题的新思路和新方法。

最终,在林宝军的带领下,"北斗三号"系统成功实现了发射和组网。当那卫星升空、组网成功的消息传来时,林宝军院士和整个团队都沉浸在了无比的喜悦和自豪中。他们知道,这不仅是他们个人的成功,更是中国航天事业的骄傲。

随着"北斗三号"系统全球组网成功,北斗卫星导航系统已经成为世界上重要的导航系统之一。它不仅服务于军事领域,还为交通运输、农业林业、测绘通信等多个行业提供了强大的技术支持。无论是在城市的高楼大厦还是在偏远的山村田野,北斗系统都在默默地为人们的生活提供着便利和保障。

作为北斗事业的见证者和参与者,林宝军对此感到无比欣慰和自豪。他表示,北斗的成功不仅仅是中国航天的胜利,更是中国人民智慧的结晶。他希望通过北斗系统的发展和应用,能够进一步推动中国航天事业的进步和发展,为人类社会的繁荣和进步做出更大的贡献。

三、BDS 的组成

北斗系统由空间段、地面段和用户段三部分组成,如图 3-3 所示。

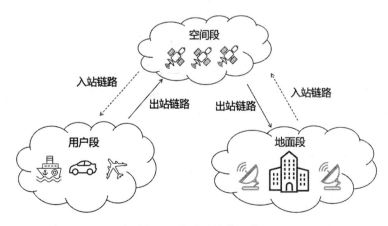

图 3-3 北斗系统的组成

（一）空间段

"北斗三号"卫星导航系统空间段由 30 颗卫星组成，包括 3 颗静止轨道卫星、24 颗中圆地球轨道卫星、3 颗倾斜同步轨道卫星。

（二）地面段

北斗三号系统地面段包括主控站、时间同步/注入站和监测站等若干地面站，以及星间链路运行管理设施。

（三）用户段

北斗系统用户段包括北斗及兼容其他卫星导航系统的芯片、模块、天线等基础产品，以及终端设备、应用系统与应用服务等。

四、导航定位服务

（一）定位星座

卫星星座是发射入轨能正常工作的卫星的集合，通常是由一些卫星按一定的方式配置组成的一个卫星网。主要的卫星星座有 GPS 卫星星座、GLONASS 卫星星座、Galileo 卫星星座和北斗卫星星座等。

利用卫星完成包括两极地区在内的全球通信、全球导航、全球环境监测等任务，必须使地球上任何地点在任何时刻都能被卫星覆盖。要做到这一点，用单颗卫星或一个卫星环是不够的，需要由几个卫星环按一定的方式配置组成一个卫星网——星座。

24 颗中圆地球轨道卫星平均分布在倾角为 55°的 3 个平面上，轨道高度为 21500 千米。

（二）定位原理

北斗的定位原理如图 3-4 所示。导航卫星发射测距信号和导航电文，导航电文中含有卫星的位置信息。用户接收机在某一时刻同时接收三颗以上卫星信号，测量出用户接收机至三颗卫星的距离，通过卫星星历解算出来的卫星空间坐标，利用距离交会法就可以解算出用户接收机的位置。

（三）服务机制

北斗系统是全球第一个提供三频信号服务的卫星导航系统，这是北斗的后发优势。使用双频信号可以减弱电离层延迟的影响，而使用三频信号可以构建更复杂模型

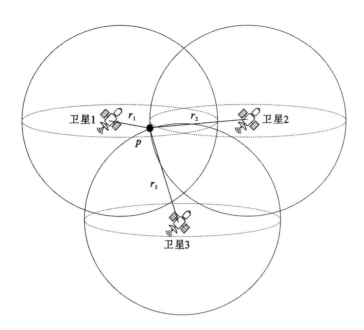

图 3-4 北斗的定位原理

来消除电离层延迟的高阶误差。同时，使用三频信号可提高载波相位模糊度的解算效率，理论上还可以提高载波收敛速度。正因如此，GPS 系统也在扩展成三频信号系统。

"北斗二号"在 B1、B2 和 B3 三个频段提供 B1I、B2I 和 B3I 三个公开服务信号。其中，B1 频段的中心频率为 1561.098 MHz，B2 频段的中心频率为 1207.14 MHz，B3 频段的中心频率为 1268.52 MHz。

"北斗三号"在 B1、B2 和 B3 三个频段提供 B1I、B1C、B2A、B2B 和 B3I 五个公开服务信号。其中 B1 频段的中心频率为 1575.42 MHz，B2 频段的中心频率为 1176.45 MHz，B3 频段的中心频率为 1268.52 MHz。

（四）北斗定位测速授时服务

北斗定位测速授时服务的"PVT 三要素"是指位置信息（Position）、速度信息（Velocity）和时间信息（Time），它们是构成北斗信息服务的"三要素"。

（1）位置信息：北斗系统可向全球提供优于 10 m 的定位服务，在亚太地区的定位精度达到 5 m。北斗系统提供的位置信息服务，输出结果为"经度、纬度、高程"或者"x、y、z"，不管哪种输出形式，恰好都是"三个参量"。同时，通过精密单点定位、星基增强、地基增强等方式，可将定位精度提高到米级、分米级乃至厘米级。

（2）速度信息：北斗系统提供的测速精度能力优于 0.2 m/s。

（3）时间信息：北斗系统可为用户提供优于 20 ns 的授时服务，在此基础上利用差分授时、双向比对等技术手段，可进一步提升授时精度。

五、北斗的应用领域

北斗卫星导航芯片、模块、天线、板卡等基础产品，是北斗系统应用的基础。通过卫星导航专项的集智攻关，我国实现了卫星导航基础产品的自主可控，形成了完整的产业链，逐步应用到国民经济和社会发展的各个领域，如图3-5所示。伴随着互联网、大数据、云计算、物联网等技术的发展，北斗基础产品的嵌入式、融合性应用逐步加强，产生了显著的融合效益。

北斗系统建成的应用

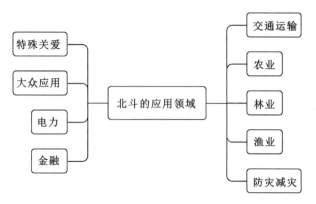

图3-5 北斗的应用领域

（一）交通运输

交通运输是国民经济、社会发展和人民生活的命脉，北斗卫星导航系统是助力实现交通运输信息化和现代化的重要手段，对建立畅通、高效、安全、绿色的现代交通运输体系具有十分重要的意义。

北斗在交通运输领域主要包括：陆地应用，如车辆自主导航、车辆跟踪监控、车辆智能信息系统、车联网应用、铁路运营监控等；航海应用，如远洋运输、内河航运、船舶停泊与入坞等；航空应用，如航路导航、机场场面监控、精密进近等。随着交通的发展，高精度应用需求加速释放。

5G北斗精准定位联盟以推动5G定位系统和北斗卫星导航系统发展为目标，构建精准定位产业链合作、交流平台，加强各产业链信息沟通，旨在打造协同创新体系，推动精准定位政策、行业标准的确定和核心技术国产化。

5G＋北斗高精度定位应用白皮书从自动驾驶、车辆监管等多领域提出了5G＋北斗高精度应用解决方案，助力北斗与5G深度融合。

（二）农业

我国是农业大国，北斗卫星导航技术结合遥感、地理信息等技术，使传统农业向智慧农业加快发展，显著降低了生产成本，提升了劳动生产率，提高了劳动收益。

北斗在农业领域主要包括农田信息采集、土壤养分及分布调查、农作物施肥、农作物病虫害防治、特种作物种植区监控、农业机械无人驾驶、农田起垄播种、无人机植保等应用，其中农业机械无人驾驶、农田起垄播种、无人机植保等应用对高精度北斗服务需求强烈。

（三）林业

林业是北斗系统应用较早的领域之一。林业管理部门利用北斗系统进行林业资源清查、林地管理与巡查等，大大降低了管理成本，提升了工作效率。

北斗在林业领域主要包括林区面积测算、木材量估算、巡林员巡林、森林防火、测定地区界线等应用。其中巡林员巡林、森林防火等使用了北斗特有的短报文功能。

特别是在国家森林资源普查中，北斗卫星导航技术结合遥感等技术，发挥了重要作用。而随着中国林区实行集体林权改革，北斗系统也在勘界确权上得到广泛应用。

（四）渔业

渔业是北斗短报文特色服务普及较早且应用广泛的行业。我国是渔业大国，从事海洋渔业的渔船与渔民众多。

北斗在渔业领域主要包括渔船出海导航、渔政监管、渔船出入港管理、海洋灾害预警、渔民短报文通信等应用。特别是在没有移动通信信号的海域，使用北斗系统的短报文功能，渔民能够通过北斗终端向家人报平安，这有力保障了渔民生命安全、国家海洋经济安全、海洋资源保护和海上主权维护。

（五）防灾减灾

防灾减灾领域，是北斗应用较为突出的领域之一。通过北斗系统的短报文与位置报告功能，可实现灾害预警速报、救灾指挥调度、快速应急通信等，从而极大地提高灾害应急救援反应速度和决策能力。

北斗在防灾减灾领域主要包括灾情上报、灾害预警、救灾指挥、灾情通信、楼宇桥梁水库监测等应用。其中，救灾指挥、灾情通信使用了北斗特有的短报文功能，楼宇桥梁水库监测利用了高精度北斗服务。

（六）特殊关爱

近年来，北斗特殊人群关爱应用逐步兴起。利用北斗系统的导航、定位、短报文等功能，可为老人、儿童、残疾人等特殊人群提供相关服务，从而保障安全。

北斗在特殊关爱领域主要包括电子围栏、紧急呼救等应用。其中电子围栏实现了相关人群走出设定的电子围栏范围，设置人手机就能收到及时提醒的功能。

（七）大众应用

手机、可穿戴设备等北斗大众应用，逐步成为近年来北斗应用的新亮点。利用北斗定位功能，可实现手机导航、路线规划等一系列位置服务功能，使人们的生活更加便捷。

北斗在大众应用领域主要包括手机应用、车载导航设备、可穿戴设备等应用，通过与信息通信、物联网、云计算等技术深度融合，实现众多位置服务功能。

（八）电力

电力传输时间同步涉及国家经济民生安全，北斗应用势在必行。电力管理部门通过使用北斗系统的授时功能，实现电力全网时间基准统一，保障电网安全稳定运行。

北斗在电力领域主要包括电网时间基准统一、电站环境监测、电力车辆监控等应用，其中电网时间基准统一等迫切需要高精度北斗服务。

（九）金融

金融行业计算机网络时间同步，涉及国家经济民生安全，自主北斗应用势在必行。金融管理部门通过使用北斗授时功能，实现金融计算机网络时间基准统一，保障金融系统安全稳定运行。

北斗在金融领域主要包括金融计算机网络时间基准统一、金融车辆监管等应用。

产业数字化

北斗系统是我国数字经济基础设施建设的重要组成部分，北斗的建成，举全国之力；北斗的应用，惠民生所需。在北斗系统"三步走"战略推动下，北斗产业也逐渐实现从民用开放到"中国芯"的自主研发。如今，我国以自主核心技术为基础的卫星导航应用已形成从基础产品、应用终端、应用系统到运营服务的完整产业链。

北斗星通因北斗而生，从开拓首个民用规模化应用，到发布我国首颗具有完全自主知识产权的多频多系统高精度定位芯片，再到如今在卫星导航核心部件领域实现全产品系列、全应用领域的布局，北斗星通已成为我国北斗产业化的"时代缩影"。

北斗星通构建的是以"云+芯"为基础的"智能位置数字底座"（iLDB）。具体来看，iLDB 通过定位技术、芯片技术、智能技术、传感技术、软件技术、网络技术等单项技术演进创新和多项技术融合创新，以芯云分布式协同工作形成满足物理时空定位、虚实世界时空对齐需求的产品、服务和技术体系，是数字经济的时空基础和重要支撑。北斗星通当前的 iLDB 产品既面向测量测绘、交通运输、电力金融、农林牧渔等传统产业，也可以为智能穿戴、机器人、智能网联汽车等新兴产业和以低空经济等为代表的未来产业提供全天候、全场景、安全可信的按需定位功能，提供支撑全社会数字化发展的关键底座和一揽子服务解决方案。

《2024 中国卫星导航与位置服务产业发展白皮书》显示，2023 年，我国卫星导航与位置服务产业总产值达到 5362 亿元，同比增长 7.09%。北斗系统已进入规模化应用新阶段，终端用户达到 2500 万台/套，全面融入电力、通信、交通运输等国家重要基础设施建设。

单元测评

◆ **任务情境：**

近年来，国家一直积极推进粮食现代物流信息化体系建设，结合国家粮食物流"十四五"信息化发展规划要求，许多省（区、市）粮食龙头企业、集团在粮食物流产业发展和建设方面，正积极构建全息全链条的粮食信息化物流综合管理平台。

2020 年 7 月底，"北斗三号"全球卫星导航系统建成并正式开通服务，标志着中国自主建设、独立运行的全球卫星导航系统已全面建成。基于"北斗三号"的粮食物流信息化系统通过融合大数据、云计算、RFID 和地理信息系统等技术，结合"北斗三号"技术，通过基于网络的通信服务和基于北斗卫星短报文通信的卫星数据交互功能，实时确定北斗终端位置信息、质量信息，提高物流运送质量和效率，服务于粮食物流运输、仓储、包装、装卸搬运、流通加工、配送等全过程。基于"北斗三号"的粮食物流信息系统可供粮食物流单位、应急管理单位使用，服务于日常物流追踪和粮油应急指挥，应对突发事故和应急救灾的快速规划、跟踪、调度，推动商品粮物流跟踪和追溯的智能化、网络化、自动化、可视化。

◆ **任务要求：**

(1) 结合本单元内容，分析北斗卫星导航系统在粮食物流信息化系统的具体应用。

(2) 谈一谈北斗卫星导航系统的其他应用领域现状。

单元三　全球定位系统

◆ 单元目标

◆ 知识目标：
（1）掌握GPS的特点，理解GPS提供的定位服务的精确性、可靠性等特点；
（2）了解GPS的组成，熟悉GPS的空间部分（卫星）、控制部分（地面控制站）和用户部分（接收机）；
（3）熟悉常用术语，掌握GPS相关的专业术语，认识不同的定位类型。

◆ 技能目标：
（1）使学生能够使用GPS进行数据采集，并能对采集的数据进行处理，提取有用信息；
（2）使学生能够利用GPS进行有效的路径规划和导航；
（3）使学生能够通过团队合作完成项目任务，提升团队协作和沟通表达能力。

◆ 素养目标：
（1）培养学生逻辑思考和分析问题的能力；
（2）培养学生对精确度的高要求和细致的工作态度；
（3）培养学生团队协作精神，使其增强与他人合作解决问题的能力；
（4）培养自我学习和更新知识的能力。

◆ 走进行业

◆ 案例情境：
随着城市化进程的加速和汽车保有量的不断增加，城市交通问题日益凸显，如交通拥堵、环境污染等。为了解决这些问题，城市智能交通系统应运而生。该系统利用先进的信息技术和通信技术，对城市交通进行综合管理，提高交通运输系统的效率和安全性。其中，GPS技术在城市智能交通系统中发挥着至关重要的作用。

1. 实时交通监控

城市智能交通系统通过安装在道路上的GPS设备，实时收集车辆的位置、速度、行驶方向等信息，并将这些信息传输到交通管理中心。交通管理中心根据这些数据,可以实时监测交通流量、车辆轨迹和道路状况等,从而及时发现交通拥堵和事故等异常情况。

2. 导航服务

GPS技术还为城市智能交通系统提供精准的导航服务。驾驶员可以通过车载GPS设备或手机App等,获取实时的路况信息、交通拥堵情况、最优行驶路线等,从而选择最佳行驶路径,避免拥堵和延误。据统计,通过GPS技术提供的导航服务,驾驶员可以节省约30%的行驶时间,减少约20%的燃油消耗。这不仅提高了出行效率,还降低了交通污染和能源消耗。

3. 电子收费系统

GPS技术还广泛应用于城市智能交通系统的电子收费系统中。通过GPS设备和车载单元(OBU)之间的通信,系统可以实时记录车辆的行驶轨迹和通过收费站的时间等信息,并根据这些信息自动计算通行费用。驾驶员可以通过电子钱包或银行卡等方式进行支付,实现无人值守的自动收费。

4. 紧急救援响应

在紧急情况下,GPS技术还可以为城市智能交通系统提供快速准确的救援响应。当车辆发生交通事故或紧急情况时,驾驶员可以通过车载GPS设备或手机App等方式向交通管理中心发送求助信息,并实时共享车辆的位置和行驶状态等信息。交通管理中心可以根据这些信息迅速调派救援力量前往现场进行救援处理。

综上所述,GPS技术在城市智能交通系统中发挥着至关重要的作用。其不仅可以实时监测交通流量和道路状况等信息,为交通管理中心提供决策支持,而且可以为驾驶员提供精准的导航服务和电子收费系统等服务,在紧急情况下还可以提供快速准确的救援响应。未来随着技术的不断发展和完善,相信GPS技术在城市智能交通系统中的应用将会更加广泛和深入。

◆ 案例要求:

(1)请举例说明GPS在实施交通监控中起到的作用。

(2)结合前文内容,说一说GPS是如何实现无人值守自动收费的?

知识储备

全球定位系统(GPS)作为最早组网使用的卫星定位系统,在全球范围内应用比较广泛,具有成熟的终端产品,市场发展潜力较大。

一、GPS主要特点

GPS是一种以人造地球卫星为基础的高精度无线电导航定位系统。它通过利用分布在约 2 万千米高空的 24 颗卫星对地面目标的状况进行精确测定以进行导航定位，可以全天候在全球范围内为海、陆、空各类用户连续提供高精度的三维位置、三维速度与时间信息。

GPS 主要特点如图 3-6 所示。

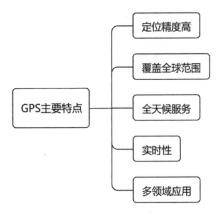

图 3-6　GPS 主要特点

（一）定位精度高

GPS 的定位精度较高，其利用三角测量原理，通过测量从卫星到接收器的信号传播时间来确定接收器的三维位置。在理想条件下，GPS 可以提供米级甚至厘米级的定位精度。随着技术的不断进步，如实时差分动态定位技术的应用，GPS 的定位精度得到了进一步提高。

（二）覆盖全球范围

GPS 由分布在全球的多个卫星组成，它们向地面持续发射信号。这些信号能够覆盖地球上的任何角落，因此，无论是陆地、海洋还是空中，只要接收设备能够接收到至少 4 颗卫星的信号，就可以实现全球范围内的定位、导航和授时服务。

（三）全天候服务

GPS 卫星不受天气条件的限制，无论晴天、雨天、白天还是黑夜，都能正常发射信号。这使得 GPS 能够在各种恶劣环境下提供稳定、可靠的定位服务。用户被动接受 GPS 信号，全天候的导航定位方式隐蔽性较好，不会暴露用户位置，用户数也不受限制，接收机可以在各种气候条件下工作，系统的机动性强。

（四）实时性

GPS 能够实时提供定位信息，用户只需启动接收器，便可立即获得当前位置。这种实时性使得 GPS 在导航、交通监控、应急救援等领域具有广泛的应用价值。

（五）多领域应用

GPS 的应用范围非常广泛，在民用领域（如车辆导航、无人机飞行控制、地质勘探、农业作业等）应用广泛。此外，GPS 还在科学研究、环境监测等领域发挥着重要作用。

二、GPS 组成

GPS 由空中部分、地面部分和用户部分组成。

（一）空中部分

GPS 部署在 6 个轨道平面上，由 24 颗卫星（包括 3 颗备用卫星）组成星座，每条轨道上都有 4 颗均匀分布的卫星。每颗卫星向地球发射 L 波段的特高频连续波，经调制变成高精度随机码。在地球上的用户可连续接收到 4 颗导航卫星的导航信号。

在 2 万千米高空的 GPS 卫星，当地球自转 360°时，它们绕地球运行两圈，亦即几乎 12 小时环绕地球运行一圈。对于地面观测者而言，见到卫星在地平线上运行的时间为 5 小时左右。位于地平线上的卫星颗数随着时间和地点的不同而异，最少可以见到 4 颗卫星，最多可以见到 11 颗卫星。在用 GPS 信号进行导航定位时，为了解算观测站的三维坐标，必须观测 4 颗 GPS 卫星，称之为定位星座。这 4 颗卫星在观测过程中的位置分布（几何结构）之优劣，对定位精度有一定的影响。对于某地某时而言，也许只能见到 4 颗卫星，而这 4 颗卫星构成的几何图形，只能提供较通常情况差得多的定位精度，甚至不能测得精确的定位坐标，这种时间段叫作"间隙段"。如果一台接收机能够同时接收 GPS 信号和 GLONASS 信号，则能消除这个短暂的"间隙段"。因此 GPS/GLONASS 集成式接收机已成为一些电子仪器公司积极开发的高技术产品之一。尽管 GPS 工作星座可能于某地某时出现短暂的间隙段，但从全球绝大多数地方看来，其能够实现全天候、高精度、连续实时的导航定位测量，具有满足海、陆、空三个领域内的广大用户的需求的能力，有着极其广阔的应用前景。

（二）地面部分

GPS 的地面部分由 1 个主控站、3 个注入站和 5 个监测站组成。主控站用来产生导航数据，并用 S 频段向卫星注入星历、时间数据信息。监测站用于监视卫星工作情况。

对于导航定位而言，GPS 卫星是一种动态已知点，卫星的位置是依据卫星发送的星历算得的。所谓星历，就是一系列描述卫星运动及其轨道的参数。每颗 GPS 卫星所播发的星历，是由地面监控系统提供的。GPS 工作卫星的设计寿命是 7 年半，当它们入轨运行以后，卫星的"健康"状况如何，亦即卫星上的各种设备是否正常工作，以及卫星是否一直沿着预定轨道运行，都需要由地面设备进行监测和控制。此外，地面监控系统还有一个重要作用是保持各颗卫星处于同一时间标准，即处于 GPS 时间系统。这就需要在地面上设站监测各颗卫星的时间，并计算出它们的有关改正数，进而由导航电文发送给用户，以确保处于 GPS 时间系统。

对于大多数用户而言，一般均从 GPS 卫星播发的导航电文中译出轨道参数。GPS 卫星的导航电文是由地面监控系统的注入站注入 GPS 卫星的。当某颗 GPS 卫星飞越注入站上空时，注入站选取该颗卫星的导航电文，用 10cm 波段的微波作载波，将导航电文注入该颗卫星。每天注入 3 次，每次注入 14 天的星历，并存入卫星上的存储器。因此，即使地面监控系统停止注入，卫星仍能继续发送导航电文达 14 天。但是，随着时间的流逝，预报星历的精度越来越差，需要不断更新所注入的导航电文。此外，注入站还能够自动地向主控站发射信号，每分钟报告一次它的工作状态。监测站的主要任务是为主控站编算导航电文提供观测数据，每个监测站均用 GPS 信号接收机对每颗可见卫星每 6 秒钟进行一次伪距测量和积分多普勒观测，采集气象要素等数据。监测站是一种无人值守的数据采集中心，它在主控站的遥控下自动采集定轨数据，并对它们进行各项改正（如电离层、对流层、天线相位中心、相对论效应等项改正），每 15 分钟平滑一次观测数据，依次推算出每 2 分钟间隔的观测值，并将其发送给主控站。

（三）用户部分

用户部分由 GPS 信号接收机、数据处理机与不同形式控制显示设备或输入输出设备等组成。GPS 信号接收机是一种能够接收、跟踪、变换和测量 GPS 信号的卫星信号接收设备。GPS 信号接收机及其外围设备提取各项星历数据，经解算取得各种导航数据。GPS 之所以能够定位导航，是因为每台 GPS 信号接收机无论在任何时刻，在地球上的任何位置都可以同时接收到最少 4 颗 GPS 卫星发送的空间轨道信息。接收机通过对接收到的每颗卫星的定位信息的计算，便可确定该接收机的位置，从而提供高精度的三维定位导航。小型的 GPS 信号接收机的外形只有香烟盒大小，重量约 500 克。GPS 信号接收机是被动全天候系统，只收不发信号，故不受卫星系统和地面控制系统的控制，用户数量也不受限制。随着使用目的的不同，用户需要的 GPS 信号接收机也各有差异。

按照 GPS 信号的不同用途，GPS 信号接收机可分成三大类：导航型、测地型和守时型。按照 GPS 信号的应用场合之差异，可以分为袖珍式、背负式、车载式、船用式、机载式、弹载式和星载式七种类型的 GPS 信号接收机。

GPS 信号接收机具有国际通用的标准仪器接口，可以和自动驾驶仪、电台、话音通道及计算机等仪器对接，以便迅速地将导航定位信息传送到关联的相应系统。

三、GPS 常用术语

GPS 常用术语众多,以下主要详细介绍 4 种常用术语,如图 3-7 所示。

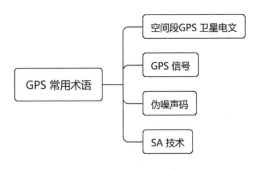

图 3-7　GPS 常用术语

(一) 空间段 GPS 卫星电文

编算和注入导航电文是 GPS 卫星地面监控系统的一项极其重要的任务。GPS 卫星的导航电文(简称"卫星电文")主要包括卫星星历、时钟改正、电离层时延改正、工作状态信息及 C/A 码转换到捕获 P 码的信息。GPS 卫星电文是以二进制码的形式发送给用户的,故卫星电文又叫作数据码,或称之为 D 码。其基本单位是一个主帧,其传输速率是 50 bit/s,30 秒钟才能传送完一个主帧。一个主帧包括 5 个子帧,第 1、第 2、第 3 子帧各有 10 个字码,每个字码为 30 bit,第 4、第 5 子帧各有 25 个页面,共有 37500 bit,长达 12.5 分钟,它们不像第 1、第 2、第 3 子帧那样每 30 秒钟重复一次,而需要长达 750 秒钟才能够传送完毕第 4、第 5 子帧的全部信息量,即第 4、第 5 子帧是 12.5 分钟才重复一次。

(二) GPS 信号

GPS 信号是 GPS 卫星向广大用户发送的用于导航定位的已调波,其载波处于 L 波段,其调制波是卫星电文和伪随机噪声码的组合码。GPS 卫星向广大用户发送的导航电文是一种不归零二进制码组成的编码脉冲串,称为数据码 $D(t)$,其速率为 50 bit/s。换言之,D 码的码率 $f_D = 50$ Hz,对于距离地面两万余千米且电能紧张的 GPS 卫星,怎样才能有效地将很低码率的导航电文发送给用户?这是关系到 GPS 成败与否的大问题。一种有效的发送方法是,用很低码率的数据码作二级调制(扩频)。第一级,用 50 Hz 的 D 码调制一个伪噪声码,如调制一个被叫作 P 码的伪噪声码,后者的码率高达 10.23 MHz。D 码调制 P 码的结果是形成一个组合码,致使 D 码信号的频带宽度从 50 Hz 扩展到了 10.23 MHz;也就是说,GPS 卫星原拟发送 50 bit/s 的 D 码,转变为发送 10.23 Mbit/s 的组合码 $P(t)D(t)$。

（三）伪噪声码

所谓伪噪声码，是一个具有一定周期的取值 0 和 1 的离散符号串。它具有两种表述形式：信号序列与信号波形。在二进制系统中，信号序列称为二进制符号序列，信号波形叫作二进制信号波形。GPS 卫星采用伪噪声码的目的包括：① 传送导航电文；② 用作测距信号；③ 识别不同卫星。

（四）SA 技术

所谓 SA 技术，也称选择可用性技术。简言之，它是一种导致非特许用户不能获得高精度实时定位的方法。它包括对 GPS 卫星基准频率采用 δ 技术，对导航电文采用 ε 技术，对 P 码采用译密技术。1989 年 11 月，在轨的 GPS 卫星有两个星期停止向全球用户发送 GPS 信号，其目的在于利用这两个星期进行高频抖动（δ）技术的在星试验。

四、GPS 定位类型

GPS 定位主要分为 GPS 静态定位和 GPS 动态定位两大类型。

（一）GPS 静态定位

如果待定点相对于周围的固定点没有可觉察到的运动，或者虽有可觉察到的运动，但由于这种运动是如此缓慢以至于在一次观测期间（一般为数小时至若干天）无法被觉察到，而只有在两次观测之间（一般为几个月至几年）这些运动才能被反映出来。因此，每次进行 GPS 观测资料的处理时，待定点在坐标系中的位置都可以认为是固定不动的。确定这些待定点的位置称为 GPS 静态定位。用户天线在跟踪 GPS 卫星的过程中固定不变，接收机高精度地测量 GPS 信号的传播时间，连同 GPS 卫星在轨的已知位置，从而算得固定不动的用户天线的三维坐标。后者可以是一个固定点，也可以是若干点位构成的 GPS 网。GPS 静态定位的特点是多余观测量大、可靠性强、定位精度高。

测定板块运动及监测地壳形变就是静态定位的典型例子。由于进行静态定位时待定点的位置可视为固定不动，因而有可能通过大量的重复观测来提高定位精度。静态定位在大地测量、精密工程测量、地球动力学及地震监测等领域得到了广泛应用。

（二）GPS 动态定位

如果在一次观测期间待定点相对于周围的固定点有可觉察到的运动或显著的运

动,在处理该时段的观测资料时待定点的位置将随时变化,确定这些运动的待定点的位置称为动态定位。它是用 GPS 信号接收机测定一个运动物体的运行轨迹。GPS 信号接收机所在的运动物体叫作载体,其包括陆地车辆、水上船舰、空中飞机等。按照这些载体的运行速度之快慢,又将 GPS 动态定位分成秒速为几米至几十米的低动态、秒速为一百米至几百米的中等动态和秒速为几千米的高动态等三种形式。所谓动态定位,就是载体上的用户天线在跟踪 GPS 卫星的过程中相对地球而运动,接收机用 GPS 信号实时测得运动载体的状态参数。GPS 动态定位的特点是逐点测定运动载体的状态参数,多余观测量少,精度较低。从目前动态定位的精度来看,可以分为 20 m 左右的低精度、5 m 左右的中等精度、0.5 m 左右的高精度。目前的发展趋势表明,GPS 动态定位将比 GPS 静态定位具有更广的应用范围。

GPS 动态定位有着极其广阔的应用前景,例如,用于陆地车辆、水上船舰和空中飞机。动态用户的应用目的和精度要求不同,GPS 动态定位方法也随之而不同。从目前的应用和研究来看,GPS 动态定位方法主要分为以下几种。① 单点动态定位。它是用安设在一个运动载体上的 GPS 信号接收机,自主地测得该运动载体的实时位置,从而描绘出该运动载体的运行轨迹,故单点动态定位又称绝对动态定位。例如,行驶的火车和装甲车常用单点动态定位。② 实时差分动态定位。它是用安设在一个运动载体上的 GPS 信号接收机及安设在一个基准点上的另一台 GPS 信号接收机,联合测得该运动载体的实时位置,从而描绘出该运动载体的运行轨迹,故实时差分动态定位又称相对动态定位。例如,飞机着陆和船舰进港一般要求采用实时差分动态定位,以满足它们所要求的较高定位精度。③ 后处理差分动态定位。它和实时差分动态定位的主要差别是,在运动载体和基准点之间,不必像实时差分动态定位那样进行无线电数据传输,而是在定位观测以后,对两台 GPS 信号接收机所采集的定位数据进行测后的联合处理,从而测得 GPS 信号接收机所在运动载体的实时位置。例如,在航空摄影测量时,用 GPS 信号测量每一个摄影瞬间的摄站位置,则采用后处理差分动态定位。

五、GPS 卫星自主导航能力

自 1978 年至今,GPS 卫星已进行过多次换代和更新,即 Block Ⅰ、Block Ⅱ、Block ⅡA、Block ⅡR、Block ⅡR-M 和 Block ⅡF。在 Block ⅡR 之前的所有型号卫星都没有自主导航功能,卫星广播的导航信息需由地面控制段的上行注入站每天注入一次。导航信息中包含的星钟与星历参数都是基于控制段的当时估算进行预报的,而 Block ⅡR 卫星的重大改进就是能够在星上自动预估星钟与星历参数,并生成导航信息。这种能力称为自主导航或自动导航。美国开发自主导航能力的主要动机包括以下四个方面。

一是提高 GPS 的生存能力。美国认为地面控制段是 GPS 的薄弱环节，一旦遭到攻击则可能造成整个系统瘫痪。自主导航能保障 GPS 卫星在失去地面支持的条件下，自主运行 180 天，且能满足导航精度要求；这种能力还可以保证在一些地面监控站失效的情况下不影响提供正常的导航信息。

二是减少上行注入要求。传统的导航系统通常需要地面站定期上行注入更新数据以维持导航精度。然而，这种依赖可能导致系统的脆弱性和延迟。自主导航能力可以减少对上行注入的需求，因为系统能够自主进行校准和更新，从而降低外部干扰的风险并提高实时性。

三是增强系统完好性。自主导航能力通过引入星间链路测距功能，提供了与星钟和星历参数比对的独立参考基准。这有助于检测和纠正潜在的导航误差，从而提高整个导航系统的完好性。完好性的提升对于民航、海洋运输等民用领域至关重要，可以确保航行安全并减少事故风险。

四是提高导航精度。自主导航能力通过更频繁的星历与星钟参数更新，可以显著提高导航精度。与传统的每天更新一次相比，自主导航能力可以实现每小时甚至更频繁的更新，从而更准确地反映卫星的位置和状态。这对于需要高精度导航的应用场景，如自动驾驶、精准农业等，具有重要意义。

单元测评

◆ **任务情境：**

随着电子商务的蓬勃发展，物流行业面临较大的挑战和机遇。为了提高物流效率、减少货物丢失和损坏的风险，某物流公司决定开发一个智能货物追踪系统。该系统将利用 GPS 技术，结合物联网和大数据分析，实现对货物的实时追踪、路径规划和异常情况预警，完成以下功能。

（1）智能货物追踪：利用 GPS 技术，实时追踪货物的位置、速度和行驶轨迹，确保货物在运输过程中的安全和准确。

（2）路径规划优化：根据货物的目的地、交通状况和运输车辆的实时信息，动态规划最优运输路径，提高运输效率。

（3）异常情况预警：通过数据分析，预测和识别潜在的运输风险，如交通拥堵、天气恶劣等，及时发出预警，并制定相应的应对策略。

（4）系统集成与对接：将智能货物追踪系统与现有的物流管理系统进行集成和对接，实现数据共享和业务协同。

◆ **任务要求：**

（1）请分析以上系统是如何应用 GPS 技术的。

（2）采用小组讨论的方式分析该系统带来的好处，经过头脑风暴，提出改进方案。

单元四　GNSS 在物流中的应用

单元目标

◆ 知识目标：
(1) 了解 BDS 和 GPS 如何优化物流路径规划、车队管理、货物追踪等；
(2) 了解现代物流行业对效率、实时性和精准度的要求以及 BDS 和 GPS 如何满足这些要求。

◆ 技能目标：
(1) 能够识别常见的 BDS 和 GPS 设备及应用问题，并进行有效的解决；
(2) 具备将 GNSS 技术应用于实际物流问题的能力；
(3) 能通过团队合作完成项目任务，提升团队协作和沟通表达能力。

◆ 素养目标：
(1) 培养学生适应新技术发展的能力，增强对物流行业规范和客户隐私保护的意识，树立职业道德和责任感；
(2) 培养学生团队协作精神，增强与他人合作解决问题的能力；
(3) 培养学生自我学习和更新知识的能力。

走进行业

◆ 案例情境：

集装箱是全球物流运输的核心装备，全球国际货运 90% 以上是通过集装箱完成的。集装箱主要包括普通干货集装箱、罐式集装箱和冷藏集装箱。集装箱的智能化和信息化是影响现代物流的一个关键因素。若作为物流核心装备的集装箱没有智能化，会导致信息孤立，使整个供应链的信息流不畅通，这是影响现代物流效率的一个关键因素。

作为大规模的、国际性的货运流通载体的集装箱，其箱号识别、信息采集、跟踪与管理大都是通过人工或手工完成。箱号识别的不准确、数据人工抄录的错误、信息传递的延误等，会造成集装箱整个供应链数据的紊乱。ABI 公司的调查数据显示，目前集装箱物流数据中实时且准确的只有 65%，35% 的数据存在丢失或者不准确。

目前，集装箱自身不载有信息，在集装箱的运输中信息传递还依赖传统的方式，对集装箱的识别和监控基本上还处于人工、半人工状态。由于集装箱运输过程存在漏洞，在运输贵重货物的过程中极易发生被盗、中途调包、异地倒卖，在海关转关途中被不法分子用于走私货物等现象，给企业造成较大损失。急需用一种高科技手段对集装箱运输实施有效监控。

对集装箱运输及货柜状态进行监控，可随时清楚地掌握船舶、车辆行驶情况。充分运用 GNSS 技术对货柜进行监控、即时定位、报警等多项操作，可实现对集装箱物流运输过程的实时全面管理。

◆ 案例要求：

（1）请你分析集装箱管理难点在哪里。

（2）请你结合前面所学内容，分析 GNSS 技术在集装箱物流运输中能起到的作用。

一、GPS 在物流中的应用

（一）GPS 车辆定位管理系统

1. 系统技术背景

GPS 是一种全球性、全天候、连续的卫星无线电导航系统，可提供适时的三维位置、三维速度和高精度的时间信息。GPS 定位技术具有精度高、速度快、成本低的显著优点，因而已成为目前世界上应用范围较广、实用性较强的全球精密授时、测距、导航、定位系统。在我国，GPS 技术在汽车导航系统及移动目标的定位、监控等方面，具有极大的发展潜力。GPS 信号接收机接收定位信号之后，要实时把数据发回控制中心，接收机与控制中心的通信只能采用无线通信方式。根据实际应用环境的不同，系统的无线通信有各种方式，较常见的有以下三种。

1）电台方式

采用电台方式，需要配备车载电台，GPS 定位数据经车载电台调制，由车载天线发射给基站，基站把数据传送到监控中心，监控中心也以电台的方式向车辆发送指挥调度信令。

电台方式对车辆的巡检速度比较慢,容量较小(一般只能满足几部至几十部车辆的服务),系统覆盖的范围较小(一般只在市区的部分地区),且建设和维护电台基站系统的成本很高,不是一般用户所能承受的,多用于警务、保安等。

2)数字/模拟移动电话语音调制方式

采用语音调制方式,GPS 定位数据经车载电台调制,经由手机的语音信道传到监控中心,监控中心可以用手机或普通电话向车辆发送指挥调度信令。

手机语音调制方式,省去了电台方式搭建基站系统的庞大费用,直接利用蜂窝移动通信系统,覆盖范围大。但由于采用的是语音信道,系统每传递一条信息都要按电信话音通话的费率来计费,系统的运行费用较高。

3)GSM 短消息(又称"短信息")方式

采用 GSM 短消息方式,GPS 车载台的定位数据经过格式转换,利用 GSM 短消息信道传到监控中心,监控中心通过 GSM 短消息信道向车辆发送指挥调度信令。

GSM 短消息方式具备 GSM 语音调制方式覆盖范围广、容量大的优点,同时短消息业务具备传输速度快、不影响语音通话、价格便宜等优点。在众多开通短消息业务的地区,为鼓励手机用户使用短消息,多采用低廉的月租制。采用 GSM 短消息方式,最为主要的优点是,GPS 使用单位不用建专用通信系统,利用的是公用通信系统,节省了大量投资。

2. 系统组成及相关设备

GPS 车辆定位管理系统采用 GPS 技术和 GSM 短信息技术相结合,实现对移动目标全天候监控、报警、指挥、防盗和调度功能。

系统将接收到的 GPS 定位信息经过处理后,计算出移动目标的经度、纬度、速度、方向,并利用现有的 GSM 网络作为通信传输的媒介来实现定位信息的传递。

1)系统组成

GPS 车辆定位管理系统由安装在每辆车上的移动单元设备、安装在指挥中心的中央监控系统以及 GSM 通信网络三个部分组成。移动单元设备可以为控制中心随时提供每辆车的最新位置数据、车辆状况和报警信息,并自动记录这些信息以便事后分析。中央监控系统将收到的位置信息经过计算机处理,在大屏幕显示器上随时显示出当前监控车辆的地理位置。

2)相关设备

(1)GSM 交换中心(见图 3-8)的 GPS 相关设备。短消息服务中心(SMSC)设备一般放在 GSM 交换中心(与移动交换机在同一机房)。如果在此基础上增加 GPS 的相关设备,可组成 DGPS。与监控指挥中心可通过 DDN 连接(实现 GPS 数据的提取和采集,并在监控中心的指挥平台上显示出来)。

(2)GSM 网上 GPS 车载单元。GPS 车载单元主要由 GPS 信号接收机(含天线)、GSM 移动电话、报警开关遥控器、耳机通话器、备用电池及带充电电路的安装结构件组成。车载单元备有多个接口,并配置通话手柄、无线遥控器、紧急报警按钮、外接耳机式通话器。

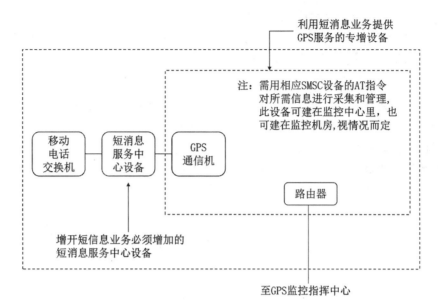

图 3-8 GSM 交换中心

（3）监控指挥中心。监控指挥中心由若干个值班席组成，为一个网络化的结构。每一个值班席由地理信息系统（GIS）及 GPS 应用管理软件构成软件平台，以图形工作站作为硬件支持，采用大屏幕显示管理。由于采用网络结构设计，非常方便扩充值班席的数量，可以适应不断扩充的用户数量。

（4）通信管理机。通信管理机负责短消息服务中心消息的接收及值班席控制指令向短消息服务中心的传送。同时兼有信息流统计及自我调节功能，使 DDN 线上的信息流得到安全管理与控制，并具有流量统计及网络安全防火墙功能。

（5）报警监控中心。报警监控中心的主要服务内容是接收各车辆发回中心的盗窃、抢劫信号，进行受警及对车辆进行锁车、监听等控制。同时负责对车辆进行位置查询管理，并受理求助信号，提供医疗救护、交通引路、信息咨询、车门开启等服务。

3. 系统主要功能

（1）系统容量。设计用户容量从几辆、几百辆至上万辆规模不等。

（2）定位精度。不加差分的情况下，车辆定位精度一般在 60 m 左右。通过差分可将精度提高到 2～5 m。

（3）全天候连续工作。在任何气候条件下，可保证连续正常工作无故障。

（4）调度功能。监控中心可对系统内的所有车辆进行动态调度管理。

（5）紧急报警。车辆遇到交通事故等紧急情况，车主可通过手动方式按下隐蔽处的紧急报警按键，监控中心根据收到的消息通知有关部门采取必要的行动。

（6）防盗报警。车辆遇到非法入侵时，车内的防盗传感器将自动触发，并与现有的防盗报警器结合，将警情发给监控中心。

（7）轨迹回放。报警后，系统自动实时记录报警车辆的定位经度、纬度、时间、方向、速度等参数。可在电子地图上回放，利于案情分析。回放轨迹可打印输出。

（8）数据库功能。将车辆的型号、颜色、车牌号，司机的姓名、性别、年龄、家庭住址、联系电话等信息输入数据库以备查询，可提高监控中心对报警信息的快速反应能力。

（9）多窗口监控。系统可同屏多窗口实时监控多辆车，并在电子地图上以文字或图标的形式显示被监控车辆的运行状态。

（10）监控范围。主要由当地 GSM 网络的覆盖范围决定。

（11）自动漫游。对车辆进行同屏多窗口监控时，每个窗口可监控一个运动目标，实施动态监控，实现自动漫游功能。

（12）标注功能。用户可根据需要在电子地图上增加、删减或修改地名和路名等标注内容。

4. 工作原理

车载 GPS 信号接收机接收卫星每秒钟发来的定位数据，并根据从 3 颗以上不同卫星发来的数据计算出自身所处地理位置的坐标。坐标数据通过符合 GSM 标准的无线 Modem，以短信的形式将车辆的位置、状态、报警器和传感输入等信息发送至 GSM 公网。GSM 公网将接收到的车辆定位信息通过 DDN 专线或通信接收发送设备传至监控指挥中心，经过计算机的处理后与计算机系统上的电子地图匹配，并在电子地图上显示坐标的正确位置，则监控中心可清楚和直观地掌握车辆的动态位置信息。在遇到紧急情况时，可通过车载设备，采用自动或手动报警，将车辆所在位置、报警类型等数据发送至监控指挥中心，经计算机处理后，及时将事发车辆的精确位置显示在电子地图上。同时，可打开用户数据库，查询事故用户的原始档案，并报告给公安、交通执法机构，以便及时处理。

（二）GPS 车辆运营管理系统

在物流运输行业，提供物流运输服务的运输工具（如卡车、火车、船舶、飞机等）在从事物流运输业务过程中处于移动分散状态，在作业管理方面会遇到其他行业所没有的困难。

GPS 车辆运营管理系统主要是为了使车辆运营管理部门、安全保卫部门及时掌握车辆的运行状况，以便对车辆进行指挥调度，降低空驶率，提高车辆利用率，同时为驾驶员提供交通、公安和服务信息。

1. 系统组成

GPS 车辆运营管理系统（见图 3-9）是由 GPS、GIS、无线电通信网络、多媒体等构成的一种新型车辆运营管理系统。

物流企业计划调度中心主要由微型计算机、工作站和大屏幕显示器组成，为了对车辆进行检测与管理，在计算机内装有城市道路信息库、车辆运行状态检测软件、重要车辆运行路线优化设计软件、车辆运营调度管理系统软件、车辆报警紧急处理软件等。

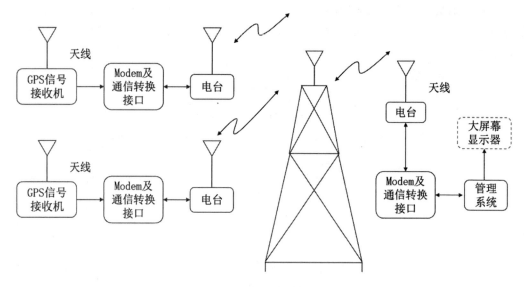

图 3-9　GPS 车辆运营管理系统

2. 系统工作原理

在 GPS 车辆运营管理系统中，物流企业计划调度中心和运行车辆通过通信卫星进行双向联络。具体地说，物流企业计划调度中心发出的装货运送指令，通过公共通信线路或专用通信线路传送到卫星控制中心，由卫星控制中心把信号传送给通信卫星，再经通信卫星把信号传送给运行车辆，而运行车辆通过 GPS 确定车辆所在准确位置，找出到达目的地的最佳路线；同时，通过车载的通信卫星接收天线、GPS 天线、通信联络控制装置和输出输入装置把车辆所在位置和状况等信息通过通信卫星传回物流企业计划调度中心。这样，物流企业通过应用通信卫星、GPS 技术和 GIS 技术，不仅可以对车辆运行状况进行控制，而且可以实现全企业车辆的最佳配置，提高物流运送业务效率和顾客满意程度。

在地域辽阔的美国，由于采用通信卫星、GPS 技术和 GIS 技术的车辆运营管理系统能提高车辆运送效率，越来越多的企业开始使用这一系统。企业不仅利用车辆运营管理系统进行双向联络通信、车辆调配管理、装货信息管理，而且利用交通规则遵守情况、车辆空载率、燃料费等进行实时管理。

3. 系统主要功能

GPS 车辆运营管理系统具有以下功能。

（1）查询功能。物流企业计划调度中心利用监控台可查询系统内任意目标所在的位置。在大屏幕电子地图上以数字形式显示车辆的速度、方向及其所在位置的经度、纬度和距到达目的地剩余距离等信息。

（2）监控功能。系统大屏幕可实现多窗口显示。多窗口可同时监视多辆车运行，并可显示和存储车辆的运行轨迹，以供运行评估，进行指挥调度。调度中心随时可同跟踪目标进行通话，话务指挥与车辆跟踪相结合，实现现代化管理。

（3）调度功能。物流运输企业计划调度中心可监视车辆的运行状况，根据运行状况采用最佳路径设计软件，对车辆进行指挥调度，可大大提高车辆的实载率，降低物流总成本。

（4）系统对车辆实行分级管理，对不同优先级分配不同时间。监控台对有险情或发生事故的车辆发出求救信号，并采用电子地图显示和声光报警，进行优先处理。

（5）通信功能。通过系统可实现物流企业计划调度中心与移动目标之间的双向通信。物流企业计划调度中心可以实时呼叫群体或单个移动目标，移动目标定时向物流企业计划调度中心报告信息。

 二、北斗卫星导航系统在物流中的应用

北斗卫星导航系统（简称"北斗系统"或"北斗"）提供服务以来，已在交通运输、农林渔业、水文监测、气象测报、通信授时、电力调度、救灾减灾、公共安全等领域得到广泛应用。北斗系统服务国家重要基础设施，产生了显著的经济效益和社会效益。基于北斗系统的导航服务已被电子商务、移动智能终端制造、位置服务等厂商采用，广泛进入中国大众消费、共享经济和民生领域。北斗系统深刻改变着人们的生产生活方式，在物流行业中，北斗系统不仅提升了物流效率和管理水平，还为客户提供了更加安全、可靠的服务。北斗系统在物流中的应用如图 3-10 所示。

图 3-10　北斗系统在物流中的应用

（一）实时跟踪与监控

利用北斗系统，物流企业可在车辆和货物上安装定位设备，实现对它们的实时跟踪。通过监控平台，企业能够实时查看车辆的位置、速度、行驶路线和货物状态，从而有效管理整个物流链。例如某物流公司为其冷链运输车队安装了北斗定位设备，通过监控平台实时监控冷藏车厢内的温度和货物位置，确保食品或药品在适宜的环境下运输，并按时送达。

（二）精准定位

北斗系统提供的高精度定位服务可以精确到米级甚至厘米级，这对于需要精准装卸、配送的物流任务至关重要。例如，在使用无人叉车的智能仓库中，通过北斗系统进行精准定位，可以实现无人叉车精确拣选和放置货物，提高仓库作业效率。

（三）路径优化

通过分析车辆的实时行驶数据，物流企业可以优化运输路线，减少不必要的迂回和停留，降低燃油消耗和运输时间。物流公司通过收集大量的行驶数据，借助北斗系统进行路径规划，找到最优配送路线，从而缩短配送时间，提高客户满意度。

（四）紧急响应

遇到车辆故障、交通事故或者极端天气情况时，北斗系统能够快速准确地定位到事故发生地点，协助企业及时做出响应，减少潜在的损失。当一辆运输危险品的货车发生事故时，利用北斗系统的定位功能，应急管理部门能够迅速定位到事故车辆，及时处理事故，防止二次灾害的发生。

（五）短报文通信

北斗系统的短报文通信功能允许用户在无信号或信号弱的区域通过卫星收发短信，适用于远洋船舶通信、偏远地区物流作业等场景。例如，一艘远洋货轮在无法使用手机和无线电通信的海域，可通过北斗系统发送其位置和状态信息给公司总部，确保航运安全。

（六）车队管理

物流企业可以利用北斗系统实时监控车队的运行状态，包括车辆的位置、速度、油耗等信息，从而有效调度车辆，提高车队运营效率。例如，一家拥有上百辆货车的物流公司，可通过北斗系统实时监控每辆车的状态，合理安排车辆的维修和保养时间，确保车队高效运转。

（七）客户服务

物流企业可以通过北斗系统向客户提供货物实时位置查询服务，增加服务的透明度，提升客户体验。电商平台与物流公司合作，利用北斗系统提供包裹实时追踪服务，消费者可以随时查看自己商品的运输状态和预计到达时间。

（八）智慧物流发展

北斗系统的引入是智慧物流发展的关键一步，它不仅提高了运输效率和管理水平，还为物流行业带来了深远的影响，推动了整个行业的技术进步和创新。一些先进的物流企业正在研究利用北斗系统配合无人机、无人车等技术，实现"最后一公里"的自动化配送，进一步提高配送效率和降低成本。

北斗系统为物流提供了强大的技术支撑，不仅增强了物流运输的实时性、准确性和安全性，还促进了物流信息化和智能化水平的提升，对智慧物流的发展具有深远的影响。随着北斗技术的不断升级和应用深化，智慧物流的效率和质量将得到进一步提升。

新质生产力

北斗系统在交通物流领域的应用是北斗应用的重要组成部分。现在物流运作中，如车辆位置的实时定位、速度监控、路线规划等，都是依靠卫星导航系统实现的。导航定位作为北斗系统的基础功能，安装此模块的运输车辆，可以根据始发地和目的地，进行合理路线规划，可以避开拥挤路段，查看路况等信息；还可以根据始发点、终点站、道路状况等为货运匹配运输方案。

此外，基于北斗系统支持的运输管理系统或网络货运平台，可以利用北斗定位量数据通过智能配对技术，将货源以"一对多"的形式精准推荐给最为切合的承运人，充分利用承运人的返程运力资源，提升车辆运行效率，减少承运人配载找货、等货时间及成本。

有了北斗技术的支持，物流金融服务的发展也有很大空间，这可能是货运行业未来发展的一个风口。现在的货运模式，尤其是大宗货物运输，大多是运输完成后货主再与运输企业统一结算运费，而运输企业与承运司机大部分是现结，导致运输企业需要垫付较大金额资金，因此资金的使用效率对运输企业的利润率影响较大，由此产生了物流金融服务需求，例如很多金融机构推出的运单贷。目前，中国交通通信信息中心基于北斗服务研发全新的运输服务系统，通过帮助金融机构更好地掌握货物情况和运输车辆情况，做好金融风险评估，保障物流金融的高效运作。

单元测评

◆ **任务情境：**

随着交通运输行业和电子商务的蓬勃发展，快递运输的普及度越来越高。快递运输在带来便利的同时也存在缺陷。比如包裹在运送过程中可能存在丢失、损坏等问题，不仅使用户产生损失，而且对快递公司的正常运转产生了较大影响。重要包裹的丢失、损坏，显然是快递公司和用户双方都不愿发生的事情。

针对包裹在运输过程中出现的问题，有学者设计了一种基于GNSS的物流信息跟踪系统，将卫星导航定位技术、物联网通信融为一体，实现对包裹的定位跟踪与状态监测，有效解决包裹丢失与损坏问题，降低用户与快递公司的损失，为解决用户与快递公司之间的纠纷提供途径。

◆ **任务要求：**

（1）请你结合本单元内容，分析该系统是如何应用 GNSS 技术的。

（2）快递公司在引入该系统后，除了解决包裹丢失和损坏的问题外，还可能带来哪些方面的改进或好处？

单元五 GIS 概述

单元目标

◆ **知识目标：**

（1）理解 GIS 的基本概念，包括 GIS 的定义、特点和重要性；

（2）了解 GIS 技术的进步和应用领域的扩展；

（3）熟悉 GIS 的主要组成部分，认识 GIS 在各行各业中的作用。

◆ **技能目标：**

（1）具备将 GIS 技术应用于解决实际物流问题的能力；

（2）能通过团队合作完成项目任务，提升团队协作和沟通表达能力；

（3）能具备一定的创新能力，参与新技术的研发或现有技术的改进。

◆ **素养目标：**

（1）增强信息技术应用能力，提升对 GIS 技术的理解和运用水平；

（2）培养团队合作精神，提高团队协作能力；

（3）增强创新意识和实践能力，鼓励学生在 GIS 应用中进行创新尝试和实践探索；

（4）培养职业道德和社会责任感，确保在使用 GIS 技术时遵守相关法律法规，保护个人隐私和数据安全。

走进行业

◆ **案例情境：**

随着电子商务的快速发展与全民网购时代的来临，物流快递行业在经济模式推动下也得到快速发展，线下物流快速发展，但城镇"最后一公里"配送问题依旧存在，菜鸟驿站便应运而生。

菜鸟驿站是物流业为解决配送瓶颈问题，于 2013 年建立的面向社区、校园等的第三方末端物流服务平台。2015 年，菜鸟驿站快速入驻上海市社区、校园等高密度人群聚集区域市场。2021 年，上海市菜鸟驿站发展得到较大优化，早已打破了"最后一公里"配送格局。菜鸟驿站的飞速发展对于稳增长、调结构、促改革、惠民生等方面都提供了积极的实践意义。

研究结果表明：上海市 90％的菜鸟驿站分布于距离服务对象 150 m 的范围内，数量与服务对象设施最近出入点的距离成反比；受城市经济发展水平、人口数量、交通设施、生态环境、城市规划等因素影响，菜鸟驿站站点分布极不均衡，大致呈南—北走向；菜鸟驿站站点在主城区和郊区的分布呈现"多核心集聚模式"，两者分布差异较大；菜鸟驿站站点的分布不均衡，与城市规划布局高度重合，其数量与城区人口数量、城市经济发展水平呈正相关。

◆ 案例要求：
(1) 请你说一说你所在城市的菜鸟驿站分布情况。
(2) 请你思考菜鸟驿站是如何进行选址的。

知识储备

一、地理信息与地理信息系统

（一）地理信息

地理信息是指与研究对象的空间地理分布有关的信息，它表示地球表层物体及环境固有的数量、质量、分布特征、相互联系和变化规律。从地理实体到地理数据，再到地理信息的发展，反映了人类认识的巨大飞跃。地理信息属于空间信息。地理信息的种类、特征是与其地理位置联系在一起的，因此具有地域性。地理信息具有多重结构的特征，即在同一经纬度位置上可以有多种专题和属性的信息结构。例如，在同一地域有其相应的高程值、地表状况等多种信息。此外，地理信息还有明显的时效特征，即动态变化特征。这就要求及时采集和更新地理信息，并根据多时相的数据或信息来寻求随时间的分布和变化的规律，进而对未来做出预测或预报。各个专题之间的联系是通过属性码进行的，这就为地理系统各圈层之间的综合研究提供了可能，也为地理系统多层次的分析及信息的传输与筛选提供了方便。

（二）地理信息系统

《物流术语》（GB/T 18354—2021）对地理信息系统（GIS）的定义为：由计算机软硬件环境、地理空间数据、系统维护和使用人员四部分组成的空间信息系统，可对整个或部分地球表层（包括大气层）空间中有关地理分布数据进行采集、储存、管理、运算、分析、显示和描述。

地理信息系统是近年来发展起来的一门综合应用系统，它能把各种地理位置的信息和有关的视图结合起来，并把地理学、几何学、计算机科学及各种应用对象、CAD 技术、遥感技术、GNSS 技术、Internet 技术、多媒体技术及虚拟现实技术等融为一体，利用计算机图形与数据库技术来采集、存储、编辑、显示、转换、分析和输出地理图形及其属性数据。这样，可根据用户需要将这些信息图文并茂地输送给用户，便于分析及决策使用。GIS 应用遍及金融、电信、交通、国土资源、电力、水利、农林、环境保护、地矿等国民经济各领域。相关数据显示，国民经济信息数字化的 80% 以上构筑在 GIS 之上。

GIS 的创立与发展是与地理空间信息的表示、处理、分析和应用手段的不断发展紧密联系的。GIS 已渗透到各行各业，愈来愈多的国际性会议、学术刊物以 GIS 为主题，GIS 已成为人们规划管理中不可或缺的应用工具。

一般来说，一个完整的地理信息系统通常由以下四个部分组成：计算机硬件环境，计算机软件环境，地理空间数据，系统维护与使用人员（见图 3-11）。

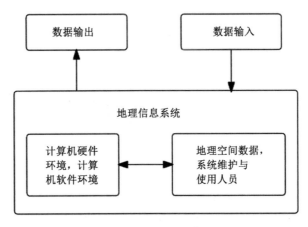

图 3-11　GIS 组成

这种特定的空间信息系统，在计算机软硬件系统支持下，对整个或部分地球表层（包括大气层）空间中有关地理分布数据进行采集、存储、管理、运算、分析、显示和描述。GIS 处理、管理的对象是多种地理空间实体数据及其关系，包括空间定位数据、图形数据、遥感图像数据、属性数据等，用于分析和处理在一定地理区域内分布的各种现象和过程，解决复杂的规划、决策和管理问题。GIS 的概念框架构成如图 3-12 所示。

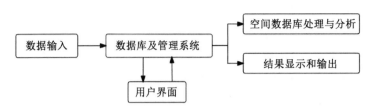

图 3-12　GIS 的概念框架构成

地理信息系统把要处理的信息分为两类：一是反映事物地理空间位置的信息，从计算机的角度可称空间位置数据，又称地图数据、图形数据；二是与事物的地理位置有关，反映事物其他特征的信息，可称专题属性信息或专题性数据，也称文字数据或非图形数据。

事物空间位置最基本的表示法是点、线、面和三维表面。用点表示时，事物的大小、长度可以忽略不计，如监测中的车辆等。用线表示时，事物的面积可以忽略不计，但长度、走向很重要，如道路、河流等可在地图上用线表示。用面表示时，事物具有特定的、封闭的边界，如行政区域、房屋建筑在地图上是由线围成的不规则多边形。所谓三维表面，是指该事物在一定地理范围内是连续变化的，其边界是模糊的，如不规则的地形表面等。地理信息系统将点、线、面和三维表面储存在计算机中，成为事物的空间数据。地理信息系统最基本的功能是将分散收集到的各种空间、属性信息输入计算机，建立起有相互联系的数据库。当外界情况变化时，只要更改局部数据，就可维持数据库的有效性和实时性。

将数据存储到计算机中，其目的是分析和输出。查询、分类是 GIS 较简单也是较常用的分析功能。例如，空间数据可用和手工地图相类似的表达方式显示在计算机的屏幕上，指定任意的空间位置就可以知道有关事物的属性。除了查询外，还可以进行分类。查询、分类的结果一般以图或报表的形式绘制、打印在纸上。

综上所述，对空间信息及其相关属性信息的处理是 GIS 的基本功能，空间信息的查询和分析是 GIS 与其他数据处理系统的主要区别。迅速、及时地更新数据库，大规模、综合性地管理与地理分布有关的信息是计算机方式和手工方式的根本区别。

二、GIS 的主要作用

传统的物流是指物料或商品在空间上和时间上的位移。现代物流管理是指将运输、仓储、搬运以及包装等物流活动综合起来的一种新型的集成式管理，它的任务是以尽可能低的成本为顾客提供较好的服务。供应链包括供应商、制造商、仓库、配送中心和零售点，以及在各机构之间流动的原材料、半成品和产成品。现代物流管理的实际意义就是对供应链的管理。

供应链管理手段现代化的核心是以计算机技术为核心的信息技术的应用。GIS 是对与地理空间相关的数据进行有效管理和综合分析的计算机系统。GIS 最明显的吸引力是通过地图来表现和分析数据。空间、时间和属性构成地理信息的三种基本成分。在传统的 GIS 中，空间对象包含有三个方面的信息：图形信息、拓扑关系和属性描述信息。通常将图形与拓扑关系信息放在一个结构表中，统称为几何图形信息，并且将其与属性数据分开存放。属性数据用关系数据库管理，图形数据用文件方法管理。当要考虑时态问题时，又要加入时态信息，时态信息不仅可能涉及属性方面，如一个城市的人口、工业值、人均消费每年均有变化，而且可能涉及图形方面，如在某一年将其他地区的某个县并入某市，行政边界发生变化。增加了时态数据，GIS 可以用来帮助人们认识和了解现实世界的演变历程以期获得更好的分析效果，同时期望能够更进一步预测将来的变化趋势。

GIS 的主要功能如下：① 可视化功能；② 空间查询功能；③ 叠加分析功能；④ 缓冲区分析功能；⑤ 网络分析功能。

GIS 的基本功能是按照用户的需求，根据地图数据的属性，采用一定的地图符号，在地图上展现现实世界中存在的各种地物。在物流行业中，GIS 的主要作用如下。

1. 物流系统监控

通过与 GPS、无线通信技术结合，在 GIS 中可以将监测车辆、船舶、人员、货物的位置及工作状态显示在电子地图上，对运输工具等的在途运输情况实施跟踪，实现运输工具和人员的实时调度，还可以实时对特种车辆进行安全监控，为安全运输提供保障。如此可以增强物流的透明度和控制能力，提高客户满意度，合理配置物流企业的资源，提高物流系统的效益。

2. 物流系统规划

应用 GIS 的空间分析功能，可以对物流设施的选址、物流网络的布局、物流行业趋势、各类运力、航线经营情况等进行分析，实现科学规划。

以物流中心选址为例，物流中心选址是物流系统中具有战略意义的投资决策问题，对整个系统的物流合理化和商品流通的社会效益有着决定性的影响。由于商品资源分布、需求状况、运输条件和自然条件等因素的影响，即使在同一区域内的不同地方建立物流中心，整个物流系统和社会经济效益也是不同的。利用 GIS 的空间查询功能、叠加分析功能、缓冲区分析功能、网络分析功能等，可以方便地确定哪些地理位置适合筹建物流中心，哪些位置的物流成本较低，哪些位置的运营成本较低。在考虑了种种因素之后，就可以确定出最佳物流中心位置。

利用 GIS 的可视化功能可以显示出包含区域地理要素的背景下的整个物流网络（如物流节点、道路、客户等要素），一般规划者能够直观方便地确定位置或路线，从而形成选址方案和备选方案。

3. 物流系统模拟与优化

在 GIS 中，可以实现各类配送活动中的车辆路线模型优化，对配送时间、数量和路径进行优化部署，还可以实现物流园区货物集散流程模拟、集装箱码头作业流程模拟、多式联运方案设计与比较等物流系统模拟与优化功能，为物流管理决策提供科学依据。

以最佳配送路线为例，在 GIS 中，可以设置车辆型号以及载货量限制条件、车速限制、订单时间限制，融合多旅行商分析与导航规划，精选出最优配送路线。还可以跟进用户需求将目的地一次性批量导入 GIS，根据订单地址精确生成地图点位，进而生成最佳配送路径，提高配送效率，节约配送成本。

4. 物流信息图形化查询、统计分析与报告

在大量数据的支撑下，GIS 可以实现物流信息的图形化查询、统计分析与报告，有助于管理人员全面、直观地掌握当前物流系统运作状况，以及开展与物流信息所处时空相关的、较深层次的数据分析。可以实现物流企业在不同地域上各个网点之间的交流和协作，使物流活动在不同网点之间实现有效衔接和统一组织。比如在库存管理应用中，可实现分布在不同位置的多个仓库的当前库存的图形化查询，从而科学制定配送方案。

以配送区域划分为例，企业可以参照地理区域，根据各个要素的相似点把同一层上的所有或部分要素分为几个组，用以解决确定服务和销售市场范围等问题。如某一公司要设立若干个分销点，要求这些分销点覆盖某一地区，而且要使每个分销点的顾客数目大致相等。

单元测评

◆ 任务情境：

对物流行业而言，GIS 的应用是其现代化转型的重要标志之一，借助这一系统有利于物流公司在最短时间内获取相关信息，基于此而改善物流服务质量，提升物流行业运作效率，以 GIS 技术为核心的物流系统也快速发展和普及。通过 GIS 技术和物流系统深度融合，有利于激发物流行业生产要素，提升物流行业发展水平。

以某企业为例，该企业成功地将 GIS 技术引入其物流系统中，通过实时监控货物位置、优化运输路线和配送方案，大大提高了物流效率和准确性。同时，该企业还利用 GIS 技术的空间分析能力，对市场趋势和消费者需求进行精准预测，从而制定出更加合理的库存管理和配送策略。这些举措不仅降低了企业的运营成本，还提升了客户满意度，使得该企业在激烈的市场竞争中脱颖而出。

◆ 任务要求：

（1）结合本单元内容，简单分析以上企业是如何利用 GIS 技术的。
（2）小组讨论：GIS 在物流领域的主要应用体现在哪些方面。

单元六　GIS 数据结构

单元目标

◆ 知识目标：
(1) 理解 GIS 中的数据类型和数据模型，包括矢量数据和栅格数据的区别；
(2) 掌握 GIS 数据的采集方法；
(3) 熟悉常用的 GIS 软件平台；
(4) 认识 GIS 数据处理和分析的常用工具和算法，理解它们的适用条件和限制。

◆ 技能目标：
(1) 能够操作 GIS 软件，进行基本的数据导入、导出和格式转换；
(2) 掌握使用 GIS 软件进行数据采集的基本技能；
(3) 能够运用 GIS 软件进行地图制作、空间查询、缓冲区分析、叠加分析等基本操作。

◆ 素养目标：
(1) 培养分析和解决问题的能力，能够针对具体的地理信息问题选择合适的数据采集和管理方法；
(2) 增强对 GIS 数据质量重要性的认识，以及数据准确性和可靠性意识；
(3) 培养终身学习的习惯，随着 GIS 技术和软件平台的更新不断学习新知识和技能；
(4) 提高创新思维和实践能力，在 GIS 项目中尝试新的数据分析方法和解决方案。

走进行业

◆ 案例情境：

某大型物流企业，为提升运输效率、优化配送路线并降低运营成本，决定引入 GIS 技术进行数据采集和管理。该企业拥有庞大的运输车队和复杂的配送网络，面临着车辆调度、路线规划、货物追踪等方面的挑战。

1. 车辆定位与监控

该企业为所有运输车辆安装了 GPS 设备，通过 GIS 实时采集车辆的位置、速度、行驶方向等数据。利用 GIS 的地图可视化功能，调度中心能够实时掌握车辆的分布情况，确保车辆按计划路线行驶。GIS结合交通流量、路况等实时数据，为车辆提供最优行驶路线，减少拥堵和延误。

2. 货物追踪与信息管理

在货物包装上安装RFID标签，通过GIS实时采集货物的位置信息。客户可以通过企业提供的在线平台或手机App，实时查询货物的运输状态和位置信息。GIS结合货物的发货、到达、签收等数据，自动生成运输报告和统计分析，帮助企业优化配送网络和提高服务质量。

3. 数据集成与分析

GIS与企业内部的ERP（企业资源计划）系统、WMS（仓储管理系统）等进行数据集成，实现信息的实时共享和交换。利用GIS的数据分析和可视化功能，对运输网络、货物分布、车辆调度等进行深度分析，为企业的战略决策提供有力支持。

◆ 案例要求：

（1）请你概括以上企业引入GIS技术，采集了哪些物流数据？

（2）小组讨论：在采集物流数据过程中会遇到哪些困难？

知识储备

一、GIS数据结构概述

数据结构是对数据记录的编码格式及数据间关系的描述。不同类型的数据，只有按照一定的数据结构进行组织，并将其映像到计算机存储器中，才能进行存储、检索、处理和分析。在地理信息系统中，地理空间数据常用的数据结构有两种：栅格数据结构和矢量数据结构。

例如，一幅真实的地图（见图3-13（a）），可以分别用上述两种不同的数据结构来描述。在栅格数据结构中，空间被有规则地分成了一个个小块，地理实体用这些小块占据的栅格的行、列号来定义，栅格同时可以附有属性值，如图3-13（b）所示；在矢量数据结构中，地理实体用点、线、面来表达，其位置由二维平面直角坐标系中的坐标来定义，如图3-13（c）所示。

（一）栅格数据结构

栅格数据结构由像素阵列构成，每个像素用网格单元的行和列来确定位置，常用于表示地质、气候、土地利用或地形等面状要素。任何面状的对象，如土地利用、土壤类型、地势起伏、环境污染等，都可以用栅格数据来表示。

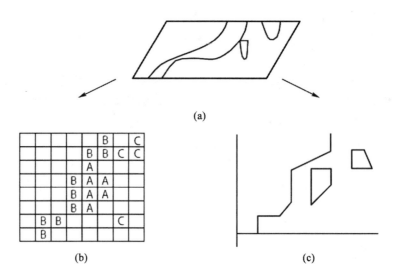

图 3-13 空间实体的栅格数据结构、矢量数据结构表示

栅格数据的获取方法比较简单,即在专题地图上均匀地划分网格,相当于将一透明的方格纸覆盖在地图上,网格的尺寸大小依要求设定。然后,再根据单位网格交点归属法(中心点法)、单位网格面积占优法、长度占优法、重要性法等方法,直接获取相应的栅格数据。这类方法称为手工栅格数据编码法,它适用于区域范围不大或栅格单元尺寸较大的情况。当区域范围较大或者栅格单元分辨率较高时,需要采用数据类型转换方法,即由矢量数据向栅格数据作自动转换。

为了逼近原图或原始数据精度,除了采用上述手工方法外,还可以采用缩小单个栅格单元(增加精度)的方法,使得每个单位的栅格可以代表更精细的地面单元。这样,在大大提高精度、更接近真实形态的同时,行、列数也将大大增加,即数据量也大幅增加,使得数据冗余严重。为了解决这一矛盾,现在已研究出了一系列栅格数据压缩编码方法,可以用尽可能少的数据量记录尽可能多的信息。压缩编码方法可分为信息无损编码和信息有损编码两种。信息无损编码是指编码过程中没有任何信息处理损失,通过解码操作可以完全恢复原来的信息;信息有损编码是指为了提高编码效率,最大限度地压缩数据,在压缩过程中损失了一部分相对不太重要的信息,当解码时这部分信息难以恢复。在地理信息系统中一般采用信息无损编码。

(二)矢量数据结构

矢量数据结构是另一种较常见的图形数据结构。地理实体用一系列 x,y 坐标来确定它们的位置,即通过记录坐标的方式,尽可能地将点、线、面等地理实体表现得精确无误。该数据结构常用于描述线状分布的地理要素,如河流、道路、等值线等。

任何的点、线、面实体都可以用直角坐标点 x,y 来表示,这里 x,y 可以对应地面坐标经度和纬度,也可以对应数字化时建立的平面坐标 x 和 y。点可以被表示成一组坐标 (x,y),线和面可以被表示为多点组 $(x_1,y_1;x_2,y_2;\cdots;x_n,y_n)$,由于表示面的多边形由首尾相连的线组成,所以其起止点的坐标相同。这些由 x,y 坐标表示的点都是由光滑的曲线间隔采样得到的。同样的一条曲线,采样的点越多,则以后恢复时就越接近原来的曲线，失真越少，但数据量将增加；反之，采样的点太少，恢复时就可能成为折线，出现失真的情况。

二、数据采集

（一）图形数据的输入

图形数据的输入过程实际上是图形数字化处理过程。对于不同来源的空间数据，很难找到一种统一而简单的输入方法，只能从几种普遍适合的方法中选用。

1. 手工键盘输入

（1）手工键盘输入矢量数据。手工键盘输入矢量数据，就是把点、线、面实体的地理位置（坐标），通过键盘输入数据文件或程序。实体坐标可从地图上的坐标网或其他覆盖的透明网格上量化。

（2）手工键盘输入栅格数据。栅格数据是以一系列像素表示点、线、面实体。这种数据的手工输入过程是：首先选择适当的像素大小和形状并绘制透明网格；然后确定地物的分类标准，划分并确定每一类别的编码；最后将透明网格覆盖在待输入图件上，依网格的行、列顺序用键盘输入每个像素的属性值即各类别的编码值。

手工键盘输入方法简单，不用任何特殊设备，但输入效率低，需要做十分烦琐的坐标取点或编码工作。这种方法在缺少资金或输入图形要素不复杂时可以使用。

2. 手持跟踪数字化仪输入

这是目前常用的图形数据输入方式。把待数字化的资料——地图、航片等固定在图形输入板上，用鼠标输入至少4个控制点的坐标和图幅范围，随后即可输入图幅内各点、曲线的坐标。

3. 自动扫描输入

自动扫描输入方式输入速度快，不受人为因素的影响，操作简单。缺点是硬件设备昂贵，图形识别技术尚不完全成熟。这种方法是图形自动输入的发展方向。

4. 解析测图仪法空间数据输入

解析测图仪利用航空或航天影像像对，建立空间立体模型，直接测得地面三维坐标，并输入计算机，形成空间数据库。这种仪器不仅能记录三维坐标，还能通过联网的计算机处理比例尺变形和其他制图变形。

这种输入方法在建立数字地面模型（DTM）时尤为重要。

5. 已有数字形式空间数据的输入

这种方法用来接收已是数字化形式的信息，包括机载或星载多光谱扫描磁带等系统引进的信息。这些外来信息虽然是数字格式，但其格式不一定与 GIS 数据库一致，还需要做某些必要的预处理，如调整图像分辨率和像素形状、地图投影变换、数据记录格式转录等。

（二）属性数据的输入

属性数据即空间实体的特征数据，如中国省（区、市）地图既包括一组连续的矢量表示的面实体，还包括属性数据如中英文名称、省会、人口等。显然，这些属性都与该面域空间实体相关，也应有效地存储和处理。一般来说，对一个空间实体及其属性赋予一个或多个关键字进行连接。

属性数据一般采用键盘输入。当数据量较大时，属性数据与空间数据分别输入并分别存储。将属性数据首先输入一个顺序文件，经编辑、检查无误后转存到数据库的相应文件或表格中。这是属性数据输入的一种常用方法。

（三）GIS 数据的编辑

数据编辑的目的在于消除数据输入过程中引入的错误和误差。这些错误和误差包括空间点位不正确、变形，空间点位和线段的丢失和重复、线段过长或过短、面域不封闭、区域中心识别码的遗漏，节点代码和区域码不符合拓扑一致性，属性的错误分类，错误编码或误输入等。GIS 数据编辑方法流程如图 3-14 所示。

GIS 中数据的编辑是一项非常耗时、耗精力的交互处理工作，所花费的时间和精力甚至比输入更多。除逐一修改图形与属性输入的误差和错误外，图形的分割与合并、数据更新等工作也是在数据编辑模块中完成的。全部编辑工作是把数据显示在屏幕上，由键盘和编辑菜单来控制数据编辑的各种操作活动的实现。

三、空间数据管理

空间数据经处理后，一般只能消除或减少在数字化过程中因操作产生的局部误差或明显错误，但仍可能存在着各种数据来源的比例尺和投影不一致、各幅地图数据之间不匹配、数据冗余等问题，必须做进一步的预处理——数据管理过程，才能得到满足用户要求的数据文件。空间数据管理包括数据格式的转换、空间数据与属性数据的连接、图形拼接与分割、数据更新等。

（一）数据格式的转换

对于矢量数据来说，不同的 GIS 有不同的数据格式，如 MapInfo 系统采用

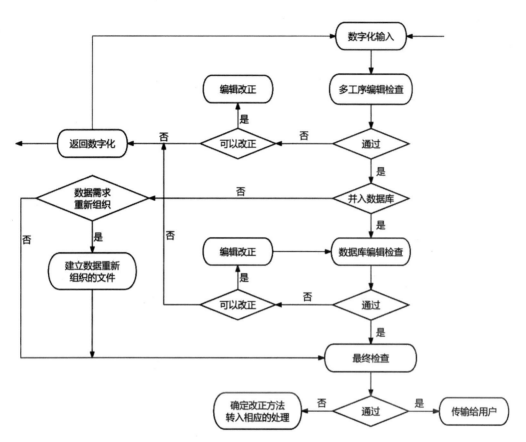

图 3-14　GIS 数据编辑方法流程

MapInfo 格式，ARC/INFO 系统采用 ARC/INFO 格式。为了实现数据共享，要求 GIS 把其他系统的格式转换为本系统使用的数据格式。转换的方式有两种：一是建立两种系统的数据格式转换模块直接转换，这时要知道其他系统采用的数据格式；二是把不同系统的图形文件和属性文件转换成 DXF 格式和 DBF 格式，然后再由 DXF 格式和 DBF 格式转换成其他系统能识别的数据格式。其中 DXF 文件是标准的 ASCⅡ码文本文件，很容易转换成其他图形文件格式。

（二）空间数据与属性数据的连接

空间数据输入虽然可以直接在图形实体上附加一个特征编码或识别符，但是这种交互式的编辑方法需要输入大量复杂的属性数据，工作效率较低。空间数据和属性数据连接的较好方法是利用专用程序自动地把属性数据与空间数据连接起来，此时只要求空间实体带有唯一的标识符即可。标识符可以用手工输入，也可以由程序自动生成，并与图形实体的坐标存储在一起。

空间实体的属性项目很多，把属于同一实体的所有数据项目放在同一个记录中，将记录的顺序号或某一个特征数据项作为该记录的标识符或关键字。其和图形的标识符都是空间数据和属性数据连接与检索的纽带。唯一性的标识符只有在特殊的计算系统中才能直接附加到图形实体中去。在多边形网络模型中，首先必须建立多边形，然后才能附加标识符。图 3-15 说明了按拓扑结构建立具有多边形边界的图形数据与属性数据完整的矢量多边形数据库的整个过程。

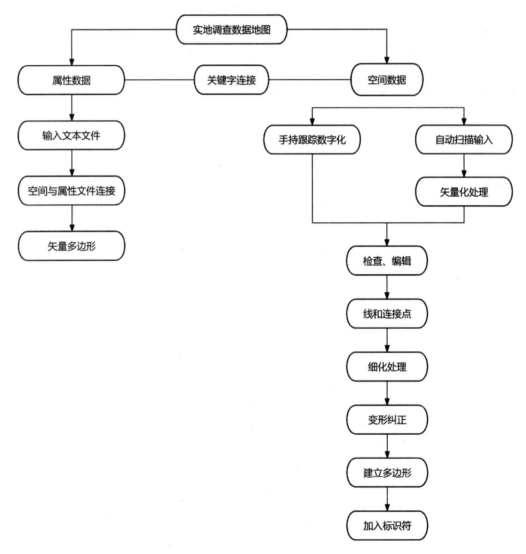

图 3-15 建立矢量多边形数据库的过程

（三）图形拼接与分割

在对空间数据实施管理时，按图幅存储的数据不能进行大区域的信息分析，需要把相邻图幅拼接成大型数据库；或者数据覆盖区域太大，不利于输出，需要把大数据库分割成分析或输出的小区域。这就是图幅的拼接与分割，如图 3-16 所示。

1. 图幅的拼接

图幅的拼接总是在相邻两幅图之间进行的。要将相邻两幅图之间的数据集中起来，就要求相同实体的线段或弧的坐标数据相互衔接，也要求同一实体的属性码相同，因此必须进行图幅数据边缘匹配处理。

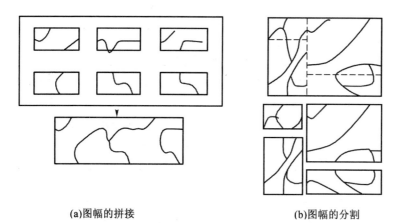

(a)图幅的拼接　　　　　　　　　(b)图幅的分割

图 3-16　图幅的拼接与分割示意图

（1）逻辑一致性的处理。由于人工操作的失误，两个相邻图幅的空间数据库在接合处可能出现逻辑裂痕，如一个多边形在一幅图层中具有属性 A，而在另一幅图层中具有属性 B。此时，必须使用交互编辑的方法，使两相邻图形的属性相同，取得逻辑一致性。

（2）相同属性多边形公共边界删除与属性合并。当图幅内图形数据完成拼接后，相邻图形或有相同属性。此时，应将相同属性的两个或多个相邻图形组合成一个图形，即消除公共边界，并对共同属性进行合并，如图 3-17 所示。

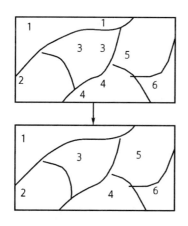

图 3-17　相同属性多边形公共边界的删除与属性合并

多边形公共边界的删除，可以通过构成每一面域的线段坐标链删去其中共同的线段，然后重新建立合并多边形的线段链表。

对于多边形的属性表，除多边形的面积和周长需要重新计算外，其余属性保留其中之一即可。

2. 图幅的分割

图幅的分割实际上就是对整幅图层进行多个相邻窗口处理。

（四）数据更新

许多数据会随着时间的变迁而发生变化。为了保持 GIS 数据的时效性，应对 GIS 数据进行更新，即修改陈旧数据，用新数据代替或补充。此时，必须进行多方面的调查与分析，了解现有数据库中哪些空间数据发生了变化、变化程度多大，以确定更新的方法。

空间数据更新的方法是：若变化程度不大，则直接使用图形编辑器的方法进行；若变化区域面积较大，则采用下列方法和步骤，如图 3-18 所示。

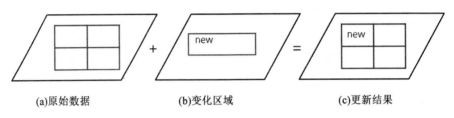

(a)原始数据　　　　　　(b)变化区域　　　　　　(c)更新结果

图 3-18　空间数据的更新

（1）重新数字化已经变化区域的空间实体。

（2）用新数据代替陈旧数据。

不论哪种方法，都需要建立空间实体图形与属性数据的一一对应关系。

属性数据的更新，相对来说要简单一些。因为目前许多 GIS 软件采用关系数据库管理系统（RDBMS）来管理属性数据，且为用户提供较强的数据管理功能。

因此，可直接利用属性数据库管理模块提供的功能，提取属性已变化的空间实体，对相应的属性进行编辑处理。

 ## 四、GIS 的应用

（一）GIS 平台

1. ArcGIS

1）ArcGIS 的组成

ArcGIS 是美国 Esri 公司研发的产品，为用户提供一个可伸缩的、全面的 GIS 平台。ArcObjects 包含了许多可编程组件，从细粒度的对象（例如单个的几何对象）到粗粒度的对象（例如与现有 ArcMap 文档交互的地图对象）涉及面极广，这些对象为开发者集成了全面的 GIS 功能。主要包括以下部分。

（1）桌面端产品：ArcGIS Desktop 是一个集成的应用程序套件，包括 ArcMap、ArcCatalog 和 ArcToolbox 等组件。ArcMap 用于制图和分析，ArcCatalog 用于管理空间数据，而 ArcToolbox 则包含大量的空间数据分析工具。

（2）服务器端产品：ArcGIS Server 是一个用于发布地图和地理处理服务的服务器软件，它可以将 GIS 功能扩展到网络中，允许多用户访问和协作。

（3）在线服务：ArcGIS Online 是一个基于云的平台，提供在线地图、应用程序和数据的共享和协作。用户可以通过这个平台来构建、发布和分享 GIS 内容。

（4）移动应用：ArcGIS 提供了移动应用程序，如 ArcGIS Collector 和 ArcGIS Surveyor，这些应用程序使得现场工作人员可以在移动设备上进行数据采集、地图查看和编辑。

（5）开发工具：ArcGIS Runtime SDKs 为开发者提供了创建自定义 GIS 应用程序的工具，支持多种编程语言和平台。

ArcGIS 作为一个全面的 GIS 平台，它包括多个组件，从桌面 GIS 到移动应用程序再到云服务，满足不同用户的需求。

2）ArcGIS 的功能

ArcGIS 主要具有以下功能。

（1）空间数据显示：ArcGIS 能够将地理信息以图形的形式展示出来，使得用户可以通过地图直观地理解空间数据。

（2）编辑和查询：用户可以使用 ArcGIS 对空间数据进行编辑，如添加、修改或删除地理要素。同时，ArcGIS 还提供了强大的数据查询功能，帮助用户检索特定的空间信息。

（3）统计分析：ArcGIS 不仅能够处理空间数据，还能够进行统计数据分析，帮助用户从定量的角度理解地理现象。

（4）报表生成：通过 ArcGIS，用户可以生成各种统计报表，这些报表可以用于演示、报告或进一步的分析。

（5）空间分析：ArcGIS 提供了丰富的空间分析工具，这些工具可以帮助用户进行地理位置分析、地形分析、网络分析等。

（6）高级制图：ArcGIS 具有高级制图功能，支持创建高质量的地图和图表，这些地图可以用于专业印刷或在线分享。

（7）桌面应用程序：ArcGIS 包括几个桌面应用程序，如 ArcCatalog 用于管理空间数据，ArcMap 用于制图和分析，ArcToolbox 提供了一系列的工具来进行更复杂的数据处理和分析。

（8）编程脚本支持：ArcGIS 内置了 ArcPy 程序语言，用户可以通过编写脚本来自动化复杂的 GIS 任务，提高工作效率。

（9）在线和离线工作环境：无论是在单机环境还是在联机环境中，ArcGIS 都能够提供相应的工具和功能，以满足不同场景下的工作需求。

3）ArcGIS 的优势

（1）丰富的功能：ArcGIS 提供了广泛的 GIS 功能，包括空间数据的显示、编辑、查询检索、统计、报表生成以及空间分析和高级制图等，能够满足专业的地理信息分析和管理需求。

（2）强大的数据管理：ArcGIS 的数据管理工具 ArcSDE 支持高效的数据存储、

检索和处理，尤其在封闭的 GeoDatabase 系统中，有许多针对性的优化，提高了数据处理的效率。

（3）伸缩性：ArcGIS 产品线可伸缩且全面，能够满足从个人用户到大型企业的不同需求，支持客户-服务器计算模式，便于在分布式环境中共享和管理 GIS 数据和资源。

（4）开发组件丰富：ArcObjects 提供了丰富的可编程组件，使得开发者可以集成全面的 GIS 功能到定制应用程序中。

（5）专业地位：作为 GIS 领域的顶流产品，ArcGIS 在全球范围内有着广泛的应用和认可，这意味着其拥有强大的社区支持和丰富的资源。

4）ArcGIS 的劣势

（1）成本问题：与一些开源 GIS 软件相比，ArcGIS 的成本较高，这可能会对预算有限的个人或组织构成一定的经济压力。

（2）学习难度：由于功能丰富和系统复杂，新手可能需要较长时间来学习如何有效地使用 ArcGIS。

（3）兼容性：虽然 ArcGIS 的 GeoDatabase 系统在内部优化方面表现出色，但这也导致与其他数据格式的兼容性问题，有时需要额外的工作来适应不同格式的数据。

（4）技术更新：本土化进展赶不上业务发展，一些功能需要二次开发才能满足业务需求。

ArcGIS 是一个功能强大、专业性强的 GIS 平台，它在地理信息管理和分析方面具有明显的优势，但同时也伴随着较高的成本等方面的挑战。对于专业人士来说，ArcGIS 是一个值得信赖的工具，但对于预算有限或对开放性有更高要求的用户，可能需要考虑其他更经济或开源的 GIS 解决方案。

数字技能

基于 ArcGIS 制作数字地图

将地图数字化的重要一步就是做好数字化图层，分层是否合理将影响数字化的效率。完成图形分层后，进行分层数字化。以下是基于 ArcGIS 软件的数字化操作流程。

1. 栅格图校准

将地图扫描后，须对扫描后的栅格图进行纠正，以确保矢量化工作顺利进行。选用 ArcGIS 中的 ArcMap。操作步骤如下。

（1）打开 ArcMap，在下拉菜单 Tool 中选择 Customize，在打开的窗口中选择 Georeferencing 项加载。

（2）把需要进行校准的栅格图增加到 ArcMap 中，之后 Georeferencing 工具条中的工具被激活。

（3）选择投影坐标系统。我们选择 1980 西安坐标系和高斯-克吕格投影方法。具体步骤如下。

① 选择 Data Management Tools 下的 Projections and Transformations l Define Projection 选项，打开 Define Projection 对话框。

② 在 Input Dataset or Feature Class 文本框中选择需要定义投影的数据。

③ Coordinate System 文本框显示为 Unknown，表明原始数据没有定义坐标系统。单击 Coordinate System 文本框旁边的图标，打开 Spatial Reference 属性对话框，设置数据的投影参数。单击 New 按钮，新建坐标系统。在 New Geographic Coordinate System 对话框中，定义地理坐标系统包括定义或选择参考椭球体、测量单位和起算经线。

在 New Projected Coordinate System 对话框中，定义投影坐标系统，需要选择投影类型、设置投影参数及测量单位等。投影坐标系统是以地理坐标系统为基础的，在定义投影坐标系统时，还需要选择或新建一个地理坐标系统，单击 New 按钮，打开 New Geographic Coordinate System 对话框，新建地理坐标系统。

④ 定义投影后，单击 OK 按钮。

（4）根据选择的点的坐标选取控制点。

（5）将 Georeferencing 工具条的 Georeferencing 菜单下的 AutoAdjust 设为不选择。

（6）放大图形到一定程度，再在 Georeferencing 工具条上，点击 Add Control Point 按钮。

（7）使用该工具在扫描图上精确到找一个控制点单击，然后点击鼠标右键，在打开的菜单中选择 Enter Coordinates 选项，在弹出的窗口中输入该点对应的实际坐标值。

（8）用上述相同的方法，在图上增加其他控制点，输入其对应的实际坐标值。

（9）可通过选择 Spataial Adjustment 下的 Link 选项中的 View Link Table，打开 Link Table，检查控制点的残差（Residual）和总的残差均方（Total RMS），对输入的值进行调整，直到吻合为止。为减少误差，可增加控制点数量并精确控制点坐标。

（10）所有控制点确定后，在 Georeferencing 菜单下，点击 Update Display。更新后，栅格图像就校准成真实的坐标。

2. 根据校准后的栅格图，分层进行图形要素的跟踪采集

通过建立新的图层，分别对每类地物进行操作，逐一数字化和编辑，注意的是做的每个图都要完全和底图的投影坐标系一样。具体步骤如下。

（1）启动 ArcCatalog。进入保存图层的文件夹，在空白处右击，选择 New 选项，并命名。新建的 shp 文件可分为点、线、多边形、多点四种类型，图层数根据需要确定。

(2) 将校准好的栅格图像和 shp 文件一起加入 ArcMap 视窗。

(3) 激活 ArcScan，进行矢量化。ArcScan 是 ArcMap 工具箱中的一个组件。在使用 ArcScan 之前，须在下拉菜单 Tool 中选择 Customize，在打开的 Toolbars 中选择 ArcScan 加载项。

2. SuperMap GIS

北京超图软件股份有限公司（以下简称"超图软件"）是一家 GIS 平台软件企业，从事地理信息系统软件的研究、开发、推广和服务。依托中国科学院强大的科研实力，超图软件立足技术创新，研发大型 GIS 基础软件系列——SuperMap GIS，该系列是二维三维一体化的空间数据采集、存储、管理、分析、处理、制图与可视化的工具软件，也是赋能各行业应用系统的软件开发平台。

历经多年的技术沉淀，超图软件构建了云边端一体化的 SuperMap GIS 产品体系，包含云 GIS 服务器、边缘 GIS 服务器、端 GIS 等多种软件产品，此外还通过 SuperMap Online 产品提供在线 GIS 服务。

在最新的 SuperMap GIS 2023 中，全新发布跨平台遥感影像处理桌面软件、跨平台电子海图生产桌面软件、Web 端三维地理设计软件，增强云 GIS 服务器、边缘 GIS 服务器、端 GIS 等产品能力。进一步完善 GIS 基础软件五大技术体系，即大数据 GIS、人工智能 GIS、新一代三维 GIS、分布式 GIS 和跨平台 GIS 技术体系，丰富和革新了 GIS 理论与技术，赋能各行业信息化。

1）SuperMap 的主要功能

SuperMap 是一款功能强大的 GIS 软件，主要具有以下功能。

（1）数据管理：SuperMap 支持多种格式的数据管理，这使得它能够处理来自不同来源的地理信息。

（2）数据处理：它能够处理矢量数据和栅格数据，这是 GIS 中较基本的两种数据类型，分别用于表示地理要素的位置和属性以及连续的地理现象。

（3）地图编辑：SuperMap 提供了地图和海图数据的编辑功能，这对于创建和维护地理数据集至关重要。

（4）空间分析：空间分析是 GIS 的核心功能之一，SuperMap 通过这一功能可以帮助用户进行地理位置分析、测距、测面积等操作，从而更好地理解和解释地理数据。

（5）二维和三维地图制图：SuperMap 支持二维和三维地图制图，这为用户提供了丰富的可视化选项，可以更直观地展示地理信息。

（6）云端共享：SuperMap 支持数据云端共享，这意味着用户可以在不同的设备和位置访问和管理地理信息。

（7）行业应用开发：SuperMap GIS 包含多种软件产品，如云 GIS 服务器、边缘 GIS 服务器等，这些产品面向各行业应用开发，适用于决策分析和大型 GIS 基础软件开发。

（8）在线 GIS 平台：SuperMap 提供在线 GIS 平台，使得用户可以通过网络进行 GIS 操作和分析。

总体来说，SuperMap 的应用领域非常广泛，从政府规划、环境保护到商业地理信息系统等，都能够发挥其强大的数据处理和分析能力。无论是需要进行地图制作、空间数据管理还是复杂的地理信息分析，SuperMap 都能满足不同用户的需求。

2）SuperMap 的优势

（1）用户友好：对于非专业人员来说，SuperMap 的操作界面相对简单直观，易于上手和使用。

（2）功能满足：SuperMap 能够满足大部分 GIS 操作的需求，无论是数据管理、地图编辑还是空间分析，它都能提供相应的功能。

（3）本地化支持：作为国产软件，SuperMap 更加符合国人的使用习惯，这在一定程度上降低了用户的学习成本。

（4）成本效益：与国际知名 GIS 软件相比，SuperMap 在价格上更具优势，为预算有限的用户提供了更多的选择。

3）SuperMap 的劣势

（1）知名度和普及度：与 ArcGIS 等国际知名 GIS 软件相比，SuperMap 在全球的知名度和普及度相对较低，这可能会影响用户在技术交流和资源获取上的便利性。

（2）专业性和高级功能：虽然 SuperMap 能够满足大部分常用功能，但对于一些高级或特定的 GIS 分析需求，它可能不如 ArcGIS 等软件专业和全面。

（3）技术支持和社区资源：SuperMap 的技术支持和社区资源可能不如 ArcGIS 丰富，这可能会在遇到问题时增加用户的解决难度。

SuperMap 是一款适合国内用户、性价比较高的 GIS 软件，尤其适合预算有限或对 GIS 操作要求不是特别高的用户。然而，对于需要高级分析和专业功能的用户，可能需要权衡其功能限制。在选择 GIS 软件时，用户应根据自己的具体需求和预算进行综合考虑。

单元测评

◆ **任务情境：**

随着物流行业的快速发展，对数据的准确性和实时性要求越来越高。某物流公司为了提高运输效率、优化配送路径和降低运营成本，决定引入 GIS 数据采集技术，对物流运输过程进行精细化管理。该物流公司采用的 GIS 数据采集系统主要包括以下几个方面。

（1）实时定位技术：通过集成 GPS、北斗等卫星定位技术，实现对运输车辆的实时定位。系统能够准确获取车辆的位置、速度、行驶轨迹等信息，为物流运输提供实时数据支持。

（2）数据采集设备：在运输车辆上安装数据采集设备，如车载终端、传感器等，实时采集车辆状态、货物状态等关键信息。这些设备能够将数据实时传输至数据中心，确保数据的准确性和实时性。

（3）数据处理与分析：数据中心接收到数据后，通过 GIS 技术对数据进行处理和分析。系统能够自动生成运输车辆的行驶轨迹图、速度曲线图等可视化图表，帮助物流企业了解运输过程中的实际情况。同时，系统还能对运输效率、配送路径等进行优化分析，为物流企业提供决策支持。

◆ 任务要求：

（1）请你结合本单元内容，分析该物流公司 GIS 数据采集系统的数据采集方式。

（2）该物流公司如何确保数据的准确性和安全性？

单元七　GIS 在物流中的应用

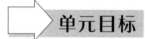单元目标

◆ 知识目标：

（1）理解 GIS 在物流行业中的应用场景，如车辆监控与调度、路线规划、仓储管理、配送优化等；

（2）理解 GIS 在物流中的数据模型和分析方法；

（3）认识 GIS 技术如何与其他物流技术集成，共同提升物流效率。

◆ 技能目标：

（1）熟悉如何利用 GIS 进行物流数据分析，为物流决策提供科学依据；

（2）能够使用 GIS 软件进行物流网络分析，例如路线规划等；

（3）掌握利用 GIS 进行物流设施布局规划和仓库位置选择的技能。

◆ 素养目标：

（1）培养空间思维和分析能力，能够从地理空间角度考虑物流问题的解决策略；

（2）增强对物流行业需求和技术发展趋势的理解，提升适应行业发展的能力；

（3）培养团队合作和沟通能力，通过团队项目实践提升协作解决问题的能力；

（4）提高创新思维和实践能力，鼓励在物流领域中尝试 GIS 技术的新应用和新方法；

（5）培养职业道德和社会责任感，确保在使用 GIS 技术时遵守相关法律法规，保护个人隐私和数据安全。

走进行业

◆ 案例情境：

我国是农业大国。随着全球经济化的发展，我国的农业水平无论从现代化程度还是发展规模来看都取得了不错的成绩。但我国地域辽阔，各种各样的农产品具有明显的区域性和季节性特点，这就提升了对农产品运输的要求。农产品物流耗时较长、耗损较大，直接导致农产品的成本提升，也间接提升了农产品的整体价格。因流通效率较低，农产品物流逐渐成为限制农业发展的重要因素。

以 GIS 技术为基础的动态物流网络系统能够为物流企业的管理人员提供对企业业务的有效分析和对全局的掌控。物流企业的仓库分布范围较广，在数据表格的统计方面工作量庞大，采用人工管理的方式难免会出现误差情况，针对此类问题，GIS 动态物流网络系统不但提供了邮编管理的功能，还能对边线进行自定义绘制，工作人员可以对不同的区域进行标记，将物流服务精细化。物流服务地区范围广泛，客户分布较多而且复杂，采用传统的表格数据形式无法精准地将仓库的距离和关系表达出来。采用 GIS 能够对地址进行匹配，将仓库的点在地图上进行分类显示，同时工作人员也能够在地图上进行编辑修改。物流企业可以对特定区域中的仓库点进行统计，GIS 具备统计功能，便于工作人员进行统计和修改。物流企业的派送服务可以通过 GIS 进行区域划分，确保工作效率，也能为企业区域划分提供有效的参考，确保区域派送车辆的调度和安排，为企业的物流管理起到指导作用。

将 GIS 技术充分地与农业物流系统进行融合，利用 GIS 技术强大的网络数据分析能力及地理数据信息收集整理能力来为农业物流路径提出更具可行性的方案。农业物流采用 GIS 技术能做到资源共用、信息共享，同时也能实现物流企业在车辆调度和交通运输规划方面的智能化发展，在建设并且完善网络信息平台的发展基础上推动农业物流的高效、合理发展。

◆ 案例要求：

（1）该案例中如何将 GIS 技术有效地集成到现有的农业物流系统中？

（2）举例说明：GIS 技术除了在农业物流方面，还有哪些方面的应用？

知识储备

一、GIS 在物流分析中的模型

GIS 应用于物流分析，主要是指利用 GIS 强大的地理数据功能来完善物流分析技术。国外公司已经利用 GIS 为物流分析提供专门的工具软件。

完整的 GIS 物流分析软件集成了车辆路线模型、网络物流模型、分配集合物流模型和设施定位模型等，如图 3-19 所示。

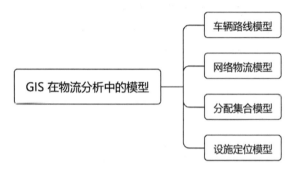

图 3-19　GIS 在物流分析中的模型类型

（一）车辆路线模型

该模型用于解决在一个起始点、多个终点的货物运输中，如何降低物流作业费用，并保证服务质量的问题。包括决定使用多少车辆、每辆车的行驶路线等。

（二）网络物流模型

该模型用于解决寻求最有效的货物分配路径问题，也就是物流网点布局问题。如将货物从 N 个仓库运至 M 个商店，每个商店都有固定的需求量，因此需要研究由哪个仓库提货送给哪个商店运输代价较小。

（三）分配集合模型

该模型可以根据各个要素的相似点把同一层上的所有或部分要素分为几个组，用以解决服务范围和销售市场范围的问题。如某一公司要设立 X 个分销点，要求这些分销点要覆盖某一地区，而且要使每个分销点的顾客数目大致相同。

（四）设施定位模型

该模型用于研究一个或多个设施的位置。在物流系统中，仓库和运输路线共同组成了物流网络，仓库处于网络的节点上，节点决定着运输路线。如何根据供求的实际需要并结合经济效益等原则，在既定区域内设立多少个仓库、每个仓库的位置和规模以及仓库之间的物流关系等，运用该模型均能很容易地得到解决。目前，我国将 GIS 应用于物流分析和物流研究还处于起步阶段。

二、GIS 在智能物流中的应用

GIS 是打造智能物流的关键技术与工具，使用 GIS 可以构建物流"一张图"，将订单信息、网点信息、送货信息、车辆信息、客户信息等数据都在"一张图"中进行管理，实现快速智能分单、网点合理布局、送货路线合理规划、包裹监控与管理。GIS 可以帮助物流企业实现基于地图的服务。GIS 在智能物流中的应用如图 3-20 所示。

GIS 在供应链中的应用

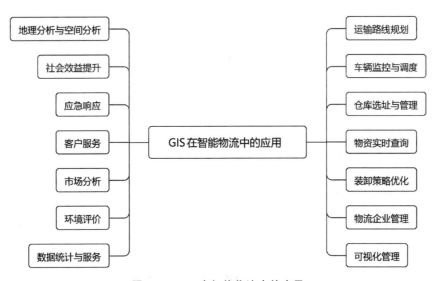

图 3-20　GIS 在智能物流中的应用

（一）运输路线规划

GIS 能够分析多种因素，如道路状况、交通流量、天气条件等，为物流企业提供最佳运输路线。这有助于减少运输时间和成本，提高运输效率。通过 GIS，企业可以模拟不同的运输方案，并选择最合适的方案。

（二）车辆监控与调度

通过集成 GPS 和 GIS 技术，物流企业可以实时监控车辆的位置和状态。这有助于企业及时了解车辆的行驶情况，预防潜在的问题，并根据实际情况调整车辆的调度策略。这可以提高车辆的利用率，降低运输成本。

（三）仓库选址与管理

GIS可以帮助企业分析市场需求、交通便利性、成本等因素，从而选择合适的仓库位置。此外，GIS还可以帮助企业管理仓库容量和库存分布，确保物资的合理存储和快速调配。

（四）物资实时查询

GIS能够提供物资实时查询功能，使得物流企业能够及时了解货物的存储和运输状况。这有助于企业及时调整物流计划，提高物流效率。

（五）装卸策略优化

通过GIS的分析功能，企业可以制定合理的装卸策略，减少物流环节中的时间和资源浪费。这有助于提高装卸效率，降低物流成本。

（六）物流企业管理

GIS还可以用于物流企业内部的管理，如员工分布、服务区域划分等。通过GIS，企业可以更好地管理其资源和人员，提高管理效率和服务质量。

（七）可视化管理

GIS提供的电子地图图形化显示和输出，增强了物流系统的可视化管理能力。这使得数据更加直观易懂，有助于企业更好地理解物流过程和结果。

（八）地理分析与空间分析

GIS强大的地理分析和空间分析功能，可以帮助企业在复杂的地理环境中做出更合理的决策。例如，通过分析地形、气候、人口分布等因素，企业可以选择最佳物流路径和策略。

（九）社会效益提升

通过GIS的空间数据和功能集成，物流企业不仅能提高物流效率，还能带来更好的社会效益。例如，通过优化运输路线和减少空驶率，可以减少环境污染和节约能源。

（十）应急响应

在突发事件或紧急情况下，GIS能够帮助物流企业快速响应。通过实时监控和分析路况信息，企业可以迅速重新规划运输路线，确保物资及时送达受影响的区域。

(十一)客户服务

GIS 还可以提供给客户更透明的物流信息。客户可以通过电子地图实时追踪货物的位置和状态,这增强了客户的满意度和信任度。

(十二)市场分析

企业可以利用 GIS 进行市场分析。通过分析不同区域的市场需求和供应情况,企业可以更好地了解市场动态,从而做出更有针对性的物流计划。

(十三)环境评价

在进行物流规划时,GIS 可以帮助企业评估其对环境的潜在影响。通过分析物流活动对空气质量、水资源、土地利用等方面的影响,企业可以选择更环保的物流方案,实现可持续发展。

(十四)数据统计与服务

将物流企业的数据信息在地图上进行可视化直观显示,通过科学的业务模型、GIS 专业算法和空间挖掘分析,洞察通过其他方式无法了解的趋势和内在关系,从而为企业制定市场营销策略、规划物流路线等。

GIS 在物流领域的应用是相当广泛的,其不仅能够提高物流效率,还能够帮助企业降低成本,提高服务质量,并在应对紧急情况时发挥重要作用。随着技术的不断进步,GIS 在物流领域的应用将会更加深入和广泛。

单元测评

◆ 任务情境:

某大型物流公司为应对市场竞争和业务增长的挑战,决定引入 GIS 技术以提升其物流运作效率和服务质量。公司希望通过 GIS 技术在车辆监控与调度、路线规划、仓储管理、配送优化等方面实现创新应用,并通过与其他物流技术的集成,共同提升物流效率。

同时,该公司还积极探索 GIS 技术与其他物流技术的集成应用。例如,将 GIS 技术与物联网技术相结合,实现货物在途信息的实时收集和传输;将 GIS 技术与大数据分析技术相结合,对物流数据进行深度挖掘和分析,为物流决策提供科学依据。

◆ 任务要求:

(1)根据本单元所学,请你分析:GIS 技术如何具体应用于车辆监控与调度?是否有具体的数据或指标来衡量应用效果?

（2）该公司在进行物流设施布局规划和仓库位置选择时，有可能使用了哪些 GIS 软件和分析工具？这些 GIS 软件和分析工具如何帮助公司做出更合理的决策？

模块综合测评

一、单选题

1. 北斗 logo 包含我国四大发明中的（　　）。
   A. 火药　　　　　　　　　　　　B. 司南
   C. 印刷术　　　　　　　　　　　D. 造纸术
2. BDS 是指（　　）。
   A. 北斗卫星导航系统　　　　　　B. 全球定位系统
   C. 格洛纳斯卫星导航系统　　　　D. 伽利略卫星导航系统
3. GPS 是指（　　）。
   A. 地理信息系统　　　　　　　　B. 全球定位系统
   C. 智能交通系统　　　　　　　　D. 管理信息系统
4. GPS 是利用分布在约（　　）千米高空的 24 颗卫星对地面进行精确定位。
   A. 1 万　　　　　　　　　　　　B. 2 万
   C. 3 万　　　　　　　　　　　　D. 4 万
5. GPS 是美国的第（　　）大航天工程。
   A. 一　　　　　　　　　　　　　B. 二
   C. 三　　　　　　　　　　　　　D. 四
6. GPS 在导航和动态定位中主要有两种定位方式：单分定位和（　　）。
   A. 差分定位　　　　　　　　　　B. 多分定位
   C. 动态定位　　　　　　　　　　D. 静态定位
7. GPS 主要应用于物流的（　　）领域。
   A. 仓储　　　　　　　　　　　　B. 运输
   C. 配送　　　　　　　　　　　　D. 搬运
8. BDS 独有的功能是（　　）。
   A. 定位　　　　　　　　　　　　B. 导航
   C. 授时　　　　　　　　　　　　D. 短报文通信
9. "北斗一号"系统的定位原理被称为（　　）。
   A. 双星定位　　　　　　　　　　B. 精准定位
   C. 无源定位　　　　　　　　　　D. 有效定位
10. 全球第一个提供三频信号服务的卫星导航系统是（　　）。
    A. GPS　　　　　　　　　　　　B. GLONASS
    C. BDS　　　　　　　　　　　　D. Galileo

11. 反映事物地理空间位置的信息，从计算机的角度可称为（　　）。
    A. 空间位置数据   B. 空间数据
    C. 地理数据   D. 文字数据
12. GIS 是指（　　）。
    A. 全球定位系统   B. 地理信息系统
    C. 智能交通系统   D. 管理信息系统
13. （　　）是 GIS 最重要的功能。
    A. 空间数据管理   B. 空间查询与分析
    C. 数据输入   D. 图形输入
14. GIS 最重要的部分是（　　）。
    A. 数据   B. 信息
    C. 地图   D. 文字

二、多选题

1. GPS 的主要特点有（　　）。
    A. 定位精度高   B. 覆盖全国范围
    C. 全天候的导航定位能力   D. 定位快
2. GPS 由（　　）组成。
    A. 空间导航卫星星座   B. 地面监控系统
    C. 手持终端   D. 用户接收机
3. GPS 信号接收机可以分为（　　）。
    A. 导航型信号接收机   B. 测地型信号接收机
    C. 车载型信号接收机   D. 授时型信号接收机
4. 全球导航卫星系统主要包括（　　）。
    A. GPS   B. GLONASS
    C. BDS   D. Galileo
5. BDS 建设遵循（　　）原则。
    A. 自主   B. 开放
    C. 兼容   D. 渐进
6. 北斗系统由（　　）组成。
    A. 空间段   B. 地面段
    C. 用户段   D. 中间段
7. 北斗定位测速授时服务的"PVT 三要素"分别指的是（　　）。
    A. 位置信息   B. 速度信息
    C. 时间信息   D. 高程信息
8. BDS 的应用领域包括（　　）。
    A. 交通运输   B. 农业
    C. 渔业   D. 防灾减灾

9. 车辆运营管理系统的组成包括（　　）。
A. GPS
B. GIS
C. 无线电通信网络
D. 多媒体

10. GIS 最简单也是最常用的分析是（　　）。
A. 查询
B. 定位
C. 分类
D. 绘图

11. 图形数据输入包括（　　）。
A. 数字化仪输入
B. 扫描仪输入
C. 键盘输入
D. 手工输入

12. 地理信息系统工作于不同的基本地理数据模式，即（　　）。
A. 矢量模式
B. 栅格模式
C. 基本模式
D. 复杂模式

13. GIS 数据库管理系统模型主要包括（　　）。
A. 单纯数据模型
B. 混合数据模型
C. 集成数据模型
D. 面向对象数据模型

14. GIS 在智能物流中的应用包括（　　）。
A. 网点标注
B. 快速分单
C. 车辆监控
D. 线路规划

15. GIS 的应用领域包括（　　）。
A. 交通
B. 国土资源
C. 电信
D. 物流

三、判断题

1. 北斗卫星导航系统是中国正在实施的自主研发、独立运行的全球卫星导航系统。　　　　　　　　　　　　　　　　　　　　　　　　　　　　　　　　（　　）

2. GPS 由空间导航卫星星座、地面监控系统与用户接收机三部分组成，其中空间导航卫星星座由 24 颗卫星（不包括备用卫星）组成。　　　　　　　　　　（　　）

3. 车辆运营管理系统仅由 GPS 和 GIS 两部分组成，不包含其他技术或设备。
　　　　　　　　　　　　　　　　　　　　　　　　　　　　　　　　　　（　　）

4. 北斗卫星导航系统通过实时跟踪与监控、精准定位、路径优化和紧急响应等功能，为物流行业提供了更加安全、可靠、高效的服务。　　　　　　　　　（　　）

5. 北斗卫星导航系统仅在交通运输和农林渔业领域得到应用，并未在其他领域产生显著的经济效益和社会效益。　　　　　　　　　　　　　　　　　　（　　）

6. 在地理信息系统中，为了逼近原图或原始数据精度，可以采用缩小单个栅格单元的方法（增加精度），但这种方法会导致数据冗余严重。　　　　　　（　　）

7. 栅格数据结构主要用于表示点状分布的地理要素，如河流、道路等。（　　）

8. ArcGIS 是德国 Esri 公司研发的产品，为用户提供一个可伸缩的、全面的 GIS 平台。　　　　　　　　　　　　　　　　　　　　　　　　　　　　　　　（　　）

9. 地理信息系统可以将分散的空间和属性信息输入计算机,并通过修改局部数据来维持整个数据库的有效性和实时性。（   ）

10. 地理信息系统中的空间位置数据仅包含点、线和面三种表示法。（   ）

四、案例分析题

1. GPS 和 BDS 是世界上两大主要卫星导航系统,分别由美国和中国独立研发建设。它们性能先进,都已经实现了全球覆盖。让人纳闷的是,同为卫星导航系统,为何两者的卫星数量有很大的差异？

2. 在信息爆炸时代,GIS 作为连接空间数据与决策制定的桥梁,正以其独特魅力在各行各业绽放异彩。GIS 不再局限于传统的地图制作和资源管理,它正以创新的方式融入我们的生活,重塑着我们理解世界的方式。请你大胆畅想 GIS 在不同行业和领域的新用途,描绘出一幅幅智慧生活的未来画卷。

参考答案

模块四 智慧物流信息交换与传输技术

模块导学

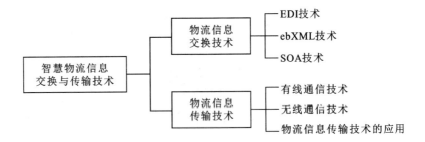

单元一 物流信息交换技术

单元目标

◆ 知识目标：
(1) 掌握 EDI 技术的基本概念、特点及作用；
(2) 了解 EDI 系统的数据标准，掌握物流 EDI 的功能与业务流程；
(3) 了解 ebXML 物流数据交换技术；
(4) 了解 SOA 物流数据交换技术。

◆ 技能目标：
(1) 掌握 EDI 的工作流程；
(2) 能够应用 EDI 解决物流供应链中的现实问题；
(3) 能为企业选取合适的数据传输方式。

◆ 素养目标：
(1) 培养学生分析问题、解决问题的能力；

(2) 培养学生的自学能力和创新精神；
(3) 培养学生的团队合作精神。

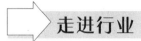
走进行业

◆ **案例情境：**

EDI 技术在沃尔玛中的应用

沃尔玛由美国零售业的传奇人物山姆·沃尔顿于 1962 年在美国阿肯色州成立。经过多年发展，沃尔玛已经成为世界上较大的连锁零售企业之一。

20 世纪 70 年代，沃尔玛建立了物流的管理信息系统（MIS），负责处理系统报表，加快了运作速度。20 世纪 80 年代初，沃尔玛与休斯公司合作发射物流通信卫星，物流通信卫星使沃尔玛实现了跳跃性的发展。1985 年，沃尔玛建立了 EDI（电子数据交换）系统，进行无纸化作业，所有信息全部在计算机上运作。同年，沃尔玛向供应商推出 EDI 系统并与供应商建立自动订货系统，进行更好的供应链协调。通过计算机联网，沃尔玛向供应商提供商业文件，发送采购指令，获取收据和货运清单等，促进了信息在供应链（包括供应商、分销商等各参与方）中的运用。这保证了零售门店与配送中心、配送中心与供应商保持同步。EDI 技术的应用，提高了自动补货系统的准确度。商品的信息直接传送到公司总部，避免了信息"扭曲"，有助于上层领导做出正确的决策。经过几年的发展，沃尔玛在 1990 年就和 5000 余家供应商中的 1800 家实现了 EDI，成为当时全美 EDI 技术的最大用户。

EDI 技术在沃尔玛中的应用，不仅仅局限在订货系统和配送系统中，在其他方面也得到了广泛的应用。例如，企业采用 EDI 技术可以更迅速、及时、准确地发送发票、采购订单和其他商业单证。提高快速提交单证的能力，加快商业业务的处理速度，真正实现"无纸化贸易"。EDI 技术在沃尔玛中发挥的主要作用如下。

（1）方便、高效的信息服务。EDI 技术将原材料的采购与生产制造、市场需求与销售、订货与库存以及金融、保险、海关等业务有机结合起来，集先进技术和科学管理于一体，极大地提高了工作效率。

（2）较低的价格成本。沃尔玛通过 EDI 技术，无论是与外部供应商的联系，还是企业内部配送中心与零售店之间的联系，都可以实现无纸化，大大降低了订单、发票、检测等单据的打印成本。同时，通过 EDI 系统，沃尔玛能够合理控制仓库的库存，降低企业的仓储成本。

（3）有利于与供应商建立稳定的战略合作关系。通过 EDI 技术，贸易双方可以了解对方企业的生产、销售状况，可以增加双方的信任程度，改变双方的贸易关系;同时,贸易双方由普通的供销关系上升到战略合作关系,稳定了合作关系。

(4) 迅速、准确的信息传递。EDI 技术以电子文件交换取代了传统的纸面市场交易文件(订单、发票、物料清单等),双方使用统一的国际标准格式文件资料,采用网络传输方式将市场交易资料迅速、准确地由一方传到另一方,保证了数据传输的及时、准确。

◆ **案例要求:**
(1) 什么是 EDI 技术?
(2) EDI 技术对沃尔玛的管理有什么影响?除了 EDI 技术,还可以采用哪些技术进行数据传输?

知识储备

一、EDI 技术

(一) EDI 技术概述

1. EDI 基本概念

《物流术语》(GB/T 18354—2021)对电子数据交换(EDI)的定义是:采用标准化格式,利用计算机网络进行结构数据传输和处理。

EDI 技术萌芽于 20 世纪 60 年代,于 20 世纪 70 年代在西方发达国家得到了迅速发展(见图 4-1)。它是随着计算机技术和网络通信技术的迅速发展应运而生的,是商贸和行政管理向现代化、自动化发展的必然结果。20 世纪 70 年代初的美国就已开始制定行业标准,于 1975 年即出现了第一个行业 EDI 标准。欧洲紧随其后,于 20 世纪 80 年代早期推出了欧洲的 EDI 标准。后来在联合国的协调和主持下制定了联合国 EDI 标准,即 1986 年颁布的 UN/EDIFACT,作为国际通用标准。20 世纪 80 年代末,我国已开始跟踪研究 EDI 技术的应用和发展。

我国 EDI 起步较晚,但因有了借鉴,故起点较高。为促进我国市场经济的发展,提升我国企业在国际上的竞争力,必须在我国大力推广应用 EDI。EDI 的推广应用基于计算机技术和网络通信技术的发展。改革开放以来,我国的计算机技术和网络通信技术已有了飞速的发展和长足的进步,国内不少大型企业已建立起了自己内部的计算机管理信息系统。作为信息高速公路的计算机通信网络在我国已初具规模,邮电部的中国互联网(ChinaNet)和信息产业部的金桥网(ChinaGBN)作为计算机通信网

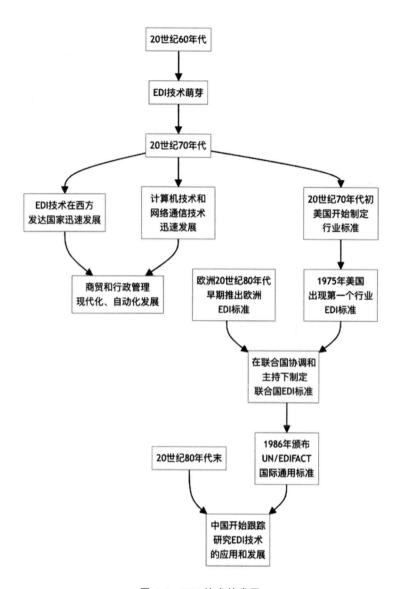

图 4-1 EDI 技术的发展

络,已覆盖了全国大部分大中城市,并作为商业网投入运营,这为我国 EDI 的推广应用提供了坚实的物质基础。邮电部的 EDI 增值网络(ChinaEDI)的建设更为推广 EDI 应用创造了良好的条件。

在物流领域,企业间往来的单证都属于物流 EDI 报文适用的范围。相关作业包括订购、进货、接单、出货、送货、配送、对账及转账作业等。近年来 EDI 在物流中广泛应用,被称为物流 EDI。

所谓物流 EDI,是指货主、承运业主以及其他相关的单位之间,通过 EDI 系统进行物流数据交换,并以此为基础实施物流作业活动的方法。物流 EDI 参与单位(见图 4-2)有承运业主(如独立的物流承运企业等)、货主(如生产厂家、贸易商等)、协助单位(如政府有关部门、金融企业等)、实际运送货物的交通运输企业(如铁路企业、水运企业、航空企业、公路运输企业等）和其他的物流相关单位（如仓储企业、配送中心等）。

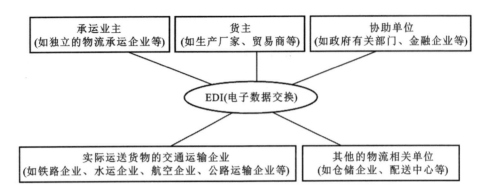

图 4-2 物流 EDI 参与单位

EDI 包含三个方面的内容：计算机应用、通信环境、网络与数据标准化。其中计算机是 EDI 的条件，通信环境是 EDT 应用的基础，网络与数据标准化是 EDI 的特征。

2. EDI 的特点

EDI 具有以下特点。

（1）EDI 的使用对象是具有固定格式的业务信息和具有经常性业务联系的单位。

（2）EDI 传送的资料是一般业务资料，如发票、订单等，而不是一般性的通知。

（3）采用共同标准化的格式，这也是与一般电子邮件的区别，如 UN/EDIFACT 标准。

（4）尽量避免人工的介入操作，而由收送双方的计算机系统直接传送，交换资料。

（5）与传真或电子邮件的区别包括：① 无须人工阅读判断处理，而传真或电子邮件，需要人工的阅读判断处理才能进入计算机系统；② 无须人工将资料重复输入计算机系统，而传真或电子邮件，需要人工将资料重复输入计算机系统，这样浪费人力资源，也容易发生错误。

3. EDI 系统分类

根据功能，EDI 系统可分为四类（见图 4-3）。

1）订货信息系统

订货信息系统是最基本的 EDI 系统。订货信息系统又可称为贸易数据互换（TDI）系统，它使用电子数据文件来传输订单、发货票和各类通知。

2）电子资金汇兑系统

第二类常用的 EDI 系统是电子资金汇兑（EFT）系统，可在银行和其他组织之间实行电子费用汇兑。EFT 系统已使用多年，但是仍在不断改进中，最大的改进是同订货信息系统联系起来，形成一个自动化水平更高的系统。

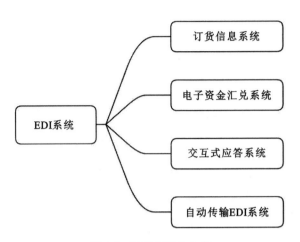

图 4-3　EDI 系统的分类

3）交互式应答系统

第三类常用的 EDI 系统是交互式应答（IQR）系统。它可应用在旅行社或航空公司作为机票预定系统。IQR 系统在应用时要显示航班的时间、票价或其他信息，然后根据旅客的要求确定航班，打印机票。

4）自动传输 EDI 系统

第四类常用的 EDI 系统是带有图形资料自动传输功能的自动传输 EDI 系统，最常见的是计算机辅助设计（CAD）图形的自动传输。例如，某设计公司完成一个厂房的平面布置图，将其平面布置图传输给厂房的主人，请主人提出修改意见。一旦该设计被认可，系统将自动输出订单，发出购买建筑材料的报告。在收到这些建筑材料后，自动开出收据。再如，某厨房用品制造公司使用 CAD 设计厨房的平面布置图，再使用 EDI 传输设计图纸、订货信息、收据等。

4. EDI 系统过程

1）工作过程

EDI 系统的工作过程如下。

（1）发送方将要发送的数据从信息系统数据库提出，转换成平面文件（也称中间文件）。

（2）将平面文件翻译为标准 EDI 报文，并组成 EDI 信件。接收方从 EDI 信箱收取 EDI 信件。

（3）将 EDI 信件拆开并翻译成平面文件。

（4）将平面文件转换并送到接收方信息系统中进行处理。

EDI 数据传输原理

2）数据接入方式

EDI 平台的数据接入方式主要有以下几种。

（1）具有单一计算机应用系统的用户接入方式。拥有单一计算机应用系统的企业规模一般不大，这类用户可以利用电话交换网，通过调制解调器直接接入 EDI 中心。

（2）具有多个计算机应用系统的用户接入方式。对于规模较大的企业，多个应用系统都需要与 EDI 中心进行数据交换（见图 4-4）。为了减少企业的通信费用和方便网络管理，一般采用联网方式将各个应用系统首先接入负责与 EDI 中心交换信息的服务器，再由该服务器接入 EDI 交换平台。

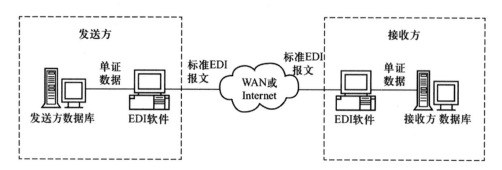

图 4-4　EDI 条件下物流单证的传递方式

（3）普通用户接入方式。普通用户使用 EDI 与其贸易伙伴进行业务数据传递时，通常通过互联网的方式接入 EDI 交换平台。

（二）EDI 系统结构

1. EDI 系统的数据标准

EDI 的关键在于用标准报文来解决企业之间单证不同与传递方式不同而引起的问题。为解决 EDI 的标准问题，联合国制定了 UN/EDIFACT 国际通用标准。

目前加入 UN/EDIFACT 的有北美洲、欧洲、亚洲、大洋洲和非洲五个洲。亚洲 EDIFACT 理事会成立于 1990 年，其正式成员包括中国。中国 EDIFACT 委员会成立于 1991 年，到 1996 年已完成对 EDIFACT 标准的研究与制定工作，至此 EDIFACT 标准通过国家技术监督局批准，正式执行。

EDIFACT 标准包括一系列涉及电子数据交换的标准、指南和规划，共有 10 个部分：

（1）语法规则。
（2）报文设计指南。
（3）语法应用指南。
（4）数据表目录。
（5）代码表。
（6）复合数据表目录。
（7）段目录。
（8）标准报文格式。
（9）贸易数据交换格式构成总览。
（10）适当的说明解释。

2. EDI 标准三要素

标准报文、数据元素、数据段称为 EDI 标准三要素。

1) 标准报文

一份报文可分成三个部分：首部、详细情况和摘要部分。报文以 UNH 数据开始，以 UNT 数据段结束。一份公司格式的商业单据必须转换成一份 EDI 标准报文才能进行信息交换。

2) 数据元素

数据元素可分为基本数据元素和复合数据元素。

基本数据元素是基本信息单元，它用于表示某些有特定含义的信息，相当于自然语言中的字。复合数据元素由一组基本数据元素组成，相当于自然语言中的词。

3) 数据段

数据段是标准报文中的一个信息行，由逻辑相关的数据元素构成。这些数据元素在数据段中有相应的固定形式、定义和顺序。

3. EDI 软硬件

实现 EDI 需要配备相应的 EDI 软件和硬件。

1) EDI 软件需求

如果企业已经有了管理信息系统，可以生成要传给交易对象的标准单证报文，并且能够利用收到的单证报文，则企业可以只使用前端软件。前端软件的功能如下：

（1）可转换各类标准报文；

（2）将企业生成的单证报文转成 EDI 标准报文，并传至网络中心。

图 4-5 所示为 EDI 软件各模块功能及相互关系。

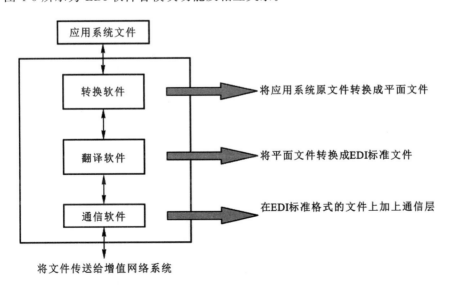

图 4-5　EDI 软件各模块功能及相互关系

EDI 软件具有将用户数据库系统中的信息译成 EDI 的标准格式，以供传输交换的功能。EDI 标准具有足够的灵活性，可以适应不同行业的众多需求。由于每个公司有其自己规定的信息格式，因此，当需要发送 EDI 报文时，需用某些方法从公司的专有数据库中提取信息，并将其翻译成 EDI 标准格式进行传输，这就需要 EDI 相关软件的帮助。

EDI 与 MIS 关系图如图 4-6 所示。

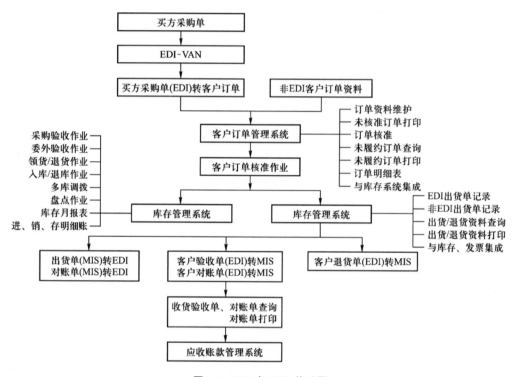

图 4-6　EDI 与 MIS 关系图

（1）转换软件。转换软件执行转换功能，可以帮助用户将原有计算机系统的文件转换成翻译软件能够理解的平面文件，或是将从翻译软件接收来的平面文件转换成原计算机系统中的文件。一个平面文件通常由长度为 80 个字符的记录组成。数据在记录中都占据固定的位置，这样翻译软件就能阅读数据，并执行翻译功能。转换软件通常是根据不同的应用程序分别设计的，一般也都是由公司内部开发的。EDI 软件包可以买到，为了执行转换，EDI 软件包都提供一个程序框架或一个代码产生器，这个代码产生器能产生一个程序框架，但最终还是要根据公司内部的应用程序来最终完成转换软件。格式转换软件也是把平面文件转换成公司格式的单证。

（2）翻译软件。翻译功能是 EDI 软件的一项主要功能，翻译软件把平面文件翻译成 EDI 标准报文，或将接收到的 EDI 标准格式翻译成平面文件，再由通信软件进行传递。翻译软件通常用表的结构来执行翻译。软件会有一张由标准数据词典和句法规则组成的表。这个标准数据词典和句法规则是针对某一给出的 EDI 标准报文的数据段及数据元素的，无论什么时候要产生一份报文，软件都会选择适当的表来执行翻译。在翻译软件把数据排列成适当的报文格式后，就执行编辑检查，以确保数据中没有错误，而且确保它们确实是相应的标准格式，然后报文被排进功能组，并产生形成功能组和交换信封的数据段。翻译软件可以接受两种输入：一是人工数据输入，在这种情况下，翻译软件把输入的数据更新格式（如把日期从月、日、年的格式转变成 EDI 的年、月、日的格式），把数据排进正确的数据元素和数据段次序，并加进分离器和终止符；二是数据文件输入，一般内部操作计算机化的公司都把产生 EDI 单据必需的大部分数据存放在数据库的文件中，计算机化的采购程序、财会系统和订单输入系统都被数据库支持。一个 EDI 单据可以由数据库的数据产生，这个程序通常是由应用程序来完成的。由于各公司应用程序数据库的结构和句法都不相同，翻译软件不能直接从数据库取出数据来产生 EDI 单据，数据库中的信息必须先被转换或被更新结构，然后才能被翻译软件阅读处理。

（3）通信软件。EDI 标准报文的实际传递是由通信软件控制的，将 EDI 标准格式的文件外层加上通信信封，再送到 EDI 系统交换中心的邮箱，或在 EDI 系统交换中心内将接收到的文件取回。

2）EDI 所需硬件设备

EDI 所需硬件设备是计算机广域网或互联网。拨号连接的网络硬件设备大致有计算机、调制解调器及电话线，所以 EDI 所需硬件设备大致有计算机、调制解调器及通信线路。

（1）计算机。目前使用的计算机，无论是个人计算机还是工作站、小型机、主机等均可利用。

（2）调制解调器。使用 EDI 来进行电子数据交换，需通过通信网络。目前采用电话网络进行通信是很普遍的方法，因此调制解调器是必备硬件设备。调制解调器的功能与传输速度，应根据实际需求而决定选择。

（3）通信线路。一般最常用的是电话线路，如果在传输时效及资料传输量上有较高要求，可以考虑租用专线。

图 4-7 所示为 EDI 解决方案。

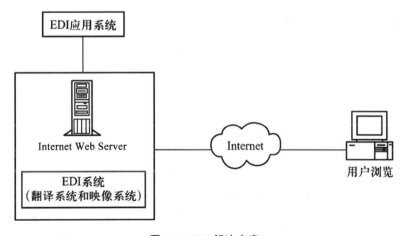

图 4-7　EDI 解决方案

标准建设

有许多行业都在推动 EDI 在零售行业的应用，以下为一些常见协会。

GS1（Globe standard 1）是 1973 年由美国统一代码委员会建立的组织，主要负责全球跨行业的产品、运输单元、资产、位置和服务等的标识标准体系和信息交换标准体系。该组织的标准涵盖供应链的诸多编码规范，并延伸到电子数据交换消息定义、射频识别和产品数据同步。

全球数据同步网络（GDSN）支持安全、持续的产品和位置信息数据同步。零售商连接到由 GS1 成员管理的数据库，供应商连接至 GS1 的全球登记处。供应商把产品数据和位置信息传送到数据库中，而零售商则只订阅所需的信息。

全球标准管理程序（GSMP）是 GS1 及其成员（尤其是零售贸易企业）定义和维系 GS1 标准的论坛。GSMP 会在制定行业标准之前定义需求及最佳实践，以支持商务及数据同步。

全球商务协会（GCI）是全球制造商、零售商及服务供应商用户群体，它负责为全球性标准化模式 GPC（全球产品分类）制定商业规则。该模式通过在产品群组识别方面自愿采用行业标准，提升制造商及零售商之间的供应链表现。

零售技术标准协会（ARTS）是专为零售业服务的标准机构，致力于通过统一标准降低成本。相对专注于 B2B 标准的 GS1，ARTS 专注于应用到应用（A2A）标准，包括零售数据模型、统一服务点、IXRetail 及 IXRetail XML 标准。

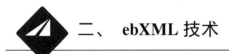

二、ebXML 技术

（一）ebXML 简介

1. ebXML 产生背景

电子商务扩展标记语言（ebXML）是联合国贸易促进和电子商务中心（UN/CEFACT）及结构化信息标准发展组织（OASIS）制定的国际标准。ebXML 起初的目的是研究和确定技术基础，该基础是基于 XML 标准化的全球实现，目标是提供一个基于 XML 的开放式的技术框架，使 XML 能在电子商务数据交换的一致性和统一性方式上被使用。该数据交换将在以下一些方面得到使用：应用到应用、应用到人和人到应用环境。这样也就创建了单一全球电子商务市场。

2. ebXML 的系统概述

在 ebXML 描述的两个贸易伙伴进行商务交易的模型中,首先要搭建应用框架,然后从事简单的商务交易。这个模型提供了配置和部署 ebXML 应用及相关体系结构部件(这些部件可以由渐进的方式实现)的所需过程和步骤:

(1) 建立一种描述商务处理流程和相关信息模型的标准机制;

(2) 建立一种注册和存储商务处理流程与信息元模型的机制,用来共享和重用;

(3) 发掘每个商务活动参与者的信息,其中包括支持的商务过程、为支持的商务过程提供的商务服务接口、各个商务服务接口之间交换的商务信息及支持的传输、安全和编码协议的技术结构;

(4) 建立一种用来注册上述信息的机制,用来查询和检索;

(5) 建立一种用来描述商业协议达成的执行机制,这一机制可以从上述参与者的信息中得到;

(6) 为贸易伙伴之间提供互用的、安全和可靠的信息交换的标准商务信息服务框架;

(7) 建立一种可用来配置各方信息服务的机制,并使商务处理流程和商业协议中的约束一致。

图 4-8 描绘了两个贸易伙伴的高层应用场景,其步骤如下。

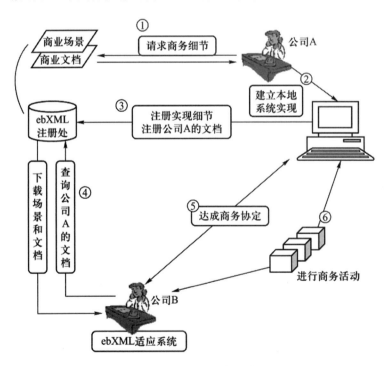

图 4-8　两个贸易伙伴的高层应用场景

第一步:公司 A 意识到可以通过 Internet 来注册 ebXML。

第二步:公司 A 在了解了 ebXML 注册的流程后,决定建立一个自己的 ebXML 应用。

第三步：加入 ebXML 并不需要客户端软件的建立作为前提。ebXML 应用和相关软件可以通过商业的办法获得。公司 A 向 ebXML 注册处提交了其商务介绍信息。提交到 ebXML 注册处的商务介绍信息描述了公司 A 的 ebXML 能力和约束，以及公司支持的商务活动。这些商务活动是公司所从事商务过程和相关信息的 XML 版本。当有关商务活动格式和用途确认后，公司 A 会收到一个确认信息。

第四步：公司 B 在 ebXML 注册处发现了公司 A 的商务活动。公司 B 发给公司 A 一个请求，要求使用 ebXML 来处理商务活动。

第五步：在双方开始商务活动之前，公司 B 直接向公司的 ebXML 适应软件接口提交一个提议的商务安排。这个提议的商务安排描述了双方在商务活动和特定协议上达成的协定，同时包括与开展贸易、连续的计划和安全要求相关的信息。

第六步：公司 A 接受这个商务协定。于是公司 A 和公司 B 就可以利用 ebXML 进行商务活动。

3. ebXML 的功能

1) 实现阶段

实现阶段（见图 4-9）是生成 ebXML 结构的过程。如果一个贸易伙伴想要通过 ebXML 来交易的话，它必须首先获得 ebXML 说明。贸易伙伴研究这些说明，然后下载核心库和商务库。贸易伙伴同时可以请求得到其他贸易伙伴的商务过程信息（保存在其商业文档中）用来分析。

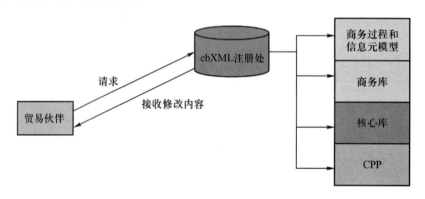

图 4-9 功能视图——实现阶段

2) 发现和检索阶段

发现和检索阶段（见图 4-10）包含了发现与 ebXML 相关的资源的所有方面。一个已经实现了 ebXML 商务服务接口的贸易伙伴现在可以开始进行发现和检索。一个可行的发现方法就是请求获得另一个贸易伙伴的协作协议文档用来升级核心库，ebXML 商务服务接口必须支持升级过的或者新的商务过程和信息元模型。正是在这个阶段，贸易伙伴发现商务信息被另一个贸易伙伴请求。

3) 运行时阶段

运行时阶段（见图 4-11）主要处理真实 ebXML 交易。在运行时阶段，使用 ebXML 消息服务在贸易伙伴之间交换 ebXML 消息。

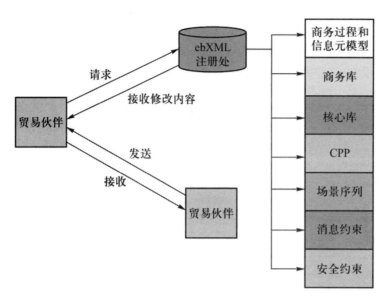

图 4-10 功能视图——发现和检索阶段

图 4-11 功能视图——运行时阶段

注意：在运行时阶段不能访问注册处。如果在运行时阶段需要访问注册处的话，则须退回到发现和检索阶段。

4）ebXML 的一致性

ebXML 的一致性被定义为 ebXML 体系的一致性和每个 ebXML 说明的一致性。当 ebXML 说明的要求被满足时，互用性和开放式交换才有可能达到。

三、SOA 技术

（一）SOA 简介

1. SOA 的定义

SOA 即面向服务架构，其定义为：本质上是服务的集合。服务间彼此通信，这种通信可能是简单的数据传送，也可能是两个或更多的服务协调进行某些活动。服务间需要某些方法进行连接。所谓服务，就是精确定义、封装完善、独立于其他服务所处环境和状态的函数。

SOA 的概念

2. SOA 的用途

SOA 是一种应用框架，它着眼于日常的业务应用，并将其划分为单独的业务功能和流程，即所谓服务。SOA 使用户可以构建、部署和整合这些服务，且无须依赖应用程序及其运行计算平台，从而提高业务流程的灵活性。这种业务灵活性可使企业加快发展速度，降低总体拥有成本，改善对及时、准确信息的访问。SOA 有助于实现更多的资产重用、更轻松的管理和更快的开发与部署。在当今的业务环境中，变化是毫无疑问的，因此快速响应客户需求、市场机遇和外部威胁的敏捷性比以往任何时候都更重要。

3. 服务的概念

服务是一个外在的、独立执行的接口。服务通过强调地点透明和协调工作的能力的通信协议来进行松散限定和调用。服务封装了可重用的商务功能。

图 4-12 所示为 SOA 核心概念图。

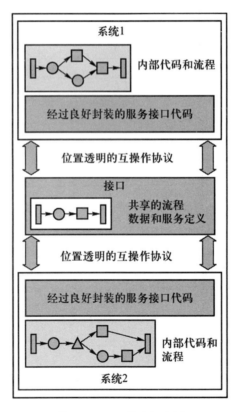

图 4-12 SOA 核心概念图

（二）SOA 的特征

实施 SOA 的关键目标是实现企业 IT 资产的最大化重用。要实现这一目标，就要在实施 SOA 的过程中牢记以下特征（见图 4-13）。

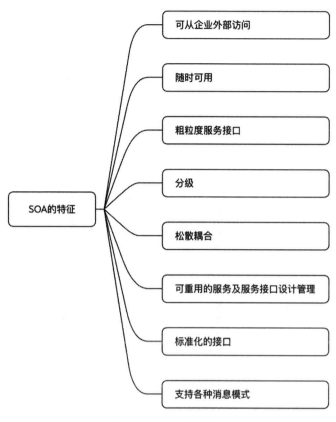

图 4-13 SOA 的特征

1. 可从企业外部访问

通常被称为业务伙伴的外部用户也能像企业内部用户一样访问相同的服务。业务伙伴采用先进的 B2B 协议相互合作。当业务伙伴基于业务目的交换业务信息时，其就参与了一次会话。会话是业务伙伴间一条或多条业务信息的交换。会话类型（会话复杂或简单、长或短等）取决于业务目的。除了 B2B 协议外，外部用户还可以访问以 Web 服务方式提供的企业服务。

2. 随时可用

当有服务使用者请求服务时，SOA 要求必须有服务提供者能够响应。大多数 SOA 都能为门户应用之类的同步应用和 B2B 之类的异步应用提供服务。

3. 粗粒度服务接口

粗粒度服务提供一项特定的业务功能，而细粒度服务代表了技术组件方法。采用粗粒度服务接口的优点在于使用者和服务层之间不必进行多次的往复，一次往复就足够。Internet 环境中有保障的 TCP/IP 会话已不再占据主导，建立连接的成本也过高，因此在该环境中进行应用开发时粗粒度服务接口的优点更明显。

4. 分级

一个关于粗粒度服务的争论是此类服务比细粒度服务的重用性差。粗粒度服务倾向于解决专门的业务问题，因此通用性差、重用性设计困难。解决该争论的方法之一就是允许采用不同的粗粒度等级来创建服务。这种服务分级包含粒度较细、重用性较高的服务，也包含粒度较粗、重用性较低的服务。

5. 松散耦合

SOA 具有松散耦合组件服务，这一点区别于大多数其他组件架构。该方法旨在将服务使用者和服务提供者在服务实现和客户如何使用服务方面隔离开来。服务提供者和服务使用者间松散耦合背后的关键点是服务接口作为与服务实现分离的实体而存在，从而实现在不影响服务使用者的情况下修改服务提供者。

6. 可重用的服务及服务接口设计管理

如果完全按照可重用的原则设计服务，SOA 将可以使应用变得更为灵活。可重用的服务采用通用格式提供重要的业务功能，为开发人员节约了大量时间。设计可重用的服务是与数据库设计或通用数据建模类似的最有价值的工作。服务设计是成功的关键，因此 SOA 实施者应寻找一种适当的方法进行服务设计过程管理。

7. 标准化的接口

近年来出现的两个重要标准 XML 和 Web 服务增加了全新的重要功能，将 SOA 推向更高的层面，并大大提升了 SOA 的价值。尽管以往的 SOA 产品都是专有的并且要求 IT 部门在其特定环境中开发所有应用，但 XML 和 Web 服务标准化的开放性使企业能够在部署的所有技术和应用中采用 SOA。这具有重要意义。

8. 支持各种消息模式

在一个 SOA 的实现中，常会出现混合采用不同消息模式的服务。SOA 中可能存在以下消息模式。

（1）无状态的消息。服务使用者向服务提供者发送的每条消息都必须包含提供者处理该消息所需的全部信息。这一限定使服务提供者无须存储服务使用者的状态信息，从而更易扩展。

（2）有状态的消息。服务使用者与服务提供者共享服务使用者的特定环境信息，此信息包含在服务提供者和服务使用者交换的消息中。这一限定使服务提供者与服务使用者间的通信更加灵活，但由于服务提供者必须存储每个使用者的共享环境信息，其整体可扩展性明显减弱。该限定增强了服务提供者和使用者的耦合关系，提高了交换服务提供者的服务难度。

（3）等幂消息。向软件代理发送多次重复消息的效果和发送单条消息相同。这一限定使服务提供者和使用者能够在出现故障时简单地复制消息，从而改进服务的可靠性。

单元测评

◆ 任务情境：

随着全球化的加速和企业间合作的日益紧密，EDI 技术在供应链管理中扮演着越来越重要的角色。EDI 能够实现企业间信息的自动化交换，提高数据处理速度和准确性，降低成本，并优化供应链管理流程。

◆ 任务要求：

学生分成若干小组。每组选择一个供应链场景（如零售商与供应商之间的订单交换），并确定各自的角色（如零售商、供应商、物流商等）。使用模拟软件或在线平台，模拟 EDI 文档的生成、发送和接收过程。学生需根据所选场景，创建并发送相应的 EDI 报文（如采购订单、发货通知等）。接收方需解析报文，并根据报文内容做出相应的业务处理。每组准备一份项目报告，详细记录模拟过程、数据分析结果和优化建议。

单元二　物流信息传输技术

单元目标

◆ 知识目标：

（1）了解有线及无线通信技术的类型和特点；
（2）理解无线通信技术的原理。

◆ 技能目标：

（1）熟悉无线通信技术的种类；
（2）能够区分有线传输技术和无线传输技术；
（3）掌握无线传输技术在物流中的应用。

◆ 素养目标：

（1）培养学生勤于思考、善于发现问题的能力；
（2）培养学生分析问题、应用传输技术解决现实物流问题的能力；
（3）培养学生爱岗敬业的情怀。

◆ 案例情境：

冷链数据种类不齐全、冷储信息缺乏管理、信息无法实时共享是农产品冷储的一大痛点。农产品采摘之后一旦入库，生产者和管理者就无法再去了解冷库内部的冷储情况，对于农产品是否预冷到合适的温度，长期储存时温度和湿度是否符合标准一概不知。预冷不到位、冷储不达标将会缩短农产品保鲜时效，影响后续的运输和销售。而且长期储存中因各种意外出现冷储失效时管理者也并不知情，无法及时处理，以致造成农产品的损耗。其新型冷链仓的系统整体方案设计如图 4-14 所示。

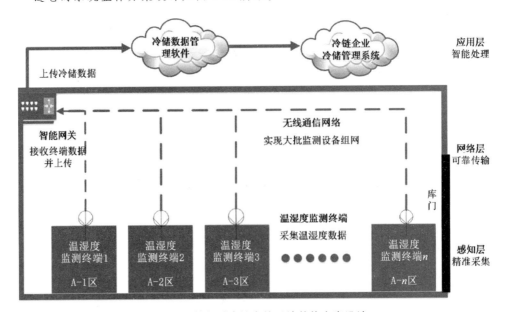

图 4-14　某新型冷链仓的系统整体方案设计

◆ 案例要求：

通过什么物流技术，能够更好地满足客户的需求，使该冷链仓完成对农产品的实时监控？

一、有线通信技术

有线通信技术的实质是借用一些实体媒介（如金属导线、光缆等）进行信息输送,日常生活中常常使用通信线缆或光缆来完成信息传输工作。相较于无线通信技术,有线通信技术虽然需要实体传输媒介的帮助才能进行信息传输,却具有无线通信技术所不具备的高稳定性。有线通信技术还能充分保证高速地传输信息,并不会因外界因素的干扰导致信息传输过程出现紊乱。并且,有线通信技术产生的辐射比无线通信技术更小。

(一)有线通信技术的类型和特点

有线通信是现代通信方式中的一种,现代有线通信即指有线电信,其将声音、文字、图像等转换为电信号或光信号,并通过通信线缆、光缆等有形传输介质进行信息传输。

比如,对语音信息采用调制解调技术,在金属电缆中进行传输;对图文信息采用图文交换等信息技术处理,在线缆中实现端到端、点对点的信息传输。有线通信一般采用电线或光缆作为传输介质,为远程有线通信创造一条纵横交错的传输路径。有线通信可分为以下四种类型(见图4-15)。

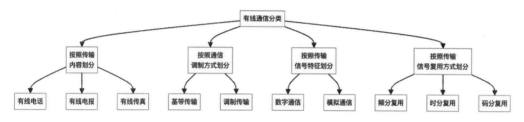

图4-15 有线通信技术的类型

(1)按照传输内容划分为有线电话、有线电报、有线传真等。
(2)按照通信调制方式划分为基带传输、调制传输等。
(3)按照传输信号特征划分为数字通信、模拟通信等。
(4)按照传输信号复用方式划分为频分复用、时分复用、码分复用等。

有线通信具有通信范围广、传输距离远、稳定性高、通信保密性好、不易受电磁干扰等特点。随着光纤通信的不断进步,有线通信进入了一个全新的发展阶段。

1. 光纤通信技术的原理

光纤通信是利用光波作载波、以光纤作为传输介质,将信息从一处传至另一处的通信方式。光纤通信技术的传送媒介是光导纤维,依靠光信号进行通信传播,具有传输频带宽、抗干扰能力强、信号衰减小、安全性较高以及传播速率较快的优点,远优于电缆、微波通信传输技术,已成为现代通信中的主要传输方式之一。在光纤通信技术的实际应用中,光纤通信系统使用的是多根光纤聚集起来的光缆,而不只是单根光纤。

2. 光纤通信技术的特点

光纤通信技术的特点(见图4-16)如下。

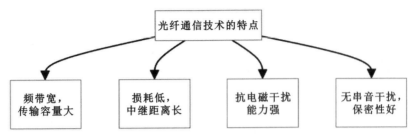

图 4-16 光纤通信技术的特点

1）频带宽，传输容量大

与铜线相比，光缆的传送宽度大得多。数据传输容量的大小和光缆长度并没有直接关系。对于光纤通信设备来说，随着终端设备的发展以及密集波分复用技术的发展，其具备了带宽大和数据传输容量大的优点。

2）损耗低，中继距离长

与其他传输媒介相比，光纤传输产生的能耗极低。在相同传输距离下，光缆中使用信号中继器的数量远远少于传输电缆中使用信号中继器的数量，充分说明了光纤通信能够降低信息传输成本，可以创造良好的经济效益。

3）抗电磁干扰能力强

石英具备较强的绝缘性和抗腐蚀性。石英能较好地隔离电气，且能在很大程度上避免电磁干扰，不会导致发生接地回路的情况。因此，在光纤传输过程中，信息传输不会受到外界因素的干扰，也不会被其他近距离的线缆所影响，十分适用于强电区域的通信。

4）无串音干扰，保密性好

在电磁波传输过程中，很容易出现电磁波泄露的情况，安全性和保密性较差。而当光波在光纤上传递时，不会受到串扰影响，其安全性和保密性较好。另外，光纤还具有纤径小、重量轻、便于铺设、原材料丰富、成本低、耐温性能好、使用年限长等优点。

（二）有线通信技术的发展现状

有线通信技术的信息传输需要借助有形的实体媒体才能有效进行。有线通信技术能够将声音、文字以及图像等信息转换为电信号或光信号，在电缆或光缆中进行大面积的信息传输。有线通信技术难以被外界因素影响，且有着较强的保密性，能有效防止信息泄露。以往采用的有线通信方式通常存在传输线路铺设工程造价过高、设备养护维修成本较高以及铺设线路难度较大等问题。

在我国目前的通信网络中，有线网络是主要组成部分，具体表现为有线线路的接入，这要求相关工作人员按照铺设标准对有线通信网络进行铺设，从而保证有线通信网络的良好接入。有线通信技术的进一步推广促进了语音服务行业的高速发展，对我国移动电话行业的发展产生了较大冲击，导致传统语音服务行业快速衰落。但是，有线通信技术的语音服务还存在较多问题。光纤通信技术作为新兴的通信技术，具有极高的应用价值，已经得到了广泛应用。对光纤通信的进一步研究，可以帮助大容量信息进行快速传递，同时确保相关信息传输具有较强的抗干扰能力。

产业体系与物流发展

5G-A 作为 5G 向 6G 发展的演进技术，可满足未来更复杂、更高要求的应用场景需求，中国移动 5G-A 技术已进入商用冲刺阶段。中国移动河北公司在 5G-A 创新方面快马加鞭，不断加快推动 5G-A 技术演进与规模化创新应用。目前，中国移动河北公司 5G-A 无源物联网络已在仓储物流领域实现率先落地，为行业应用发展与技术演进积累重要经验。

河钢集团邯宝钢铁车间内，冷轧钢卷快速定位、交接盘库、货物出库校验等流程均已实现智能化，在中国移动河北公司 5G-A 无源物联设备的支持下，出入库货物自动记录，自动识别绑定及解绑货物、托盘、库位等信息，工作效率大大提升。

钢卷的入库、出库、移库等操作必须通过天车。一方面，中国移动河北公司在天车轨道和天车夹钳上分别安装了 RFID 位置标签和激光测距模组，通过天车夹钳操作时的近距离识别，确定钢卷库位并更新到系统；另一方面，在天车上部署无源物联读写器，由天车走过整个成品库即可完成钢卷是否在库盘点，实现了仓库"到货检验—入库调拨—移库移位—库存盘点—出库校验"全流程作业数据的自动化管理，有效提升了仓储管理的数字化与智能化水平。保定物流中心 3000 平方米区域实现批量化自动盘点，盘存效率、管理效率实现大幅提升。

（三）有线通信技术的发展趋势

1. 融合发展趋势

如今，互联网已成为全世界资讯传递的强大纽带，大大方便了社会大众的生产与生活。通过互联网，人们既能够快速得到较完整、全面的资讯，又能冲破时空的限制进行信息交流与共享。有线通信技术与无线通信技术的结合，产生了现在的互联网时代。同时，随着人们对互联网需求的增加，由于无线节点在有线通信网络系统正常运转的基础上方可应用，因此需要大幅提高有线通信技术水平，方可带来更多的无线节点。宽带在中国的迅速发展，使得通信技术在未来的发展前景将更加广阔。只有通过线路改造，更新设备资源，才能实现对有线通信网络系统的全面覆盖。各大通信运营商利用有线通信技术的优势，在高速公路、商业街、居民区等范围进行了网络化施工。无线通信技术、有线通信技术相互紧密融合，相辅相成。无线通信技术要实现高速化传播，必须仰仗有线通信技术来实现无线连接。

2. 智能化发展趋势

智能化是通信领域未来发展的重要方向之一，研发智能化系统将是有线通信领域发展的大趋势，而电缆也会成为智能化系统的外围设备的重要接口。在网络带宽的扩展进程中，设计工作越来越灵活，不必集中于主从处理器设计工作，研发智能化网络将是有线通信发展的重要目标。

3. 各种新技术日渐交融

随着科技的高速发展，各个行业和领域都深受影响。有线通信技术、网络宽带技术日渐交融，有利于实现更大的应用价值。在各种新技术层出不穷的时代，大众对通信传输的要求不断提高，网络发展必将朝着高速化、高兼容、智能化方向前进。通信运营商也要不断提升通信技术来满足网络建设需求，实现高速传输、大容量数据处理。尤其是智能化网络的应用，对通信业务管理能力、灵活度、网络安全性等都提出挑战，通信运营商必须优化与更新网络来满足日渐提高的通信需求。通信技术的发展也推动了芯片、模块、光学元件等技术节点的变革，要以通信网络的高速、安全、大容量作为发展的核心方向。

产业数字化

珠三角制造业数字化转型提速　产业集群优势为企业赋能

广东制造业数字化转型不断加速，目前已有约 1.5 万家企业实现转型，约 50 万家企业"上云上平台"，并培育出一批工业互联网"双跨"平台。

在广东佛山的美的微波炉顺德工厂里，各类 AGV 小车穿梭不停，"无人化高速冲床"的机械臂运作着，无数的数据在中控台和设备间流动。通过研发、制造、采购等全价值链数字化运营，工厂产品品质指标提升 15%，订单交付期缩短 53%，端到端渠道库存占比下降 40%。

美的从 2012 年开始数字化转型，到 2019 年，员工数减少 4 万人，企业营收增加 1500 亿元。数字化转型为传统制造业注入强大的高质量发展动力。

当前在珠三角制造业数字化转型中，数字技术及系统不断涌现。比亚迪推出 DiLink 智能网联系统，开放汽车 341 个传感器和 66 项控制权，实现了汽车业态从封闭走向开放。

华为、美的、腾讯和树根互联等一批国家级的工业互联网"领头羊"快速壮大。截至 2020 年底，华为在全国形成了 40 多个工业互联网创新中心，为 30 多个产业集群 2 万多家工业企业提供数字化转型服务。树根互联研发出支持数字建模的物联网系统 IIoT 平台和工业 AI 等技术，介入 81 个细分工业行业中，连接工业设备达 85 万台。

更重要的是，不只企业个体数字化转型，产业集群也在数字化转型。佛山顺德小家电产业集群通过数字化整合全产业链，帮助 200 家小企业交货周期减少 1/3、人均产值提升 1/3、服务人员减少 1/3。东莞松山湖电子信息产业集群联合华为推出 10 类工业互联网解决方案，助力 70 多家制造企业运用工业互联网实施数字化改造，研发效率平均提升 30%，生产效率提升 11%。

作为改革先行地，珠三角制造业不仅需要通过数字化发展推动高质量发展，更需要以自身行动为中国制造探索工业 4.0 时代的发展之路。

二、无线通信技术

（一）无线通信系统的种类

无线通信系统可以根据传输信号形式、无线终端状态和电磁波波长进行分类（见图 4-17）。

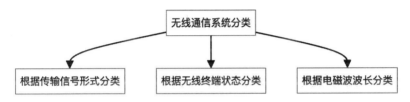

图 4-17　无线通信技术的种类

1. 根据传输信号形式分类

根据传输信号形式，无线通信系统可以分为模拟无线通信系统和数字无线通信系统（见图 4-18）。

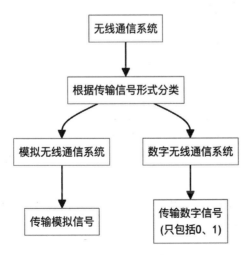

图 4-18　无线通信根据传输信号形式分类

(1)模拟无线通信系统。模拟无线通信系统是将采集的信号直接进行传输,传输的是模拟信号。

(2)数字无线通信系统。数字无线通信系统是将采集的信号转变为数字信号后再进行传输,传输的信号只包括数字 0、1。数字无线通信系统正在逐步取代模拟无线通信系统。

2. 根据无线终端状态分类

根据无线终端状态,无线通信系统可以分为固定无线通信系统和移动无线通信系统(见图 4-19)。

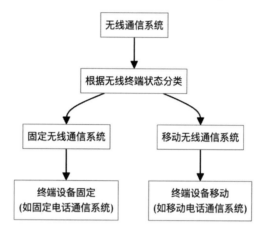

图 4-19 无线通信根据无线终端状态分类

(1)固定无线通信系统。固定无线通信系统的终端设备是固定的,如固定电话通信系统。

(2)移动无线通信系统。移动无线通信系统的终端设备是移动的,如移动电话通信系统。

3. 根据电磁波波长分类

根据电磁波波长,无线通信系统可以分为长波无线通信系统、中波无线通信系统、短波无线通信系统、超短波无线通信系统、微波无线通信系统等(见表 4-1)。

表 4-1 无线通信技术根据电磁波波长分类表

分类	长波无线通信系统	中波无线通信系统	短波无线通信系统	超短波无线通信系统	微波无线通信系统
波长	>1000m	100~1000m	10~100m	1~10m	<1m
频率	<300kHz	300~3000kHz	3~30MHz	30~300MHz	>300MHz

(1)长波无线通信系统。长波无线通信系统是指利用波长大于 1000m、频率低于 300kHz 的电磁波进行的无线电通信,也称低频通信。它可细分为在长波(波长为 1~10km、频率为 30~300kHz)、甚长波(波长为 10~100km、频率为 3~30kHz)、特长波(波长为 100~1000km、频率为 300~3000Hz)、超长波(波长为 1000~

10000km、频率为 30～300Hz）和极长波（波长为 10000～100000km、频率为 3～30Hz）的通信。

（2）中波无线通信系统。中波无线通信系统是指利用波长为 100～1000m、频率为 300～3000kHz 的电磁波进行的无线电通信。

（3）短波无线通信系统。短波无线通信系统是指利用波长为 10～100m、频率为 3～30MHz 的电磁波进行的无线电通信。

（4）超短波无线通信系统。超短波无线通信系统是指利用波长为 1～10m、频率为 30～300MHz 的电磁波进行的无线电通信。

（5）微波无线通信系统。微波无线通信系统是指利用波长小于 1m、频率高于 300MHz 的电磁波进行的无线电通信。它可细分为分米波（波长为 100～1000mm、频率为 300～3000MHZ）、厘米波（波长为 10～1100mm、频率为 3～30GHz）、毫米波（波长为 1～10mm、频率为 30～300GHz）和亚毫米波（波长为 0.1～1mm、频率为 300～3000GHz）波段的通信。

（二）无线通信的基本原理

无线通信是利用电波信号可以在自由空间中传播的特性进行信息交换的一种通信方式，在移动中实现的无线通信又称移动通信，人们把两者合称为无线移动通信。简单地讲，无线通信是仅利用电磁波而不通过线缆进行的通信。

1. 无线频谱

所有无线信号都是随电磁波通过空气传输的，电磁波是由电子部分和能量部分组成的能量波。声音和光是电磁波的两个例子。无线频谱（也就是说，用于广播、蜂窝电话以及卫星传输的波）中的波是不可见也不可听的——至少在接收器进行解码之前是这样的。

无线频谱是用于远程通信的电磁波连续体，这些波具有不同的频率和波长。无线频谱包括 9kHz～300000GHz 之间的频率。每一种无线服务都与某一个无线频谱区域相关联。例如，AM 广播涉及无线通信波谱的低端频率，使用 535～1605kHz 之间的频率。无线频谱是所有电磁波谱的一个子集。在自然界中还存在频率更高或者更低的电磁波，但是它们没有用于远程通信。低于 9kHz 的频率用于专门的应用，如野生动物跟踪或车库门开关。频率高于 300000GHz 的电磁波对人类来说是可见的，正是由于这个原因，它们不能用于通过空气进行通信。例如，我们将频率为 428570GHz 的电磁波识别为红色。全世界的国家就无线远程通信标准达成协议是非常重要的。ITU 就是管理机构，它确定了国际无线服务的标准，包括频率分配、无线电设备使用的信号传输和协议、无线传输及接收设备、卫星轨道等。如果政府和公司不遵守 ITU 标准，那么在制造无线设备的国家之外就可能无法使用它们。

2. 无线传输的特征

虽然有线信号和无线信号具有许多相似之处，例如协议和编码的使用，但是空气的本质使得无线传输与有线传输有很大的不同。当工程师们谈到无线传输时，他们是将空气作为无制导的介质。空气没有提供信号可以跟随的固定路径，所以信号的传输是无制导的。正如有线信号一样，无线信号也是源于沿着导体传输的电流。电子信号从发射器到达天线，然后天线将信号作为一系列电磁波发射到空气中。信号通过空气传播，直到其到达目标位置为止。在目标位置，另一个天线接收信号，一个接收器将它转换回电流。注意，在无线信号的发送端和接收端都使用了天线，而要交换信息，连接到每一个天线上的收发器都必须调整为相同的频率。

3. 天线

每一种无线服务都需要专门设计的天线。服务的规范决定了天线的功率输出、频率及辐射图。天线的辐射图描述了天线发送或接收的所有电磁能的三维区域上的相对长度。定向天线沿着一个单独的方向发送无线电信号。这种天线用在来源需要与一个目标位置（如在点对点连接中）通信时。定向天线还可能用在多个接收节点排列在一条线上时。或者，它可能用在维持信号在一定距离上的强度比覆盖一个较广的地理区域更重要时，天线可以使用它的能量在更多的方向发送信号，也可以在一个方向上发送更长的距离。使用定向天线无线服务的例子包括卫星下行线路和上行线路、无线LAN等。与之相比，全向天线在所有的方向上都以相同的强度和清晰度发送和接收无线信号。这种天线用在许多不同的接收器都必须能够获得信号时，或者用在接收器的位置高度易变时。电视台和广播站使用全向天线，大多数发送移动电话信号的发射塔也是如此。

无线信号传输中的一个重要考虑是天线可以将信号传输的距离扩大，同时还使信号能够足够强，能够被接收机清晰地解释。无线传输的一个简单原则是，较强的信号能比较弱的信号传输得更远。正确的天线位置对于确保无线通信系统的最佳性能也是非常重要的。用于远程信号传输的天线经常安装在塔上或者高层的顶部。从高处发射信号确保了更少的障碍和更好的信号接收。

4. 信号传播

在理想情况下，无线信号直接在从发射器到预期接收器的一条直线中传播。这种传播被称为"视线"，其使用很少的能量，并且可以接收到非常清晰的信号。不过，因为空气是无制导介质，而发射器与接收器之间的路径并不是很清晰，所以无线信号通常不会沿着一条直线传播。当一个障碍物挡住了信号的路线时，信号可能会绕过该物体或被该物体吸收，也可能发生以下任何一种现象：反射、衍射或者散射。物体的几何形状决定了将发生这三种现象中的哪一种。

1）反射、衍射和散射

无线信号传输中的反射与其他电磁波（如光或声音）的反射没有什么不同，波遇到一个障碍物并反射或者弹回到其来源。对于尺寸大于信号平均波长的物体，无线信号将会弹回。例如微波炉，微波的波长小于 1m，所以一旦发出微波，它们就会在微波炉的内壁（通常至少有 15cm 长）上反射。究竟哪些物体会导致无线信号反射，取决于信号的波长。在无线 LAN 中，可能使用波长在 1~10m 之间的信号，因此这些物体包括墙壁、地板、天花板及地面。

在衍射中，无线信号在遇到一个障碍物时将分解为次级波。次级波继续在它们分解的方向上传播。如果能够看到衍射的无线电信号，则会发现其在障碍物周围弯曲。带有锐边的物体包括墙壁和桌子的角会导致衍射。

散射就是信号在许多不同方向上扩散或反射。散射发生在一个无线信号遇到尺寸比信号的波长更小的物体时。散射还与无线信号遇到的表面的粗糙度有关。表面越粗糙，信号在遇到该表面是就越容易散射。在户外，树木和路标都会导致移动电话信号的散射。

另外，环境状况（如雾、雨、雪）也可能导致反射、衍射和散射。

2）多路径信号

由于反射、衍射和散射的影响，无线信号会沿着许多不同的路径到达目的地。这样的信号被称为多路径信号。多路径信号的产生并不取决于信号是如何发出的。它们可能从来源开始在许多方向上以相同的强度辐射，也可能从来源开始主要在一个方向上辐射。不过，一旦发出了信号，由于反射、衍射和散射的影响，它们将沿着许多路径传播。无线信号的多路径性质既是优点又是缺点。一方面，信号在障碍物上反射，它们更可能到达目的地。另一方面，在办公楼这样的环境中，无线服务依赖于信号在墙壁、天花板、地板以及家具上的反射，这样最终才能到达目的地。多路径信号传输的缺点是因为其不同路径，多路径信号在发射器与接收器之间的不同距离上传播，因此同一个信号的多个实例将在不同的时间到达接收器，导致衰落和延时。

3）窄带、宽带及扩展频谱信号

传输技术根据其信号使用的无线频谱部分的大小而有所不同。一个重要区别就是无线信号使用窄带还是宽带传输。在窄带，发射器在一个单独的频率上或者非常小的频率范围内集中信号能量。与窄带相反，宽带是指一种使用无线频谱的相对较宽频带的信号传输方式。使用多个频率来传输信号被称为扩展频谱技术。换句话说，在传输过程中，信号从来不会持续停留在一个频率范围内。在较宽的频带上分布信号的一个结果是其每一个频率需要的功率比窄带信号传输更小。信号强度的这种分布使扩展频谱信号更不容易干扰在同一个频带上传输的窄带信号。

在多个频率上分布信号的另一个结果是提高了安全性。因为信号是根据一个只有获得授权的发射器和接收器才知道的序列来分布的，所以未获授权的接收器更难以捕获和解码这些信号。扩展频谱的一个特定实现是"跳频扩展频谱"。在FHSS传输中，信号与信道的接收器和发射器的同一种同步模式，在一个频带的几个不同频率之间跳跃。另一种扩展频谱被称为直接序列扩展频谱。在直接序列扩展频谱中，信号的位同时分布在整个频带上，对每一位都进行了编码，这样接收器就可以在接收到这些位时重组原始信号。

4）固定和移动

每一种无线通信都属于以下两个类别之一：固定或移动。在固定无线系统中，发射器和接收器的位置是不变的。传输天线将它的能量直接对准接收天线，因此，就有更多的能量用于该信号。对于必须跨越很长的距离或者复杂地形的情况，固定的无线连接比铺设电缆更经济。

不过，并非所有通信都适用固定无线。例如，移动用户不能要求其保留在一个位置来接收一个信号的服务。相反，移动电话、无线 LAN 以及其他许多服务都在使用移动无线系统。在移动无线系统中，接收器可以位于发射器特定范围内的任何地方，这就允许接收器从一个位置移动到另一个位置，同时还继续接收信号。

（三）无线通信的特点

无线通信是一种通信方式，它是利用电磁波信号可以在自由空间中传播的特性来实现信息交换的。在移动的过程中可以实现的无线通信又被人们称为移动通信。在此基础之上，人们把无线通信和移动通信合称为无线移动通信。无线通信技术给人们带来的好处是不可否认的。在当今社会中，无线新用户大约以每天 15 万人的速度增加，全球范围内的无线用户已经超过 2 亿人。无线通信技术越来越广泛地应用在我们每个人的日常生活中。

802.11 标准是 IEEE 制定的无线局域网标准，主要是对网络的物理（PH）层和介质访问控制（MAC）层进行了规定，其中对 MAC 层的规定是重点。各厂商的产品在同一物理层上可以互操作，逻辑链路控制（LLC）层是一致的，即 MAC 层以下对网络应用是透明的。这样就使得无线网的两种主要用途（同网段内）——多点接入和多网段互联，易于质优价廉地实现。对应用来说，更重要的是某种程度上的兼容就意味着竞争开始出现。在 MAC 层以下，802.11 标准规定了三种发送及接收技术：扩频技术、红外技术、窄带技术。

（四）无线通信的应用

> **大国工匠**

2022 年北京冬奥会和冬残奥会期间，全部赛事的指挥运行网络、赛时媒体转播传送网络和赛会基础通信服务，都通过奥运通信网络这趟"高速列车"连接到了全部场馆。张嘉和他的团队，就是这趟通信"高速列车"的建造和维护者。

延庆的小海坨山，在被选定为 2022 年北京冬奥会高山滑雪场地前，是一座没有路、气象条件较差的荒山。张嘉和他的团队的重要任务就是要在这里覆盖 5G 信号。这里最低温度零下 20 多摄氏度，为了选择最好的位置建基站，他们在 2000 多米的山上攀爬踏勘。在小海坨山举行的高山滑雪作为冬奥会快速度的项目之一，运动员从山顶下冲，最快速度可达每小时 140 千米。

为了保证通信信号的传输效果，张嘉团队多次修改基站建设方案，在极寒温度下通过徒手熔接电缆并去极低温环境下做实验等工作，特别设计了大带宽、低延时、高可靠的 5G 网络。

而张嘉和同事们打造的北京、延庆及张家口三个冬奥赛区"一张网一个标准一套指挥体系"的高速低延时稳定的网络系统，让冬奥会场馆实现了智慧运营。北京冬奥会上，每当国旗升起的那一瞬间，张嘉和他的团队都是激动万分。张嘉说，虽然他们不能像运动员一样走上赛场、站上领奖台，但是高速稳定的 5G 网络能让全世界各地的观众坐在家里的电视机前清晰地享受精彩时刻，他们一样也实现了心中的奥运梦想。

1. 5G

第五代移动通信技术（简称 5G）是一种具有高速率、低时延和大连接特点的新一代宽带移动通信技术，5G 通信设施是实现人、机、物互联的网络基础设施。

国际电信联盟（ITU）定义了 5G 的三大类应用场景，即增强移动宽带（eMBB）、超高可靠低时延通信（URLLC）和海量机器类通信（mMTC）。增强移动宽带（eMBB）主要面向移动互联网流量爆炸式增长，为移动互联网用户提供更加极致的应用体验；超高可靠低时延通信（URLLC）主要面向工业控制、远程医疗、自动驾驶等对时延和可靠性具有极高要求的垂直行业应用需求；海量机器类通信（mMTC）主要面向智慧城市、智能家居、环境监测等以传感和数据采集为目标的应用需求。

为满足 5G 多样化的应用场景需求，5G 的关键性能指标更加多元化。ITU 定义了 5G 八大关键性能指标，其中高速率、低时延、大连接成为 5G 最突出的特征，用户体验速率达 1Gbps，时延低至 1ms，用户连接能力达每平方千米 100 万个连接。

2. ZigBee 技术

ZigBee 技术主要用于无线个域网（WPAN），是基于 IEE 802.15.4 标准研制开发的，是一种介于 RFID 和蓝牙之间的技术，主要应用在短距离并且数据传输速率不高的各种电子设备之间。ZigsBee 的使用比蓝牙、高速率个域网更简单。

3. WLAN、Wi-Fi 和 WAPI

WLAN（无线局域网）是一种借助无线技术取代以往有线布线方式构成局域网的新手段，可提供传统有线局域网的所有功能，是计算机网络与无线通信技术相结合的产物。它是通用无线接入的一个子集，支持较高传输速率，利用射频无线电或红外线，借助直接序列扩频或跳频扩频等技术，甚至将来的超宽带传输技术，实现固定、半移动及移动的网络终端对 Internet 进行较远距离的高速连接访问。目前，WLAN 主要适用于手机、掌上电脑等小巧移动终端。

Wi-Fi 俗称无线宽带。无线局域网又常被称作 Wi-Fi 网络，这一名称来源于全球最大的无线局域网技术推广与产品认证组织——Wi-Fi 联盟。作为一种无线联网技术，Wi-Fi 早已得到了业界的关注。Wi-Fi 终端涉及手机、PC（笔记本电脑）、平板电视、数码相机、投影仪等众多产品。目前，Wi-Fi 网络已应用于家庭、企业以及公众热点区域，其中在家庭中的应用是较贴近人们生活的一种应用方式。由于 Wi-Fi 网络能够很好地实现家庭范围内的网络覆盖，适合充当家庭中的主导网络，家里的其他具备 Wi-Fi 功能的设备，如电视机、数码相框、照相机等，都可以通过 Wi-Fi 网络这个传输媒介，与后台的媒体服务器、电脑等建立通信连接，实现整个家庭的数字化与无线化，使人们的生活变得更加方便与丰富。目前，除了用户自行购置 Wi-Fi 设备建立无线家庭网络外，运营商也在大力推进家庭网络覆盖。今后 Wi-Fi 的应用领域还将不断扩展，在现有的家庭网、企业网和公众网的基础上向自动控制网络等众多新领域发展。

WAPI 作为我国首个在计算机网络通信领域的自主创新安全技术标准，能有效阻止无线局域网不符合安全条件的设备进入网络，也能避免用户的终端设备访问不符合安全条件的网络，实现"合法用户访问合法网络"。WAPI 安全的无线网络本身所蕴含的"可运营、可管理"等优势，已被以中国移动、中国电信为代表的极具专业能力的运营商积极挖掘并推广、应用，运营市场对 WAPI 的应用进一步促进了其他行业市场和消费者关注并支持 WAPI。

4. 短距离无线通信

蓝牙技术，实际上是一种短距离无线电技术。利用蓝牙技术，能够有效地简化笔记本电脑和手机等移动通信终端设备之间的通信，也能够成功地简化以上设备与因特网之间的通信，从而使这些现代通信设备与因特网之间的数据传输变得更加迅速高效，进而为无线通信拓宽道路。蓝牙采用分散式网络结构以及快跳频和短包技术，支持点对点及点对多点通信，采用时分双工传输方案实现全双工传输。蓝牙技术可免费使用，采用全球通用规范，在现今社会中的应用范围相当广泛。

射频识别（RFID）技术是一项利用射频信号通过空间耦合（交变磁场或电磁场）实现无接触信息传递并通过所传递的信息达到识别目的的技术。目前 RFID 产品的工作频率有低频、高频和超高频，不同频段的 RFID 产品具有不同的特性。射频识别技术被广泛应用于工业自动化、商业自动化、交通运输控制管理、防伪等众多领域。在将来，超高频的产品会得到大量的应用。

IrDA 是一种利用红外线进行点对点通信的技术，也许是第一个实现无线个人局域网（PAN）的技术。目前其软硬件技术都很成熟，在小型移动设备，如手机上广泛使用。IrDA 的主要优点是无须申请频率的使用权，因而红外通信成本低廉。它还具有移动通信所需的体积小、功耗低、连接方便、简单易用的特点，且由于数据传输率较高，适于传输大容量的文件和多媒体数据。此外，红外线发射角度较小，传输安全性较高。IrDA 的不足在于它是一种视距传输，2 个相互通信的设备之间必须对准，中间不能被其他物体阻隔，因而该技术只能用于 2 台（非多台）设备之间的连接。

WiMAX 即全球微波接入互操作系统，可以替代现有的有线和 DSL 连接方式，来提供"最后一公里"的无线宽带接入，其技术标准为 IEEE 802.16，其目标是促进 IEEE 802.16 的应用。相比其他无线通信系统，WiMAX 的主要优势体现在具有较高的频谱利用率和传输速率上，因而它的主要应用是宽带上网和移动数据业务。

超宽带（UWB）无线接入技术是一种无载波通信技术，利用纳秒至微秒级的非正弦波窄脉冲传输数据。通过在较宽的频谱上传送极低功率的信号，UWB 能在 10 米左右的范围内实现每秒数百 Mb 至数 Gb 的数据传输速率。UWB 具有抗干扰性能强、传输速率高、带宽极宽、消耗电能小、发送功率小等诸多优势，主要应用于室内通信、高速无线 LAN、家庭网络、无绳电话、安全检测、位置测定、雷达等领域。

EnOcean 无线通信标准被采纳为国际标准"ISO/IEC 14543-3-10",这也是世界上唯一使用能量采集技术的无线国际标准。EnOcean 能量采集模块能够采集周围环境产生的能量,从光、热、电波、振动、人体动作等获得微弱电力。这些能量经过处理以后,用来供给 EnOcean 超低功耗的无线通信模块,实现真正的无数据线、无电源线、无电池的通信系统。

(五)物流供应链管理中的无线传输技术应用

无线传输技术的快速发展在许多行业中带来了较大的变革,物流行业也不例外。随着无线传输技术的日益成熟和普及,物流企业开始将其应用于业务中,以提高效率、减少成本并提供更好的客户服务。

1. 物流供应链管理中的无线传输技术应用

1) RFID 技术

RFID 技术利用电磁场中的无线电波进行物品的识别和跟踪。物流企业可以在货物上附加 RFID 标签,通过 RFID 阅读器实时读取货物的信息。这种技术可以有效提高供应链管理的效率和透明度,实现准确的库存管理和快速的货物追踪。

2) 传感器技术

传感器技术可以收集和监测物流环节中的各种数据,例如温度、湿度、压力等。通过无线传输技术,这些数据可以实时传送到中央管理系统,让物流企业能够迅速了解货物状态并做出相应的调整,确保货物在整个供应链中的安全和质量。

2. 仓库管理中的无线传输技术应用

1) 无线扫描枪和条码技术

传统的仓库管理中,员工需要手动记录货物信息,非常烦琐且容易出错。通过无线扫描枪和条码技术,员工可以迅速扫描货物上的条码,将数据传输到中央数据库中,实现自动化的货物追踪和库存管理。

2) 无线物联网技术

无线物联网技术将仓库内的设备和货物互相连接,通过无线传输技术进行数据传输和控制。例如,智能货架可以通过传感器感知货物数量,当货物低于设定值时自动触发订购流程。无线物联网技术的应用大大提高了仓库管理的效率,并减少了人工错误和时间成本。

3. 运输管理中的无线传输技术应用

1) 车辆监控和导航系统

物流企业可以安装采用无线传输技术的车辆监控和导航系统,实时跟踪和监控运输车辆的位置和行驶情况。这种技术可以提高运输安全性、效率和准确性,同时还可以优化路线规划,减少交通堵塞和运输成本。

2）无人机配送

近年来，无人机配送技术得到了越来越多的关注。通过无线传输技术，物流企业可以远程控制和监控无人机，实现快速、高效和安全的货物配送。这种无人机配送在一些偏远地区或特殊环境下具有较大的潜力，可以大大缩短配送时间并降低成本。

三、物流信息传输技术的应用

在物流领域，物联网可打破地域限制，实现物物之间的信息获取、传递、存储、融合使用等，从而提高整个物流行业的信息化能力。

在智慧物流产业中，需要建立一个数据采集、动作执行、数据汇聚、网络传输、数据处理、数据分析、智慧应用、商业模式、方案集成、运营服务的端到端的完整体系架构。

标准体系框架是对标准体系的组成要素及其相互关系的描述。5G＋物联网中物流标准体系框架共包含 5 个部分，分别是总体共性标准、感知层标准、网络层标准、服务器支撑层标准和服务器应用层标准。

通过标准规范体系框架的建立，能够在物流管理领域落实示范工程建设，初步建立物流应用体系。唯有标准规范体系框架与关键技术研发有效结合，方能真正推进物流行业的健康、规范、有序发展。

5G 时代，中国物流呈现"3S"特征：智慧（Smartness）、短链（Short-chain）、共生（Symbiosis）（见图 4-20）。随着 5G＋物联网技术在物流行业中的应用，智慧物流在不远的将来不仅能提供更高效、精准、满足个性化需求的服务，还可以使整个物流体系逐渐实现运作无人化、运营智能化与决策智慧化。

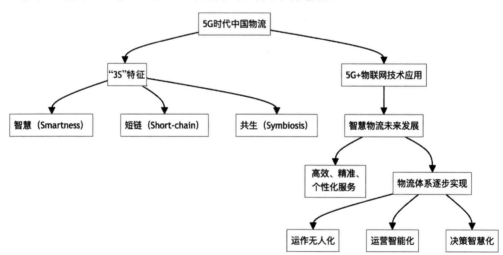

图 4-20　5G 时代中国物流的特征

"智慧"（Smartness）指在操作层面，机器人、人工智能技术使得仓储—分拣—运输—配送—客服全供应链环节智能化；在运营层面，大数据、人工智能将驱动仓运配全链路智能化；在网络协同层面，物联网、大数据及人工智能实现物流协同。

"短链"(Short-chain)指上游精准供应、精准营销、精准服务,推动整个供应链体系优化升级;短链化会推动整个供应链柔性化,降低物流不确定性和风险。

"共生"(Symbiosis)指新一代物流通过端到端一体化服务,促进品牌商与消费者的无缝连接,帮助整个流通体系去渠道化,降低库存成本;秉持绿色、共享的发展理念,以满足人民日益增长的对美好生活的需要。

基于 5G 技术延时低的特点,其主要应用是提高通信的可靠性、降低通信的延时,达到真正意义上的实时通信。物联网可以应用于物流行业的各个端,在能源供给、仓储、物流监控、用户服务等多个方面都有着用武之地。物联网涉及网络安全、信息安全和隐私权,也需要有妥善合理的处理方案。高速高宽带网络是连接基础设施层云服务器、云存储,以及平台服务层、网络层的高速高宽带交换机、路由器、光纤通信网络的通道。物联网智慧业务在落地时应根据业务应用场景、传输性能、组网特点、网络安全、标准规范、建设运营成本等,选择合适的无线、有线、卫星接入组网技术。

利用 RFID、传感器等随时随地获取物体的信息;通过各种网络融合、业务融合、终端融合、运营管理融合,将物体的信息实时准确地传递出去;利用云计算、模糊识别等各种智能计算技术,对海量数据和信息进行分析和处理,对物体进行实时智能化控制。智慧物流系统架构分为三层:应用层、网络层和感知层(见图 4-21)。

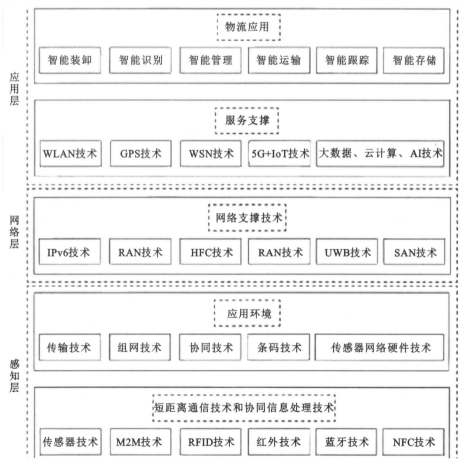

图 4-21 智慧物流系统架构

单元测评

◆ **任务情境：**

5G，是第五代移动通信技术的全称，也被认为是万物互联的开端。多位业内人士认为，5G不止给物流业带来速度上的变化，它更是具有重塑行业、推动行业快速变革的潜质。

"如果说4G改变了生活，5G则将改变世界。因为4G在带宽、时延和接入特性上仍然不能完全适应物联网、人工智能等热点技术，而5G的到来则会克服4G的诸多不足，给物流等领域带来革命性的变革。"圆通速递副总裁相峰说。

苏宁物流研究院副院长栾学锋表示，低延时的网络传输技术，让物流运作相关的信息更迅捷地触达设备端、作业端、管理端，让端到端无缝连接。物联网技术的大跨越将改变原本物流的信息都是碎片化的弊端，更加全面的环境信息被获取，形成了更具有应用价值的"数据链"。并且，人工智能在物流领域有了更多的切入点，真正让技术赋能物流产业。

以菜鸟为例，菜鸟将物联网战略定义为物流智能化发展的关键。菜鸟首席架构师许俊说，5G有助于加速自动化仓储、物流自动驾驶的布局和发展。"由于4G速率有限，行业内通常使用Wi-Fi网络调度机器人，但Wi-Fi网络覆盖范围小，需要频繁切换网络，存在网络不稳定以及网络延时等问题，影响机器人运行效率。5G时代这些问题将得到解决，仓储、分拨中心的运营更为稳定和高效。此外，菜鸟将加速物流无人车规模化应用。"

相峰认为，5G在新一代物流行业中也有一些特殊的应用场景，例如：增强现实技术实现的场景，包括协助员工完成分拣、协助快递员识别门牌号；在冷链供应的物流体系中，节点可以通过5G连接远程云物流架构实现温度调控和物品跟踪。

对于从业者来说，栾学锋认为，海量物联网、增强型户外无线宽带等网络技术的实现，进一步丰富和深化车联网的应用，对于货车行驶安全性及驾驶人员的舒适性都将带来大幅提升。运用5G、区块链、物联网技术，我们可以轻松地掌控全链路的动作和工序，通过场景互联打造智慧园区、无人仓库、无人运输、"最后一公里"无人配送，以及冷链物流等专业的细分物流领域。

5G对于物流来说，意义不言而喻。纵观技术行业的发展，底层基础技术都是优先被变革的，并且这种变革是不可逆的。技术变革是产业变革的原动力，新技术的产生必然推动社会不断进步，5G作为新的改变产业格局的突破性技术，也将推动物流产业向前发展。

◆ **任务要求：**

5G将会给物流业带来何种机遇与挑战？

模块综合测评

一、单选题

1. 采用 EDI 技术，物流的差错率从 50％ 降到 40％，每笔交易成本可以节省（　　）。
   A. 10％　　　　　　　　　　　　　　B. 15％
   C. 20％　　　　　　　　　　　　　　D. 25％
2. 早期 EDI 是（　　），靠计算机与计算机直接通信完成的。
   A. 点对点　　　　　　　　　　　　　B. 点对面
   C. 面对点　　　　　　　　　　　　　D. 面对面
3. （　　）是实现 EDI 的关键。
   A. EDI 的标准化　　　　　　　　　　B. 通信网络
   C. 计算机应用系统　　　　　　　　　D. EDI 公共信息平台

二、多选题

1. 以下属于 EDI 的组成部分的是（　　）。
   A. 计算机应用系统　　　　　　　　　B. 通信网络
   C. 传输系统　　　　　　　　　　　　D. EDI 标准
2. 以下（　　）属于光纤通信技术的特点的是（　　）。
   A. 频带宽，传输容量大　　　　　　　B. 损耗低，中继距离长
   C. 无串音干扰，保密性好　　　　　　D. 抗电磁干扰能力强
3. EDI 网络的拓扑结构分为（　　）。
   A. 集中式　　　　　　　　　　　　　B. 分散式
   C. 分布式　　　　　　　　　　　　　D. 分布集中式

三、简答题

1. EDI 技术在物流行业中是如何应用的？
2. 无线传输技术在物流行业中是如何应用的？

参考答案

模块五 [智慧物流信息新技术]

模块导学

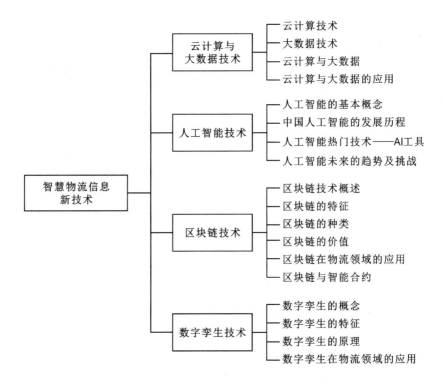

单元一 云计算与大数据技术

单元目标

◆ 知识目标：
(1) 理解云计算和大数据的概念和特点；
(2) 熟悉云计算和云物流服务模式；

(3) 熟悉大数据标准化的概念和影响；
(4) 熟悉大数据的特点。

◆ 技能目标：
(1) 掌握云计算与大数据的应用；
(2) 能够根据云计算服务模式的不同层次，理解其在实际应用中的具体运作方式，并将其运用到物流管理中；
(3) 具备利用大数据技术进行物流运营数据的实时监测、智能路线规划、库存优化等方面的应用。

◆ 素养目标：
(1) 培养学生对新兴技术和标准的敏感性，使其能够不断关注和学习行业的最新发展动态，积极探索和应用新技术、新方法，推动物流信息技术的创新与发展；
(2) 培养学生团队合作意识和沟通能力，使其能够与团队成员协作，共同完成物流信息技术项目，实现信息共享和协同决策。

走进行业

◆ 案例情境：
假设你是一家全球物流公司的管理人员，负责管理和运输各种类型的货物，包括电子产品、服装、食品和医疗设备。你的客户要求货物能够及时准确地交付，并对库存管理和供应链的可视性提出了高要求。在过去，你可能依赖于传统的物流和库存管理系统，但随着业务的扩大，这些系统可能变得不够灵活和高效。

◆ 案例要求：
通过什么物流新技术，能使你所在的物流公司实现更高的灵活性、可见性和效率，能够更好地满足客户的需求，并在全球范围内管理复杂的物流网络？具体如何引入？

知识储备

一、云计算技术

（一）云计算与云物流的概念

云计算是分布式计算的一种，指的是通过网络"云"将庞大的数据计算处理程序分解成无数个小程序，然后通过多个服务器组成的系统处理和分析这些小程序，得到结果并返回给用户。因此，云计算又称网格计算。通过这项技术，可以在很短时间内完成对数以万计的数据的处理，从而提供网络服务。

云物流是云计算在物流行业的初步尝试应用，即搭建一个云服务平台，在此平台上，所有的物流公司、供应商、生产商、销售商、代理商、行业协会、社会管理机构、法律机构等连接起来，汇集信息和物流资源，根据用户请求，各项资源相互展示和互动，促使意向的达成，以此来提高效率。

（二）云计算的特点

云计算是将计算任务分配给在网络节点上存在的大量分布式计算机来完成，而依靠非本地计算机或远程服务器中的计算资源，用户通过互联网按照需求选择性地予以利用，它意味着计算资源、计算能力也可以作为一种服务进行流通。按照云物流概念提出者的形象比喻，云计算好比是从旧的单台发电机发电模式转变为电厂集中供电的模式，就像煤气、水电一样，取用方便，费用低廉。云计算的特点如下。

1. 超大规模

云计算服务商都有规模庞大的服务器群，Google 的云计算服务器已经超过 100 多万台，亚马逊、IBM、微软等每一个云计算服务商也都拥有几十万台服务器，建立一个最小范围的企业私有云，一般也需要数百上千台服务器。云能给予用户超前的计算能力。

2. 虚拟化

现发展阶段的云计算平台的最大特点是依靠虚拟化等一系列技术实现硬件资源的虚拟化控制、管理、调度及应用。用户通过虚拟平台使用云服务供应商提供的网络资源、计算资源、数据库资源、存储资源等，操作时与使用本地计算机的感觉是一样的，但可以完成本地计算机无法完成的复杂计算。

3. 可扩展

在云计算体系中，服务器数量规模可随时扩充，更多计算资源可增强云计算的处理能力。

4. 按需服务

在云计算应用中，用户可以根据自己的需要购买云服务，如同水、电的购买。

5. 高可靠性

应用程序在服务器端运行，计算由服务器端处理，产生的数据也存储在服务器端。当某台服务器出现问题时，任务会由其他服务器继续运行，保证了应用和计算的正常进行，用户不必备份，数据在服务端自动恢复保存。

6. 成本低廉

云的运行可使企业降低数据中心高昂的运营成本,云服务商按照用户需求收费。从云计算的特点来看,与物流服务有部分相似之处。例如,云计算可以将云端资源整合,为用户提供综合服务,在物流活动中,散落分布的众多物流企业所拥有的资源、信息和能力就好比这些云端资源,按照客户的需求将这些资源整合、匹配,制定可行方案。在电子商务中来自全球的海量订单可以看作是云端的资源,通过对这些来自不同区域的海量订单信息进行加工处理来制定配送方案。云计算的四个公共特征与物流服务的对比如表 5-1 所示。

表 5-1 云计算的四个公共特征与物流服务的对比

公共特征	云计算	物流服务
资源动态组合	云计算根据访问用户的需求,配置相应的 IT 资源,满足用户应用和规模变化的需要	可以依据客户需求变动,改变服务的种类和数量,满足需求变化
资源快速组合	根据用户的需求快速部署 IT 资源,用户可按需选择	依据客户需求及时配置物流资源,提供物流服务
资源抽象	用户不知道云计算应用运行资源的具体位置,只需提交需求和享受成果	客户不需关注物流运营商的具体操作方案,仅需关注结果
按需付费	采取即付即用方式,按照为客户提供的 IT 资源收费	按照为客户提供的物流资源和服务收取费用

(三)云计算的服务模式

通常情况下,根据服务内容的差异,可以将云计算服务体系分为三层结构:IaaS 层(基础设施即服务层)、PaaS 层(平台即服务层)、SaaS 层(软件即服务层),三层结构之间的区别如表 5-2 所示。

表 5-2 IaaS、PaaS、SaaS 之间的比较

服务内容	服务对象	使用方式	关键技术
IaaS 提供基础设施部署服务	需要硬件资源的用户	使用者上传数据、程序代码、环境配置	数据中心管理技术、虚拟化技术
PaaS 提供应用程序部署与管理服务	程序开发者	使用者上传数据、程序代码	海量数据处理技术、资源管理与调度技术
SaaS 提供基于互联网的应用程序服务	需要软件应用的用户	使用者上传数据	Web 服务技术、互联网应用与开发技术等

（1）基础设施即服务层：将基础设施资源通过网络以服务的形式提供给用户，包括虚拟化的计算资源、服务器、操作系统等。用户可以通过 Internet 利用服务商的所有设施，用户在服务商提供的服务器上可以部署各种软件和应用程序，包括操作系统，使之能随意操作系统和软件。

（2）平台即服务层：用户可以将需要的任意应用程序部署到云服务商的 IT 设施上，用户不需要关注底层的服务器、网络、存储等云基础设施。

（3）软件即服务层：它是云计算应用最广泛的一层，用户可以通过 Internet 任意使用云服务商部署在云服务器上的软件和应用程序，用户享受的是最终的服务。使用者可以通过客户端访问部署在云服务商服务器上的应用程序。

（四）云物流服务模式

云计算非常适合复杂多变的环境，有助于实现各种以"物流即服务"为基础的新业务模式。物流提供商可以使用按次付费的方式，根据需要使用可定制的模块化云服务。企业无须投资开发自己的传统 IT 基础架构，也没有设置和维护成本，就能获得扩展性极强的服务和管理功能。近年来，物流提供商已经开始使用云物流，来为创新供应链解决方案提供快速、高效、灵活的 IT 服务。

展望未来，基于网络的开放式应用程序接口（API）将成为模块化按需云物流服务的基础，此外，边缘计算将利用离数据更近的计算优势来不断强化云物流。模块化的云物流平台可以让企业获得灵活、可配置的按需物流 IT 服务，而且这些服务可以轻松集成到供应链流程中。云端运输管理系统可以把订单、计费和货物追踪服务整合到统一平台中。按次付费模式使中小型物流提供商以及大型物流公司能够更加灵活地应对市场波动，仅为其实际需要和使用的服务付费，而不是投资于固定容量的 IT 基础架构。

云物流服务模式相对于以往的物流服务，其创新特征如图 5-1 所示。

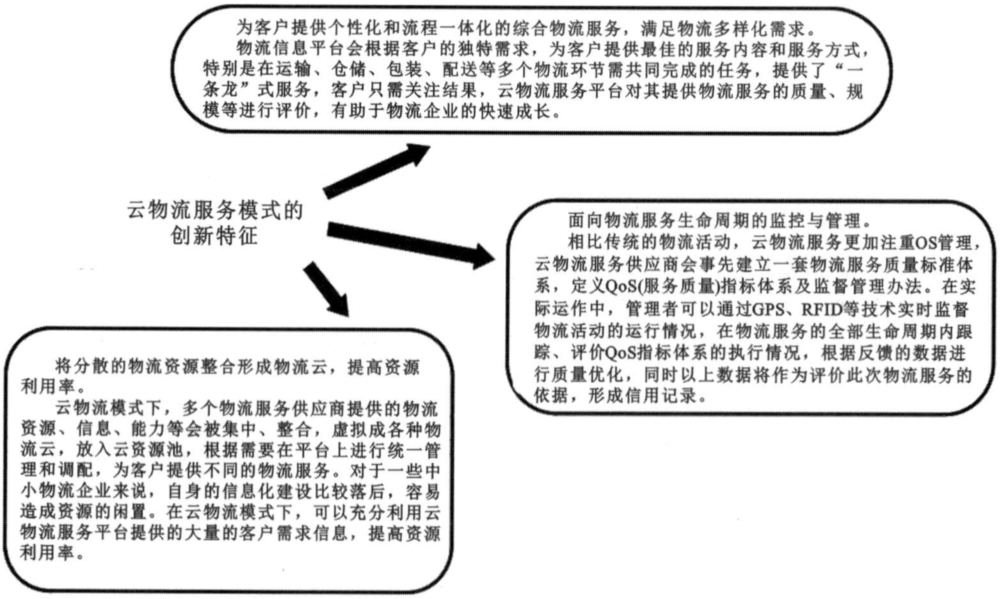

云物流服务模式的创新特征

- 为客户提供个性化和流程一体化的综合物流服务，满足物流多样性需求。物流信息平台会根据客户的独特需求，为客户提供最佳的服务内容和服务方式，特别是在运输、仓储、包装、配送等多个物流环节需共同完成的任务，提供了"一条龙"式服务，客户只需关注结果，云物流服务平台对其提供物流服务的质量、规模等进行评价，有助于物流企业的快速成长。

- 面向物流服务生命周期的监控与管理。相比传统的物流活动，云物流服务更加注重OS管理，云物流服务供应商会事先建立一套物流服务质量标准体系，定义QoS（服务质量）指标体系及监督管理办法。在实际运作中，管理者可以通过GPS、RFID等技术实时监督物流活动的运行情况，在物流服务的全部生命周期内跟踪、评价QoS指标体系的执行情况，根据反馈的数据进行质量优化，同时以上数据将作为评价此次物流服务的依据，形成信用记录。

- 将分散的物流资源整合形成物流云，提高资源利用率。云物流模式下，多个物流服务供应商提供的物流资源、信息、能力等会被集中、整合，虚拟成各种物流云，放入云资源池，根据需要在平台上进行统一管理和调配，为客户提供不同的物流服务。对于一些中小物流企业来说，自身的信息化建设比较落后，容易造成资源的闲置。在云物流模式下，可以充分利用云物流服务平台提供的大量的客户需求信息，提高资源利用率。

图 5-1　云物流服务模式的创新特征

二、大数据技术

走进行业

◆ 案例情境:

沃尔玛作为零售业的龙头企业,以其遍布全球的实体店面和完善的供应链体系而著称。在大数据时代,沃尔玛充分发挥其庞大规模的优势。通过POS系统、会员卡数据等多渠道收集用户购物行为数据,沃尔玛建立了庞大的消费者数据库。在销售预测方面,沃尔玛通过分析历史销售数据和季节性趋势,实现了更准确的商品需求预测。这使得沃尔玛能够更加精细地管理库存,及时补货,减少滞销和过剩的商品。在供应链方面,沃尔玛通过大数据实现对货物流动的实时监控,提高了整个供应链的灵活性。通过在销售、库存和供应链中的综合应用,沃尔玛成功将大数据转化为实际的商业价值。

◆ 案例要求:

请你思考沃尔玛是怎么通过大数据进行库存管理的,并举出一个实际的例子。

(一)大数据的概念

大数据是指无法在一定时间范围内用常规软件工具进行捕捉、管理和处理的数据集合,是需要经过新处理模式才能具有更强的决策力、洞察发现力和流程优化能力的海量、高增长率和多样化的信息资产。

大数据分析的基本概念

(二)大数据的特点

大数据的特点如图5-2所示,大数据技术的基本特性种类多样、速度快和价值密度低,在一定程度上决定了它在处理复杂、庞大的供应链数据方面具有独特的优势。具体而言,物流供应链产生的数据包括订单数据、仓库数据、运输数据、销售数据等,这些数据的种类繁多,每天都在产生新的数据。通过大数据技术,企业可以迅速捕获、储存和处理这些数据,从而获得对供应链操作的全面和实时的视图。

大数据是未来全球经济发展的新动能已成为行业共识,特别是在我国高度重视大数据发展的情况下,加速推进数字产业化和产业数字化,大数据作为生产要素的基础性、战略性资源,其作用愈发凸显。

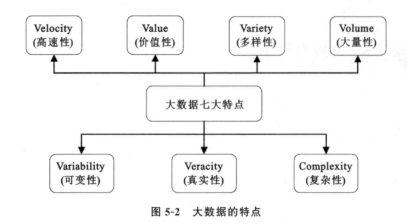

图 5-2　大数据的特点

新质生产力

顺丰通过科技赋能，不但构建了完整的大数据生态系统，而且推出大数据平台、数据灯塔等细分产品。大数据可以全面管理物流的每个环节，对收件、派件、时间维度、空间维度进行精准记录，让每一票快件都有迹可循，帮助快递工作者实现精细化、智能化排班及实时调度分配等信息管理体系。并且通过件量预测、分仓管理、路线规划等数据分析，让件量预测精准度达到单个派送网点、单个收派员的维度，从而降低行业成本，大幅提升物流效率，实现物流领域的全面数字化管理和智慧决策。

（三）大数据的处理流程

大数据的处理流程包括数据采集、数据预处理、数据存储等多个步骤（见表 5-3），通过系统化的步骤，将海量多样的数据转化为有价值的见解和决策支持。

表 5-3　大数据的处理流程

序号	处理流程	流程解析	物流应用
1	数据采集	数据采集是指从各种来源或数据源中获取、收集数据的过程。此过程包括收集、记录和存储数据，以便进一步分析、处理或用于决策制定。数据采集可以涉及各种类型的数据，包括数字、文本、图像、音频等，而数据源可以是传感器、数据库、文件、网络等	在物流领域，数据采集是实现实时监测和高效运营的关键。通过各类传感器能够实时追踪货物的位置和状态，同时整合社交媒体数据以洞察市场趋势和客户需求。为了处理这些大量实时数据，物流业采用物联网平台，利用消息队列系统和流处理引擎实现订单和库存等关键信息的及时处理

续表

序号	处理流程	流程解析	物流应用
2	数据预处理	数据预处理是指在进行数据分析、建模或其他任务之前，对原始数据进行清理、转换和整理的过程。这一阶段的目标是提高数据的质量、可用性和适用性，以便更有效地进行后续分析和建模工作	在物流方面，数据预处理是为了优化和分析物流数据而进行的关键步骤，这包括处理缺失值、处理异常值、标准化和归一化数据、数据转换、去重、处理分类数据以及数据平滑等多个步骤。通过这些预处理步骤，物流数据更具质量和可用性，为后续的物流决策提供了可靠的基础
3	数据存储	数据存储是指将信息保存在计算机或数字设备的介质中，以便长期存储、检索和处理。主要分为主存储器，用于临时存储程序和数据，以及辅助存储器，如硬盘、固态硬盘、光盘和磁带，用于长期保存数据。主存储器是易失性的，而辅助存储器是非易失性的，可以在断电后保存数据	在物流领域，数据存储指的是将与物流运作相关的信息保存在数字设备的介质中，以支持后续的分析、决策制定和监控。这包括将货物运输记录、库存信息、订单数据等保存在辅助存储介质，如数据库、物流管理系统或云平台中。这些数据存储的形式可以是结构化的，如数据库中的表格，也可以是非结构化的，如运输文件、图像和报告
4	数据处理与分析	数据处理与分析是指对收集到的数据进行加工、转换和解释的过程，以提取有用信息、洞察趋势并支持决策制定。这涵盖清洗、转换、聚合和模式识别等步骤，借助统计方法、机器学习和其他分析工具，将原始数据转化为有意义的见解，为业务和战略决策提供基础	在物流领域，数据处理与分析涵盖对丰富的运输、库存和供应链数据的处理，旨在优化物流运作。这包括清洗和整合不同来源的数据，以确保数据的准确性和一致性。随后，通过运用统计分析、机器学习等技术，对货物运输、库存水平和供应链效率等方面进行深入分析，揭示潜在的模式和趋势
5	数据可视化	数据可视化是指通过图表、图形、地图等视觉元素将数据呈现为易于理解和分析的形式的过程。这种可视化方法有助于揭示数据之间的关系、模式和趋势，使用户能够更直观地理解复杂的数据集。数据可视化通常包括条形图、折线图、散点图、地图、仪表板等形式，用于呈现不同类型和层次的数据	在物流领域，数据可视化是将复杂的物流数据通过图表、地图和仪表板等形式呈现，以提供直观的洞察和决策支持。通过可视化，物流专业人员可以实时监控货物运输状态、仓储情况以及整个供应链的运作效率。例如，通过实时地图展示货物的实时位置和交通状况，仓库库存水平，以及运输效率的趋势

续表

序号	处理流程	流程解析	物流应用
6	数据应用	数据应用是指利用数据进行实际业务决策和操作的过程,通过数据分析和解释,为企业提供实质性的价值。这包括利用数据来预测趋势、优化流程、改进产品与服务,从而增强组织的决策能力和竞争优势	在物流方面,数据应用体现在多个层面。首先,通过实时的运输数据和库存信息,可以进行智能路线规划和库存优化,提高运输效率和降低成本。其次,通过对历史运输数据的分析,可以预测需求趋势,优化供应链管理,确保及时供货。此外,通过应用数据分析,物流企业能够进行风险管理,识别潜在的问题并及时采取措施,以确保物流运营的稳定性和可靠性

标准建设

全国信息技术标准化技术委员会大数据标准工作组于2023年3月正式发布《大数据标准化白皮书（2023版）》。基于在大数据各个方面的认识和理解，白皮书分析了大数据发展存在的问题、挑战、趋势及相关需求，研究了国内外标准化发展现状，提出了大数据标准框架。研究形成了大数据标准体系，主要由7类标准组成，分别为基础标准、数据标准、技术标准、产品标准、管理与治理标准、安全与隐私标准和行业应用标准（见图5-3）。

该白皮书的发布，集聚了行业智慧，凝聚了各方共识，系统阐述了大数据相关政策法规、技术发展、产业应用和热点方向，完善了大数据标准体系框架，提出了大数据重点标准研制和应用推广方向，对落实国家大数据战略具有重要意义。

（四）数据管理技术

在物流领域，数据库技术、数据仓库技术和数据挖掘技术扮演着关键角色。

1. 数据库技术

数据库技术产生于20世纪60年代末，是信息系统的一个核心技术，将信息系统中大量的数据按一定的结构模型组织起来，提供存储、维护、检索数据的功能，使信息系统方便、及时、准确地从数据库中获得所需信息，并以此作为行为和决策的依据。现代物流信息量大而复杂，如果没有数据库技术的有效支持，物流信息系统根本无法运作，更不用说为企业提供信息分析和决策帮助。

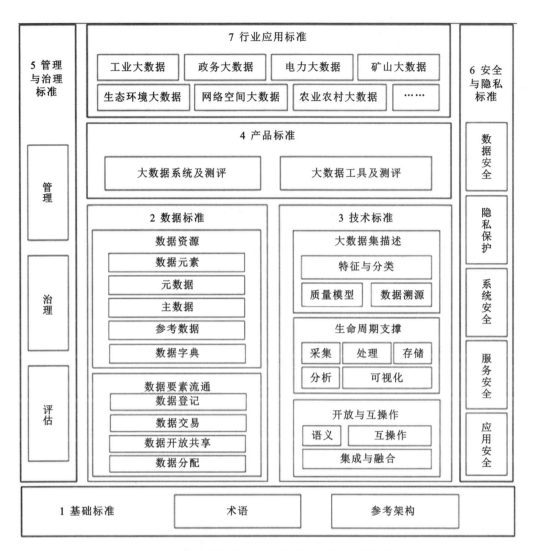

图 5-3 《大数据标准化白皮书（2023 版）》标准体系

数据库技术在物流中用于有效地组织、存储和检索大量的运输、库存和订单等数据。关系型数据库（如 MySQL、Oracle）常用于存储结构化的数据，如订单信息、货物跟踪记录等。非关系型数据库（如 MongoDB、Cassandra）则适用于存储和处理半结构化和非结构化数据，如传感器数据和日志文件。数据库技术通过提供高效的数据存储和检索功能，支持物流管理系统的实时操作。

2. 数据仓库技术

数据仓库是决策支持系统和联机分析应用数据源的结构化数据环境。数据仓库研究和解决从数据库中获取信息的问题。数据仓库技术是一个面向主题、集成化、稳定的、包含历史数据的数据集合，它用于支持经营管理中的决策制定过程。与数据库比较，数据仓库中的信息是经过系统加工、汇总和整理的全局信息，而不是简单的原始信息；系统记录的是企业从过去某一时点到目前各个阶段的实时动态信息，而不仅是关于企业当时或某一时点的静态信息。因此，数据仓库的根本任务是将信息加以整理归纳,并及时提供给相应的管理决策人员,支持决策过程,对企业的发展历程和未来趋势做出定量分析和预测。

数据仓库技术用于集中存储不同来源和类型的物流数据,以支持全面的分析和决策。数据仓库将来自物流信息系统、传感器、交易记录等多个数据源的数据集成在一起,形成一个统一的数据存储库。通过数据仓库,物流企业可以进行更深入的商业智能和数据分析,了解趋势、模式和关系,从而进行更准确的预测和决策。

2. 数据挖掘技术

数据挖掘技术在物流中用于发现隐藏在大规模数据中的模式和知识。通过应用聚类、分类、关联规则挖掘等算法,数据挖掘可以帮助物流企业识别运输趋势、优化路线规划、提高库存效率等。例如,通过分析历史数据,数据挖掘可以预测季节性需求波动,帮助企业做好库存准备。综合运用这些技术,物流行业能够更好地管理和利用数据资源,优化运营效率,提高服务质量。

在物流领域,数据挖掘技术的应用是多方面且具有深远影响的。以下是一些常见的数据挖掘技术在物流中的具体应用。

1)需求预测

利用数据挖掘技术,物流企业可以分析历史销售数据、订单信息和季节性变化等,以预测未来的需求趋势。这有助于优化库存管理,减少过剩或缺货的风险。

2)路线优化

数据挖掘技术可以分析大量的运输数据,包括路线、运输时间、交通状况等,以找到最优的运输路线。这有助于降低运输成本、缩短交货时间,并提高交付效率。

3)库存优化

通过挖掘库存数据,可以识别最佳库存水平,以满足需求同时使库存持有成本最小化。数据挖掘技术可以帮助企业识别哪些产品需要更高的安全库存,哪些产品可以采用更灵活的库存管理策略。

4)异常检测

数据挖掘技术可以监测物流过程中的异常情况,例如运输中的延迟、货物损坏等。通过实时检测异常,物流企业可以迅速采取行动,解决问题并减少潜在损失。

5)供应链可视化

利用数据挖掘技术,可以对整个供应链进行可视化分析。这包括监测供应链中各个节点的性能、追踪物流过程中的瓶颈,并提供数据驱动的改进建议。

这些应用使物流企业能够更加智能地运营,提高效率,降低成本,并提供更优质的服务。随着技术的发展,数据挖掘在物流中的应用将继续拓展,为业务决策提供更多有力支持。

三、云计算与大数据

(一) 云计算与大数据的关系

云计算和大数据之间存在着紧密的关系,如图 5-4 所示,二者相辅相成,共同推动现代信息技术的发展。

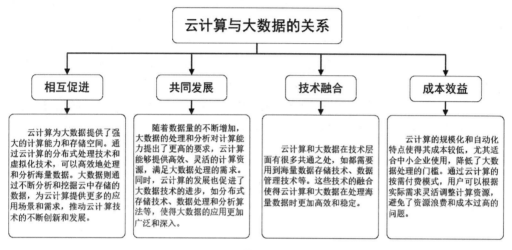

图 5-4　云计算与大数据的关系

综上所述,云计算与大数据之间相互依存、相互促进。它们在技术、应用和成本效益等方面都有着紧密的联系和融合。随着信息技术的不断发展,云计算和大数据将继续推动彼此的创新和进步。

(二) 云计算与大数据的融合

基于云计算的大数据处理流程如图 5-5 所示。

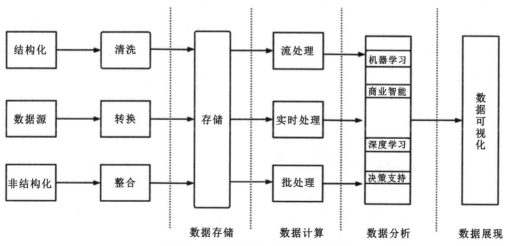

图 5-5　基于云计算的大数据处理流程

在数据采集阶段，需要对各领域以及各环节的数据进行收集，并根据数据类型的不同选择不同的数据处理方式，将其整合成标准数据格式并予以存储。由于大数据技术下的数据形式是多种多样的，其结构也不尽相同，涵盖了结构、半结构或非结构数据，而大数据处理首先就需要根据数据类型的不同来选择不同的数据采集方式。通过特定的数据计算与传输方式对数据进行传输，再经过全面的数据分析后得出主要信息。而在进行数据推送时，并非推送所有数据，一般需要对所有数据的数据源进行判断，也就是进入加载合并处理阶段。由于部分数据本身存在一定的干扰点，为了保证数据传输的有效性和稳定性，就需要进行数据清洗操作，并对不符合标准的数据进行标准化转换。在数据经过挖掘与分析后，通过特定的技术手段将数据信息转化成为便于人们理解的信息形式，转换形式一般采用当今广泛使用的可视化技术。一般采用特定的数据库来存储已经生成的各类数据，现阶段使用较为广泛的就是 NoSQL 数据库。对数据进行有效存储能够保证数据读取的便捷性和准确性。现阶段人们对大数据技术的应用具有一定的广泛性，数据量较大，传统的数据仓库已经无法满足现阶段的数据存储需求，因此，当前数据存储均使用列式存储方式。列式存储是根据数据类型的不同来划分存储空间的，可以有效提升数据压缩率。

四、云计算与大数据的应用

标准建设

2023 年 7 月，中国信息通信研究院发布《云计算白皮书（2023 年）》，数据显示，2022 年，全球云计算市场规模约为 3.5 万亿元，增速达到 19%，预计在大模型、算力等需求刺激下，市场仍将保持稳定增长，到 2026 年全球云计算市场规模将突破 10 万亿元。2022 年，我国云计算市场规模达 4550 亿元，较 2021 年增长 40.91%。相较于全球 19% 的增速，我国云计算市场仍处于快速发展期，预计 2025 年我国云计算整体市场规模将超 1 万亿元。

该白皮书指出，我国云计算发展"以终为始"，将更加关注对用户的实际赋能水平。未来，云计算技术的关注点将持续上移，松耦合、可组装、易操作的应用现代化能力将成为关注重点；云计算的发展重心将从上云走向用云、管云，成本优化、系统稳定性、云原生安全将成为发展要点；云计算的兼容能力将会愈发提升，一云多芯、一云多态将支撑云计算更好更快地适应复杂的应用场景和业务需求；云计算 SaaS 服务生态不断丰富，将更加关注垂直行业 SaaS 服务能力，持续赋能中小企业数字化转型。

（一）云教育

云教育打破了以往的教育模式。云教育使教育走上了信息化的道路，在云教育模式下，教师、学生、家长、教育部门等教育相关者可以在云服务平台上进行互动，提供了教育、教学、娱乐和沟通等功能。学校的特色教育课程可以在该平台公开直播和录播，这些信息并不需要学校存储资源，而是存储在云服务商的存储服务器上，学校只需按需付费甚至免费。云教育为教育走向现代化提供了很好的技术支持和成本节约。

（二）云物联

物联网是近年来互联网界研究和应用的新热点之一。物联网通过智能感知、识别技术等记录产品的"来龙去脉"，从原材料的选取到成品的最终消费，每一个环节将在物联网上被追踪到，这样一来就会产生大量的数据信息需要存储和分析，而且随着物联网的发展，应用物联网服务的人也将越来越多，对存储能力和计算能力的高要求势必将带来对云计算的需求增加。

（三）云社交

云计算在社交平台服务中的应用，被称为云社交。云社交是一种虚拟的社交应用，可以将平台或用户提供的资源共享给平台上的其他人。在云社交平台上，使用者既是用户，又是资源的提供者。云社交平台把用户提供的资源进行集中和归类后，向有需求的其他用户提供服务。用户使用量越大，汇集的资源就越多，云社交的价值就越能体现。虽然目前云社交的应用还不成熟，但已经具备了初步模型。

（四）云政务

云政务主要指将云计算应用到政府的办公系统当中。届时，某个区域内的各级政府部门可以使用统一的云服务平台进行办公和对外服务。由于目前许多政府部门还各自使用自建平台，造成了系统的重复建设和资金的浪费。云计算具有集约、共享、高效等特点，所以其应用将为政府部门的信息化建设降低不少成本。而且，信息的共享和办公的透明化有利于政府上下部门之间的相互监督。

（五）云快递

云快递是云计算在物流行业的一个应用体现。建立一个连接电商、快递商和消费者的物流服务平台，用这个平台来完成所有的电子商务或线下的物流配送功能。为了满足日益增长的订单量，云快递采用直营和加盟相结合的模式，提升自身的服务能力，结合电子商务企业和客户的需求，构建配套的网络服务平台。云快递模式可以很好地利用闲置的物流和快递公司资源，并节约重复的平台建设成本。

（六）亚马逊的预测性运输

亚马逊（Amazon）的预测性运输是一个基于大数据和机器学习的项目，旨在通过分析大量的历史订单和运输数据，分析顾客的购买历史、搜索历史及其他数据来预测顾客可能会购买的商品，并事先将这些商品存储在配送中心，以便更快地配送给顾客。这种物流系统的优势在于其智能性和准确性，该项目关键特点和应用如下。

1. 历史数据分析

Amazon 利用过去的订单数据、运输记录、季节性变化等历史信息，建立了庞大的数据集。这些数据集包括各种不同产品、不同地区的需求模式和运输特征。

2. 机器学习算法

Amazon 运用机器学习算法，如神经网络和深度学习模型，对历史数据进行训练。通过这些模型，系统能够识别潜在趋势、周期性变化及其他影响未来需求的因素。

3. 需求预测

基于机器学习模型的训练结果，Amazon 能够实现更准确的需求预测。这有助于确保在需求高峰期之前，物流系统能够做好充分准备，避免库存不足或过剩。

4. 智能运输规划

Amazon 的预测性运输不仅关注需求预测，还通过机器学习来优化运输计划。这包括智能的运输路线规划、货物集中装载以及最优化的交货时间。

5. 实时响应

系统具有实时响应能力，能够根据实际情况对预测进行调整。如果出现突发事件、交通拥堵或其他影响运输的因素，系统可以及时调整计划，以保持运营的灵活性。

通过这个项目，Amazon 能够更精准地预测需求，提高运输效率，减少库存成本，从而为客户提供更可靠和高效的物流服务。这也体现了大数据与数据管理技术在物流行业的实际应用和业务价值。

（七）UPS 的 ORION 项目

UPS（美国联合包裹运送服务公司）是全球知名的快递服务供应商。21 世纪初，UPS 研发了一个名为 ORION 的道路优化与导航集成系统，并于 2009 年开始试运行，目前已经更新到第五代。该系统拥有 2.5 亿地址数据，1000 页的优化算法程序代码，靠 UPS 多年配送积累的客户、司机和车辆数据以及每个包裹使用的智能标签，再与每台车的 GPS 导航仪结合，实时分析车辆、包裹信息、用户喜好和送货路线数据。此外，ORION 系统也会根据不断变化的天气情况或事故随时改变路线。

举个例子，ORION 系统发现十字路口较易发生意外、红绿灯较浪费时间，只要减少通过十字路口的次数，就能省油并提高安全性。还有一个著名的应用案例就是通过 ORION 系统大数据分析实现配送末端最优路径的规划，提出尽量"连续右转环形行驶"的配送策略，因为左转会导致货车在左转道上长时间等待，不但增加油耗，而且发生事故比例也会上升。

通过 ORION 项目的实施，UPS 取得了显著的运营效益，包括较高的配送效率、较低的运输成本，以及更可持续的运营。这个项目突显了大数据和数据管理技术在物流中的创新应用，提高了整个物流行业的运营水平。

新质生产力

顺丰速运充分应用数据挖掘技术，通过分析实时路况、需求预测、客户行为等多方面的数据，实现了多个方面的优化。数据挖掘技术被用于实时路线优化，通过动态调整货车路径降低行驶距离，提高运输效率，同时降低运输成本。在需求预测与库存管理方面，顺丰速运通过精准的数据挖掘分析，优化库存水平，确保能够迅速满足市场需求，同时减少库存持有成本。通过数据挖掘分析客户行为，提供更灵活的配送选项，实现更准确的送货时间，从而增强客户满意度。这些应用使得顺丰速运在物流领域取得了更高的智能化和客户满意度，展现了数据挖掘技术在提升运营效率和服务质量方面的显著作用。

京东物流在物流运营中充分应用数据仓库技术，通过整合供应链、订单处理、库存管理等多个环节的数据，实现对整个物流过程的全面监控和分析。这使得企业能够优化供应链决策、提高订单处理效率，同时通过实时业务分析迅速应对市场变化。数据仓库技术还为京东物流提供了实时的运输和配送优化手段，降低了物流成本，提高了配送效率。通过整合客户反馈等数据，京东物流的数据仓库也支持客户服务的优化，使得企业更好地满足客户需求，提高客户满意度。这一系列应用使得京东物流在物流行业形成了更智能、高效和客户导向的运营模式。

单元测评

◆ 任务情境 1：

FedEx SenseAware 是一项先进的物流技术解决方案，专注于提供实时、精准的包裹监测服务。该系统通过内置传感器和物联网技术，实时捕捉包裹的多项关键数据，包括温度、湿度、位置、光照等，为货物的运输提供全面的可视化监测。其主要特点如下：

（1）实时监测：FedEx SenseAware 通过内嵌的传感器实时监测货物的状态。这包括温度波动、湿度变化以及货物所处的精确位置。

（2）即时通知：一旦货物遇到异常情况，比如温度超出安全范围，FedEx SenseAware 会立即发出警报通知相关方，确保及时采取措施，避免货物受损。

（3）位置追踪：利用 GPS 技术，FedEx SenseAware 能够实时追踪货物的位置，提供精准的物流信息。这对于跨国运输和货物的"最后一公里"配送至关重要。

（4）云端数据分析：通过云端平台，FedEx SenseAware 将捕获的大量数据进行分析和处理，生成可视化报告。这使得用户可以轻松访问货物的历史数据和趋势分析。

（5）安全性保障：FedEx SenseAware 采用安全加密技术，确保货物数据的机密性和完整性，从而为客户提供高水平的安全性保障。

◆ **任务要求**：

请你运用所学知识，分析大数据技术在该案例中起到了哪些作用，你还能举例说出大数据在物流中的其他应用场景吗？

◆ **任务情境2**：

假设你是一家国际货运物流公司的管理人员，负责运输大量货物，包括航空、货车和铁路运输。你的客户要求实时跟踪他们的货物，以确保货物的准时交付和安全性。在你看来，可能依赖传统的物流系统，但此类系统可能无法提供足够的实时性和可伸缩性。于是你决定引入云计算技术来优化货物追踪和商品管理。以下是该案例中云计算的应用方式。

（1）实时数据采集：你配置了传感器和设备，将它们连接到云计算平台。这些设备可实时监测货物的位置、温度、湿度、报警等参数，并将数据上传到云中。

（2）数据分析和预测：云计算平台利用大数据分析技术来处理实时数据流。你可以利用机器学习算法来预测货物的交付时间、最佳路线和最优运输方式。

（3）实时监控：通过云计算平台，你和你的客户可以随时随地访问货物的实时位置和状态。这提高了客户的满意度，同时也有助于及时解决交通拥堵或货物拥挤等问题。

（4）自动化调度运输和路线优化：云计算为你自动调度运输和优化路线，以降低成本并提高效率。你可以根据实时数据做出决策，例如更改货运车辆的路线，避免交通拥堵。

（5）安全性和可扩展性：云计算平台提供了数据的安全存储和备份，同时还具备可扩展性，以满足不断增长的数据需求。

◆ **任务要求**：

通过云计算技术，你所在的物流公司实现了更高的效率、可伸缩性和客户满意度。请你分析这个案例，结合所学知识，说说云计算起到了哪些关键作用。

单元二 人工智能技术

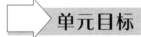

◆ 知识目标：
(1) 了解人工智能的基本概念和发展历程；
(2) 了解人工智能在物流领域的主要应用场景；
(3) 掌握人工智能在物流领域的未来发展趋势和面临的挑战。

◆ 技能目标：
(1) 能够说出收集、清洗和分析物流领域数据的步骤；
(2) 理解 AI 聊天机器人的工作原理、算法支持以及对供应链物流的应用；
(3) 具备与人工智能模型有效沟通的能力；
(4) 能举例说明人工智能技术在物流领域的应用。

◆ 素养目标：
(1) 培养学生持续学习的意识和能力，及时了解最新的人工智能和物流技术发展动态，不断提升自身专业水平；
(2) 认识到人工智能在物流领域的应用可能面临的法律、伦理等问题，并能够承担相应的责任。

走进行业

◆ 案例情境：

顺丰速运作为中国领先的物流企业，成功引入了基于人工智能的货物智能分拣系统。顺丰速运的分拣中心通过先进的计算机视觉技术，能够自动识别包裹的形状、尺寸和目的地信息。这一智能系统使得顺丰速运能够更加高效地处理大量包裹，提高分拣速度，保障准时交付。该系统的运作流程如下。

(1) 自动扫描和识别：包裹通过分拣中心的传送带时，配备的高速摄像头自动扫描包裹的外观，系统通过深度学习算法识别包裹上的目的地标签和特征。

（2）智能分拣系统：识别后，系统根据目的地信息智能地将包裹分配到相应的分拣通道。机器手臂或传送带将包裹准确送达目标区域，实现自动化分拣。

（3）实时调整和学习：系统具备实时学习和调整能力，能够根据包裹种类、体积和分拣效率等参数进行实时调整，提升智能化水平。

◆ 案例要求：

请你对比传统的分拣模式，说一说该案例应用人工智能技术后有哪些变化。

知识储备

一、人工智能的基本概念

人工智能（AI）是研究、开发用于模拟、延伸和扩展人的智能的理论、方法、技术及应用系统的一门新技术。

人工智能的基本概念如图 5-6 所示。

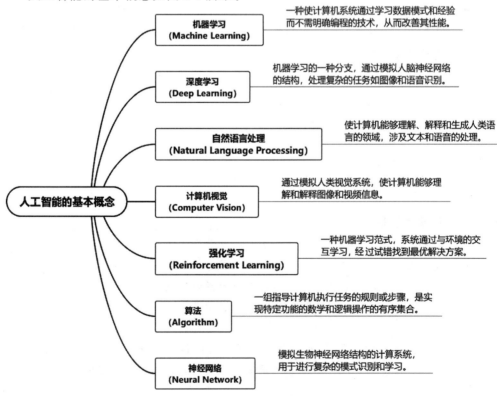

图 5-6 人工智能的基本概念

这些基本概念构成了人工智能领域的核心，涵盖了从模型学习到语言处理、视觉识别等多个方面的关键概念。

单元 22-1　你眼中的人工智能是什么？

单元 22-2　人工智能科普简介

二、中国人工智能的发展历程

中国人工智能的发展历程如图 5-7 所示，在政府政策引导、产业投资支持和科研机构努力下，中国已经从初期起步逐渐崛起为全球人工智能领域的主要力量之一。在未来，中国有望在人工智能关键技术、产业应用和全球创新竞争中发挥更为重要的角色。

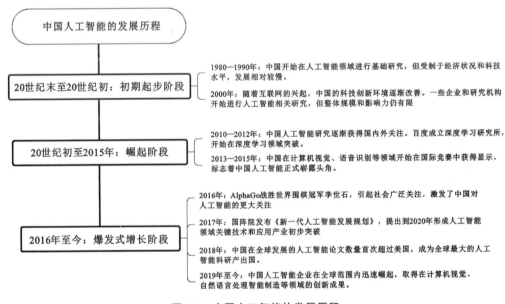

图 5-7　中国人工智能的发展历程

大国工匠

上班、刷脸、打卡，转瞬即成。人脸识别只需 0.1 秒，误判率仅为百万分之一，为了这极致的便捷，算法工程师彭菲用了 10 多年时间。

2010 年，走出清华校门的彭菲开始对生物特征识别领域的探索。当时，人脸识别技术在中国的应用刚刚起步。国产芯片的速度无法满足高强度的算力需求，而这正是彭菲与同事们必须攻克的难题。

计算机能够"看到"的世界,与人眼截然不同,每一张面孔的特征,被高度浓缩在数十个对齐点中,包含大量的数据信息。一次识别过程,需要执行定位、对齐、提取特征、比对等一系列命令。

无数次失败,无数次从零开始,彭菲夜以继日地沉浸在代码世界之中。一张张面孔在她的眼中简化、抽象,彭菲渐渐寻找到隐藏的规律。她发现,在庞大的计算量中,有很大比例可以合并优化,如同用乘法替代加法。

经过一年的无数次尝试,彭菲团队创造出一套全新的人脸识别技术核心算法,将原有算法提速近十倍,一跃成为全球较快的同类产品之一。

2020年,一场突如其来的公共卫生危机席卷全球。口罩成为保障健康安全的必需品,也成为彭菲团队面前的一道难题。她必须在最短的时间里,再次完成产品的迭代升级。口罩的遮挡,面部可识别信息大大减少。没有行业经验可以借鉴,彭菲就尝试着让计算机回归到模仿人的习惯,训练电脑把注意力向眼部集中,同时去除口罩遮挡产生的干扰。

2020年2月,彭菲团队在国内首批推出解决口罩难题的深度学习人脸识别算法,速度达到毫秒级,人脸识别准确率超过99.99%。彭菲不断提升算法极限,从红外光到可见光,从单一环境到复杂环境,从生物特征识别到环境视频分析,彭菲向着算法的极限不断发起挑战。

未来,已来。我们不仅拥有许多制造国之重器的大国工匠,也拥有许多像彭菲这样在新赛道上加速奔跑的工匠们。他们日夜沉浸在数字世界里,用才智和巧思塑造着智慧中国。

三、人工智能热门技术——AI 工具

(一)概念

AI 工具是由人工智能技术开发的应用程序,它可以模拟和学习人类行为和思维,并利用这些信息来实现任务自动化或改进现有业务流程。AI 工具包括机器学习、自然语言处理、计算机视觉等技术,有助于提高生产力和减少错误率。其中 ChatGPT 被认为是继互联网、智能手机之后,带给人类的第三次革命性产品。

ChatGPT 是 OpenAI 公司研发的一款聊天机器人程序。ChatGPT 是人工智能技术驱动的自然语言处理工具,它能够基于在预训练阶段所见的模式和统计规律,来生成回答,还能根据聊天的上下文进行互动,真正像人类一样来聊天交流,甚至能完成撰写邮件、视频脚本、代码、论文等任务。

ChatGPT 的主要原理是通过模拟大量的文本数据集生成模型,能够从中学习和预测下一个单词或短语,从而生成完整的语句或段落。ChatGPT 就像是一个学习语言的聪明小伙伴,它掌握了大量单词的含义和句子的结构,并且能够记住整个对话历史。通过阅读海量数据,它学到了语言的模式和规律,就像我们在生活中通过不断交

流提高语言理解能力一样。当你和它交流时，它通过预测下一个可能的词来生成响应，试图用最自然的方式回答问题。ChatGPT 并非一开始就如此聪明，它通过不断的训练和微调，在特定领域变得更专业和有用。总体而言，ChatGPT 是一个能够理解、回应并逐渐变得更智能的语言生成模型。

人工智能（AI）技术如何助力智能制造？

（二） ChatGPT 的技术保障

1. 算法

ChatGPT 目前由 GPT-4 模型提供支持。生成式预训练转换（GPT）模型是一种基于互联网可用数据训练的文本生成深度学习模型。ChatGPT 模型从算法的分类上讲属于生成式大规模语言模型，底层技术包括 Transformer 架构、有监督微调训练、人类反馈强化学习（RLHF）等。ChatGPT 通过底层技术的叠加，实现了组合式创新。

ChatGPT 模型采用"预训练 + 微调"的半监督学习方法进行训练。第一阶段是预培训阶段。通过预训练语言模型，从大规模的数据文本中提取训练数据，再由深度神经网络技术处理，之后根据上下文的语义预测生成下一个词汇。第二阶段是微调阶段。将预先训练好的模型应用到特定的任务中，通过少量的标记数据来优化模型，从而提高模型的准确性和流畅性。RLHF 能对模型进行微调，并通过奖励机制对模型进行改造训练，让输出的结果更加流畅，更符合人类思维习惯。

2. 算力

用于人工智能训练的计算能力一般符合摩尔增长定律，深度学习技术的使用加速了人工智能训练算力的提升。而当前 GPT 模型的训练算力在原有的基础上又提升 10～100 倍的算力。只有投入极大的算力，才能保证 GPT 模型的使用效果。

3. 数据

从 2018 年发布的 GPT-1 到 2023 年的 GPT-4，GPT 模型参数数量和训练数据量都实现了指数级的增长。参数数量从 GPT-1 的 1.17 亿个增长到 GPT-3 的 1750 亿个，训练数据量从 5GB 增长到 45 TB。

ChatGPT 的成功依赖于算法、算力和大量的训练数据，还需要部分软件、硬件及其基础设施设备的支持。如硬件方面，GPU 和 CPU 芯片是关键。此外，ChatGPT 的核心技术还依赖别的专业技术，如机器学习、神经网络等。

（三） ChatGPT 技术给供应链物流带来的影响

ChatGPT 技术在供应链物流中的主要应用场景是流程自动化。企业需要不断收集、分析和处理各种形式的供应链信息，以更好地掌握市场动态，提高决策效率。ChatGPT 技术在自然语言处理和语音识别方面具有很高的水平，可以实现人机交互、信息抓取和数据分析等功能，帮助企业实现从物流沙盘模拟到物流组织与运营的全面协同，从而优化资源配置，提高服务质量。

供应链物流环节的大量烦琐操作可以通过 ChatGPT 技术实现自动化处理。例如，物流企业可以利用 ChatGPT 技术更快地发现并准确找到需要的信息，如各国发布的空运或海运公司时间表、各国的海关信息、各个港口的设施设备等实用规范。物流企业可以利用 ChatGPT 技术自动创建采购订单或提前调度运输资源等，从而大大提高生产效率，降低成本。物流企业还可将 AI 技术与自有数据库结合，对在途货物和设备资源进行精细监控和定位，实现快速响应和调度，并实现更为精准的配送服务。

ChatGPT 技术还可以生成实时的异常情况处理方案，并且可以综合各参与者的意见，为运输计划调整提供更有力的支持。比如，一家大型物流企业在系统中预设了各种问题类型，包括对客户订单的修改、对运输过程中的异常情况的处理，以及对货物的拒收等。通过 ChatGPT 技术在少量数据学习后即可完成一系列反复出现的常规问题的解决，让系统自行生成相关的解决方案，从而提高物流运输的流畅度，缩短运输时间，提高客户满意度。

ChatGPT 技术可以应用于物流系统的决策优化。供应链物流的运营涉及大量的跨区域调度，车辆、人员、物料等需要合理规划和配备。ChatGPT 技术可以通过对历史数据的分析和学习，自动处理供应链物流环节中的数据分析、统计和计算等工作，快速识别变量、预测需求和制订运营计划，从而减少运营风险、提高效率和降低成本。例如，在库存管理方面。ChatGPT 技术可以通过分析大量的历史数据来预测每种商品的需求量，并提供最佳的仓库分配方案，从而提高操作效率和服务水平。

ChatGPT 技术还可以帮助企业解决复杂的客户服务等问题。供应链物流中往往存在大量的投诉和纠纷，其中可能涉及运输延误、货物损坏、维修和退货等方面。ChatGPT 技术可以通过智能扫描，快速生成客户服务建议和处理方案，使客户获得更好的服务体验，并增强企业品牌形象。

综上所述，ChatGPT 技术可以在供应链物流的多个环节发挥作用。根据具体场景，物流企业可以制定不同的应用模式，从而为客户提供更为优质高效的服务。

（四）提示词工程师：对话系统的引导大师

提示词工程师（Prompt Engineer）是伴随着 ChatGPT 的突破，大模型产品的涌现，越来越多的领域开始应用大模型，而催生出的新的职业。他们主要负责设计、开发和优化提示词，以帮助人工智能模型更好地理解和回应用户的指令。简单地说，就是能够和 AI 产品进行有效的沟通，精准控制 AI 产品输出符合要求的内容，包括文字、图片、方案等各种内容，需要具备自然语言处理、机器学习等方面的知识和技能，同时还需要具备强烈的逻辑思维和创新能力。

那么，如何才能写出清晰的提示词，让 AI 产品能理解我们的问题，给出高质量的答案？就像与人沟通，其实也是有很多技巧的，跟 ChatGPT 沟通也是有一些规律、模板可以遵循的，以下公式可以作为参考：

提问公式＝你是谁＋做什么＋怎么做＋不要做＋输出格式

该公式一共由五个部分组成，分别为：

（1）你是谁（角色扮演），如让 AI 扮演一名在物流企业工作了 30 年的老员工，或者一名研究供应链管理的学者等；

（2）做什么（任务），如补全、优化、整理、翻译、分类、总结等；

（3）怎么做（完成步骤），如首先对输入的文本进行翻译，之后输出一份总结等；

（4）不要做（限制条件），如请勿参考 5 年前的信息，不要出现口语化的词汇等；

（5）输出格式，如文本、表格、编程语法等。

  实训任务

请你选择一款 AI 工具，采用不同的提示词进行对话沟通，帮助你完成一篇智慧物流信息新技术的介绍文章，并总结提示词的使用技巧。

四、人工智能未来的趋势及挑战

未来，人工智能将发挥更大的作用，与此同时，人们也面临一系列的挑战。图 5-8 展示了人工智能的未来趋势，图 5-9 列举了人工智能面临的挑战。

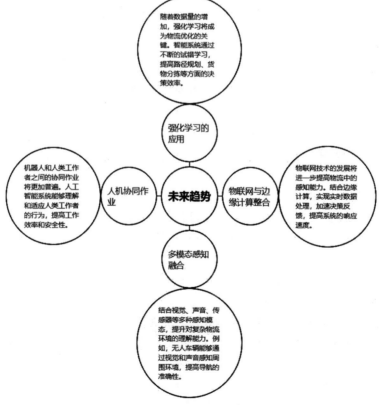

图 5-8　人工智能的未来趋势

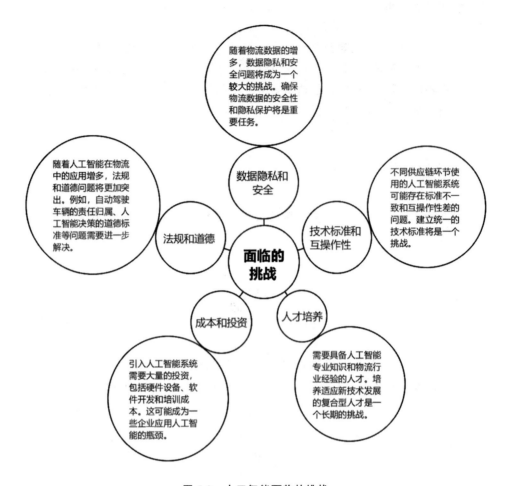

图 5-9 人工智能面临的挑战

单元测评

◆ 任务情境：

随着 AI 的发展，哪些物流及供应链岗位可能会被 AI 取代？AI 在物流和供应链中的应用是否会导致一些传统岗位的消失？如何应对这种变化？另一方面，AI 的发展是否会催生出一些新的岗位？

◆ 任务要求：

请思考以上问题并找到一款 AI 聊天工具与其进行以上观点的讨论碰撞。将讨论内容整理成实训报告并予以提交。

单元三　区块链技术

单元目标

◆ 知识目标：
(1) 熟悉区块链的概念和特征；
(2) 了解区块链的种类；
(3) 熟悉区块链的价值；
(4) 了解智能合约的概念。

◆ 技能目标：
(1) 能够解释区块链技术的定义和起源；
(2) 能够解释区块链在不同领域的应用场景；
(3) 能够准确分析区块链在食品安全追溯中起到的作用；
(4) 能够具备利用区块链思维分析和解决实际问题的能力，为物流信息的发展和创新提供支持。

◆ 素养目标：
(1) 培养学生的创新意识，激发其对区块链技术未来发展的探索和思考；
(2) 培养学生的社会责任感和信息安全意识，注重数据隐私和安全保护；
(3) 培养学生的全球视野和国际竞争意识，使其具备在全球范围内理解、应用和推广区块链技术的能力。

走进行业

◆ 案例情境：

在传统的食品供应链中，如果出现食品召回或污染事件，追踪问题的根本源头通常需要花费数天甚至数周的时间。这不仅对消费者造成了风险，也对企业造成了损失。

假设某家超市出售了一批受到污染的生菜，这批生菜经过多个环节，包括种植、收获、包装、运输和销售。当有消费者反映食物中毒事件时，超市需要迅速查找哪些产品受到污染，以及问题发生在供应链的哪个阶段。

◆ 案例要求：

能够使用什么技术解决案例中的问题？

知识储备

一、区块链技术概述

区块链作为分布式数据存储、点对点传输、共识机制、加密算法等技术的集成应用，被认为是继大型机、个人计算机、互联网之后计算模式的颠覆式创新，很可能在全球范围引起一场新的技术革新和产业变革。

从狭义上讲，区块链是一种按照时间顺序将数据区块以顺序相连的方式组合成的一种链式数据结构，并以密码学方式保证不可篡改和不可伪造的分布式账本。

从广义上讲，区块链技术是利用块链式数据结构来验证与存储数据、利用分布式节点共识算法来生成和更新数据、利用密码学的方式保证数据传输和访问的安全、利用由自动化脚本代码组成的智能合约来编程和操作数据的一种全新的分布式基础架构与计算范式。

区块链技术的概念

目前，区块链技术被很多大型机构称为彻底改变业务乃至机构运作方式的重大突破性技术。同时，就像云计算、大数据、物联网等新一代信息技术一样，区块链技术并不是单一信息技术，而是依托现有技术，加以独创性的组合及创新，从而实现以前未实现的功能。

二、区块链的特征

区块链因其具有去中心化、匿名性、不可篡改性等特征，有效地解决了传统的数据中心化存储的弊端，同时能够保证数据信息的真实性和安全性。

（一）去中心化

去中心化是区块链系统中最核心的特征，指区块链上的数据传输、存储、验证和维护等过程不依附于其他第三方中介机构或者硬件设备，只由分布式网络中的节点来共同支持运行，如图5-10所示。区块链系统中每个节点都是相互平等的，任何一个节点的宕机都对整个系统的运行没有任何影响，因此区块链系统被公认为有极高的稳定性。去中心化技术的出现有效消除了中介服务费用，减少了用户的经济压力，并且极大地降低了由于存在中介而造成的信息延误，无形中增加了用户的间接价值，提高了经济效益。

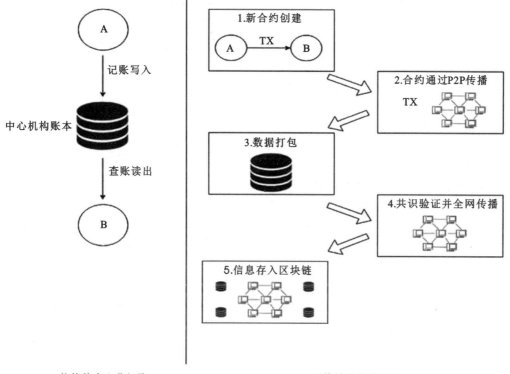

图 5-10　中心与分布式记账示意图

（二）匿名性

在区块链上个人都是匿名的，每个货主方的个人信息都被加密处理过，登录区块链时只需注册时生成的公钥地址和私钥密码，具有极强的私密性。参与交易的各方通过公钥地址来传递信息和资金交易，只有拥有私钥才能够登录账号并查阅相关的信息。区块链的匿名性不只保护了交易双方的个人信息，同时也不会妨碍数据信息的同步和实时共享。在系统中，可以为每一笔交易申请不同的地址，来进一步保护交易双方的隐私。

（三）不可篡改性

在区块链的数据库中输入数据后就代表更新了账户，因此不能对交易记录进行修改，因为这些数据与之前上传的交易记录之间都已存在生成的链接，通过不同算法，确保上传到数据库的记录是按顺序永久排列的。除非掌握了足够多的节点数量权限，否则根据目前的网络环境很难对其进行攻击，这有效保证了数据不被篡改。

（四）安全性

区块链的运作机制使其能够十分有效地抵御恶意攻击。首先，使用非对称密码学原理对数据信息进行加密，使被加密过的信息只能进行单向输出，无法被逆推出来，可以有效保护交易信息的安全和隐私；其次，区块链数据由所有节点共同维护，某一节点的失控或者退出不会对整个网络有任何影响，系统仍然会继续运行；此外，去中心化的存储方式解决了中央服务器存储信息可能导致关键信息丢失的问题；最后，只有获得超过全网 50% 的算力才能对区块链系统进行攻击，但需投入巨大的成本而带来的收益很小，从而进一步确保了区块链系统的安全与稳定。

三、区块链的种类

区块链作为一种革命性技术，已经在多个领域展现出独特的优势。根据应用场景和访问权限的不同，区块链可以分为几种主要类型，如图 5-11 所示。每种类型的区块链在去中心化程度、透明性、安全性和性能方面都有各自的特点和适用场景。深入了解这些区块链的种类和特点，有助于我们更好地选择和应用这项技术，实现数据的安全存储和可信交换。

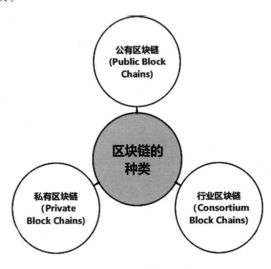

图 5-11 区块链的种类

四、区块链的价值

区块链是一种分布式数据库系统，特点是不易篡改、很难伪造、可追溯。区块链记录发生交易的所有信息，一旦数据进入区块链，即使是内部工作人员也很难在其中做任何更改而不被发现。这个特点决定了其与互联网应用密不可分。应用场景越广、越丰富，区块链技术和产业的发展就越快。同时，就像云计算、大数据、物联网等新一代信息技术一样，区块链技术并不是单一信息技术，而是依托现有技术，加以独创性的组合及创新，从而实现以前未实现的功能。尽管区块链技术还存在可扩展性、隐私和安全、开源项目不够成熟等问题，但是已有的应用充分证明了区块链的价值，如图 5-12 所示。

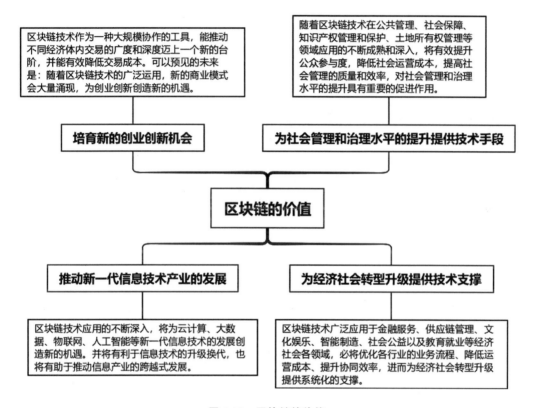

图 5-12　区块链的价值

新质生产力

2023 年 12 月，中国信息通信研究院（简称"中国信通院"）发布了《区块链白皮书（2023 年）》并对白皮书进行了深度解读。

白皮书指出，区块链技术面向高扩展、高性能和高安全持续演进。当前，区块链技术沿公有链和联盟链两大技术路线分别演进，公有链聚焦高性能、高扩展性和高安全性强化技术创新，联盟链则面向自主化、广域化、规模化应用实现持续优化。当前融合二者优势的开放联盟链也迎来快速发展，有望成为 Web 3.0 时代数据价值释放和协作共享的技术底座。白皮书还指出，全球多个国家和地区正在积极布局 Web 3.0 发展，着力提升区块链治理及监管能力，沿不同路径持续推进区块链基础设施建设。我国区块链产业布局更加全面、协作更加紧密，标准体系日益完善，区块链基础设施建设初见成效，国产自主生态正稳步发展壮大。

白皮书里国内部分典型城市区块链基础设施建设情况一览表中的数据显示，在城市区块链基础设施方面，四川省的"蜀信链"覆盖了区块链＋农产品溯源，河南省的"河南链"同样覆盖了区块链＋农产品溯源，上海市的"浦江数链"覆盖航运物流场景，未来区块链在物流方面的应用覆盖还会持续扩大。

提问：
什么是 Web 3.0？

五、区块链在物流领域的应用

1. 流程优化

通过区块链网络实现物流与供应链各环节凭证签收无纸化，将单据流转及电子签收过程写入区块链存证，实现交易过程中的信息流与单据流一致，为计费提供真实准确的运营数据。在对账环节，双方将各自计费账单上的关键信息（如货品、数量、货值、运费等）写入区块链，通过智能合约完成自动对账，同时将异常调账过程上链，因此整个对账过程是高度智能化并且高度可信的。

2. 供应链协同

通过区块链网络将供应链上下游核心企业、供应商、经销商等进行网联，各参与方共同维护一个共享账本，让数据在各方进行存储、共享和流转，保证了链上所有企业的信息能够安全可信、高效同步。从而掌握上下游企业情况、建立交易关系、跟踪交易状况，让多方数据更安全、更高效地实时共享，消除人工耗时的流程，并有助于降低欺诈和错误的风险，降低企业管理成本。

3. 物流与供应链征信

通过区块链网络收集物流与供应链各环节可信数据（如交易信息、结算信息、服务评分、物流时效等），并通过区块链网络的多方交叉验证，确保数据的真实性。再通过行业标准评级算法，利用智能合约自动计算企业/个人的征信评级，并将评级结果写入区块链，在有效保护数据隐私的基础上实现有限度、可管控的信用数据共享和验证，为行业提供高可信度的物流与供应链征信服务。

4. 电子存证

通过区块链网络让物流与供应链各环节电子数据的生成、存储、传播和使用全流程可信，用户可以直接通过程序，将操作行为全流程记录于区块链，比如可在线提交电子合同、维权过程、服务流程明细等电子证据。区块链还提供了实名认证、电子签名、时间戳、数据存证及区块链全流程的可信服务，建立了整个信任体系，通过整体的完整结构，区块链能够解决供应链上包括信息孤岛、取证困难等在内的一系列问题。

5. 物流与供应链金融

通过区块链网络将物流与供应链金融链条中各参与主体（资金方、供应商、核心企业、经销商、监管方、物流方等）进行网联，并将线下交易场景中的资产（如仓单、应收账款等）数字化后上链，上链后实现数字资产化，区块链网络的可信机制能有效地实现资产价值化，进而让数字资产实现多级穿透式拆分流转，以及让核心企业的信用穿透到供应链两端的中小微企业，解决中小微企业融资难、融资贵等问题。

6. 物流跟踪与商品溯源

通过区块链网络可让物流与供应链各环节中商品实现从源头到生产再到运输直至交付的全程追溯。时间戳、共识机制等技术手段保证的数据不可篡改和追本溯源等功能，给供应链溯源提供了技术支持，同时链上将监管者和消费者纳入监督体系，实现了三方监管，保证了供应链流程透明，打破了传统的信息孤岛。

总之，构建区块链产业生态，既要加快区块链和人工智能、大数据、物联网等前沿信息技术的深度融合，推动集成创新和融合应用，还要加强人才队伍建设，建立并完善人才培养体系，打造多种形式的高层次人才培养平台，培育一批领军人物和高水平创新团队。

六、区块链与智能合约

智能合约的概念于 1994 年由尼克·萨博提出，他在发表的文章中对智能合约的概念描述如下：一个智能合约是一套以数字形式定义的承诺，包括合约参与方可以在上面执行这些承诺的协议。在这个概念中，"承诺"指出了合约的本质和目的，具体来说，就是合约的参与者相互认可指定的权利和义务。

随着区块链技术的问世才逐渐使智能合约从理念阶段得以实践和落地。在最早的比特币系统中只具有智能合约的雏形，以脚本的形式来描述交易的输入和输出，之后的以太坊系统则正式提出智能合约，使其可以支持一些去中心化应用的交互操作。如今，在各种区块链系统提出后，对于智能合约的支持也在不断地进行丰富和创新。对于区块链和智能合约，通俗来说它们是一套相辅相成的去中心化的技术解决方案和组合，如果说区块链技术提供了安全可靠的去中心化存储机制，而智能合约技术则提供了可以支持这种去中心化的分布式系统中各节点运算的交互方式。

智能合约在区块链中的运行逻辑如图 5-13 所示，通常包括预置触发条件、预置响应规则等。在区块链环境中，当智能合约中的预置条件被满足和触发时，就会根据其对应的预置响应规则来做出响应操作，然后将执行的结果保存在区块链网络中。通过依托区块链的安全机制来保障智能合约的执行以及执行过程中的防篡改机制，使其达到可信合约的设计目标。

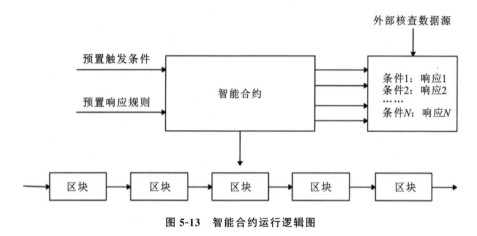

图 5-13　智能合约运行逻辑图

单元测评

◆ 任务情境：

假设你是一位食品分销商，你所在的公司购买和分销各种食品，包括水果、蔬菜和肉类。对于你来说，食品安全和质量追溯至关重要。在过去，当有产品批次出现质量问题或召回时，你可能需要花费大量时间来确定问题的来源并采取适当的措施，这可能对你公司的利润造成严重影响。

◆ 任务要求：

在供应链管理中使用区块链技术，设计一个物流溯源系统方案，让你的公司实现更高的透明性、可追溯性和安全性，减少质量问题，提高食品供应链的效率。

单元四　数字孪生技术

单元目标

◆ 知识目标：
（1）了解数字孪生的概念和特征；
（2）理解数字孪生的原理。

◆ 技能目标：

（1）能够收集、整合和分析与物流实体相关的各种数据；

（2）能够通过数字孪生技术进行运输车辆调度、路线规划和运输计划优化；

（3）能够举例说明数字孪生在物流领域的应用。

◆ 素养目标：

（1）具备创新思维，能够探索数字孪生在物流领域的新应用，解决实际物流挑战；

（2）能够与团队成员合作，共同应用数字孪生技术解决物流问题，实现团队目标；

（3）具备清晰表达和沟通的能力，能够向团队和利益相关者传达数字孪生技术在物流中的应用和效益。

走进行业

◆ 案例情境：

假设你是一家大型物流公司的管理人员，负责管理一个复杂的全球供应链网络，包括物流、运输、货物追踪和交付。你一直在寻找新的方法来提高运营效率、降低成本并减少供应链数量的不确定性。近日，你引入了数字孪生技术，打造了一个智能物流数字孪生，以模拟和优化公司的整个供应链。

通过数字孪生技术，你所在的物流公司实现了更高的可见性、自动化和实时决策能力。你可以更好地管理和优化复杂的供应链网络，降低成本，提高客户满意度。

◆ 案例要求：

什么是数字孪生技术？该案例是如何应用数字孪生技术的？

知识储备

一、数字孪生的概念

数字孪生是一种先进的技术，用于创建物理实体或系统的数字化副本或虚拟模型，以模拟和分析与实际物体或系统相关的行为和性能。

从企业角度来看，数字孪生以软件的形式表示资产和流程的具体内容，它由数据模型、一组分析或算法和知识构成，用于理解、预测和优化绩效，最终实现业务成果得到提升的目标。作为生产过程和产品使用性能的虚拟化表示，数字孪生能够在各个使用阶段不断地提升效能、减少故障、缩短研发周期、开拓新的商机。

二、数字孪生的特征

数字孪生的特征如图 5-14 所示。

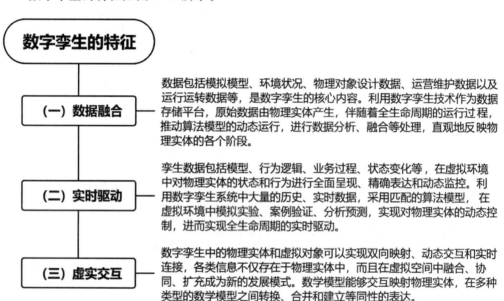

图 5-14　数字孪生的特征

三、数字孪生的原理

数字孪生的原理是通过创建一个物理实体或系统的数字化副本或虚拟模型，利用实时数据、传感器信息、模拟技术和大数据分析来反映、模拟和分析实际物体或系统的行为和性能。数字孪生的基本原理和要素如图 5-15 所示。

总之，数字孪生的原理实质上是物理与数字世界相结合，通过创建数字模型和实时数据反映、模拟和分析物理实体或系统的行为，以实现更好的监测、优化、决策支持和创新。数字孪生技术已经在多个领域得到广泛应用，为提高效率、降低成本和改善决策过程提供了强大的工具。

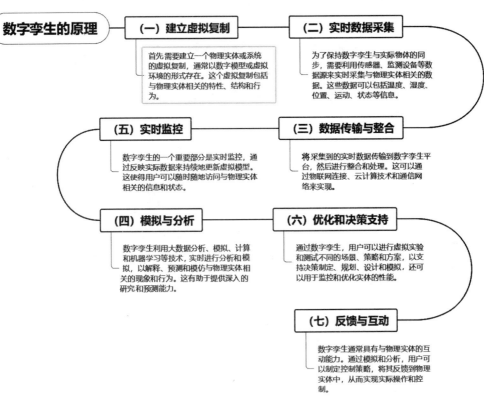

图 5-15　数字孪生的基本原理和要素

产业体系与物流发展

2023 年 12 月，顺丰科技与罗戈研究发布《物流数字孪生白皮书（2024）》。

该白皮书在对各个数字孪生定义进行研究和比对之后，结合物流行业的实际场景与应用情况，对物流数字孪生（LDT）这一概念进行了定义：物流数字孪生（LDT）是对应物流实体和流程的虚拟数字表示/模型。它是数据对象之间各种关联的动态、实时和分时的表示，这些关联最终构成了物流实体的运营方式。物流数字孪生来源于整个对应物流实体及其运营环境的所有相关数据。

国内物流数字孪生已经从点、线、面实践向物流大生态应用，从物流域向供应链域、客户域扩展，从模拟仿真向高逼真度优化进化。目前，顺丰科技作为物流科技的探索者，已率先将数字孪生技术研发应用于物流核心场景中，打造了不仅可视可交互，而且算法验证效率能提升 600 倍、逼真度高达 99% 的数字孪生仿真系统，同时突破了数字孪生复制难、落地难的问题，成为第一个在物流行业规模化研发应用数字孪生技术的企业。通过数字孪生技术的赋能，顺丰相关中转分拣时长可缩短 10%，平均一个城市一个月可以节省 500 条以上的线路，同时助力亚洲首座、全球第四座大型专业货运机场——鄂州花湖国际机场高效、智慧运行。

数字孪生为物流业提供的价值全景已经在徐徐拉开帷幕，随着物流行业数智化水平不断提升，物流数字孪生将被应用于越来越多的企业与越来越广泛的场景中，它将加速推动行业生产力创新变革，以带来可见的整体物流成本降低、避免产能浪费、更合理配置整个链路资源等效果。

提问：
数字孪生技术如何改变传统物流业的运营方式和效率，并且对未来物流行业发展的影响是什么？

四、数字孪生在物流领域的应用

数字孪生技术最先应用于航空航天、军事工业领域，随着物联网、大数据、AI等新兴信息技术的发展，逐步应用到城市管理、农业、建筑、制造、健康医疗、环境保护、物流交通等行业。通过数字孪生技术，能够在虚拟世界中模拟出一块砖石、一座城市，也可以模拟复杂精密的仪器、人体的内部架构。

数字孪生在物流领域有许多的应用，它可以提高运营效率、降低物流成本、增加可见性，并改善供应链管理。数字孪生在物流领域的应用如图5-16所示。

数字孪生技术有助于提高整个物流过程的可见性、效率和安全性。通过数字孪生技术，物流公司能够更好地应对迫切、复杂的供应链挑战，实现智能化和优化运营。

单元测评

◆ **任务情境：**

假设你是一家大型电子商务公司的管理人员，每天处理数百万份订单，需要高效的网关管理系统来满足客户需求。公司的仓库分布在全球各地，包括大型分销中心和"最后一公里"商品中心。公司面临订单数量剧增、消费需求波动和快速变化的市场趋势等挑战。

你决定引入数字孪生技术来完善钥匙管理，以下是你的方案。

（1）虚拟仓库建模：你创建了数字孪生模型，模拟了仓库的所有物理结构、库存布局和流程。该模型反映了实际仓库的每一个细节，包括仓库、存储区域和运输设备。

（2）实时数据同步：通过物联网设备，你将传感器实时数据从实际仓库同步到数字相邻订单模型。这包括库存、处理速度、设备运行状态等信息。

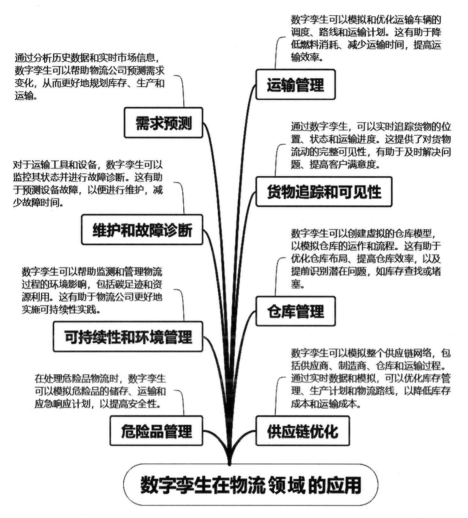

图 5-16　数字孪生在物流领域的应用

（3）预测和优化：数字孪生技术利用实时数据和先进性分析来预测需求和瓶颈。例如，它可以预测哪些产品将在特定时间段需求激增，并为仓库员工提供优化的拣选路线。

（4）可视化和决策支持：通过数字孪生模型，你和仓库管理团队可以实时查看仓库运营的可视化图像。这有助于及时做出决策，例如重新分配资源、优化库存管理或调整订单处理策略。

（5）模拟场景测试：你可以在数字孪生模型中进行模拟测试，以评估不同策略和决策的影响。

◆ 任务要求：

请你运用所学知识，分析数字孪生技术在该案例中起到了哪些作用。

模块综合测评

一、单选题

1. 大数据分析包括（　　）、数据挖掘算法、预测性分析能力、语义引擎、数据质量与数据管理。

   A. 数据筛选　　　　　　　　　　　B. 可视化分析

   C. 数据收集　　　　　　　　　　　D. 数据清洗

2. 物流大数据分析主要功能不包括（　　）。

   A. 需求预测　　　　　　　　　　　B. 仓储配送管理

   C. 设备维护预测及供应链风险预测　　D. 网络及路由规划

3. 大数据的特点包括 Volume（大量性）、（　　）、Variety（多样性）、Value（低价值密度性）、Veracity（真实性）等。

   A. Variable（易变性）　　　　　　　B. Visible（可见性）

   C. Valid（有效性）　　　　　　　　D. Velocity（高速性）

二、多选题

1. 大数据的技术内涵包括（　　）。

   A. 提升数据生成与处理速度　　　　B. 推动物流过程的智能化和数字化

   C. 处理海量数据　　　　　　　　　D. 涉及多种技术

2. 数据的采集方式包括（　　）。

   A. 抓取或爬取　　　　　　　　　　B. 收集

   C. 推送　　　　　　　　　　　　　D. 清洗

3. 大数据的处理技术包括（　　）等。

   A. 大数据的筛选　　　　　　　　　B. 大数据的并行处理

   C. 大数据的可视化　　　　　　　　D. 大数据的处理

三、简答题

1. 请简述人工智能技术的基本思想。
2. 请举例说明大数据技术在智慧物流中的应用。

参考答案

参考文献

[1] 吴砚峰. 物流信息技术 [M]. 4版. 北京：高等教育出版社，2021.

[2] 王道平，邵瑞. 现代物流信息技术 [M]. 4版. 北京：北京大学出版社，2023.

[3] 魏学将，王猛，李文锋. 智慧物流信息技术与应用 [M]. 北京：机械工业出版社，2023.

[4] 张成海. 条码 [M]. 北京：清华大学出版社，2022.

[5] 米志强，邓子云. 物流信息技术与应用 [M]. 3版. 北京：电子工业出版社，2021.

[6] 张成海，张铎，张志强，等. 条码技术与应用（高职高专分册）[M]. 2版. 北京：清华大学出版社，2018.

[7] 任仲文. 区块链：领导干部读本 [M]. 北京：人民日报出版社，2018.

[8] 张铎. 物联网大趋势 [M]. 北京：清华大学出版社，2010.

[9] 孟军齐. 物流信息技术与应用 [M]. 北京：人民交通出版社，2009.

[10] 赵军辉. 射频识别技术与应用 [M]. 北京：机械工业出版社，2008.

[11] 中国物品编码中心. 物流领域条码技术应用指南 [M]. 北京：中国计量出版社，2008.

[12] 李冰漪. 房殿军教授与会北科大＆弗劳恩霍夫物流研究院合作35周年暨世界智能物流发展趋势高峰对话 [J]. 中国储运，2023（12）：32.

[13] 张梓巍，白玉星，李晨曦. 全球导航卫星系统的发展综述 [J]. 科技与创新，2023（9）：150-152.

[14] 何在勇. 全球导航定位系统GNSS的技术与应用 [J]. 科学技术创新，2018（28）：14-15.

[15] 李星星，张伟，袁勇强，等. GNSS卫星精密定轨综述：现状、挑战与机遇 [J]. 测绘学报，2022，51（7）：1271-1293.

[16] 谭述森，张天桥. 当代GNSS的发展进步与转型构想 [J]. 测绘学报，2022，51（7）：1114-1118.

[17] 王晶金，李成智．北斗卫星导航系统发展与创新［J］．自然科学史研究，2023，42（3）：365-376.

[18] 朱小韦，袁占良，杨耀环．北斗三号卫星导航系统精密单点定位的性能分析［J］．测绘通报，2023（9）：6-11，58.

[19] 蔚保国．北斗三号工程技术与应用专题导读［J］．无线电工程，2023，53（5）：999.

[20] 苏珂，吴忠望，焦国强，等．GPS导航战综述：进展与启示［J］．全球定位系统，2024，49（6）：127-134.

[21] 舒皖森．基于北斗的物流车辆监控系统研究［D］．沈阳：沈阳航空航天大学，2022.

[22] 程磊．GNSS在集装箱物流运输中的应用分析［J］．交通标准化，2014，42（1）：118-120.

[23] 滕展，王菲．基于GIS和GNSS的物流配送路线规划设计浅析［J］．农村经济与科技，2016，27（14）：89.

[24] 潘开灵，刘清泉．GIS技术在物流领域的应用研究综述［J］．物流技术，2014，33（9）：26-27，55.

[25] 王柯．GIS物流信息化管理平台建设探讨［J］．山东农业大学学报（自然科学版），2018，49（3）：500-503.

[26] 王宇赤．数字测图与GIS数据的一体化［J］．油气田地面工程，2013，32（9）：105-106.

[27] 陈淑仪，等．EDI技术［M］．北京：人民邮电出版社，1997.

[28] 吴国新，吉逸．EDI技术研究及其实现［J］．计算机研究与发展，1998（2）：108-113.

[29] 俞云昆．EDI与外经贸企业电子商务［J］．计算机应用，1998（5）：44-46.

[30] Mike Jasnowski，等．Java，XML和Web服务宝典［M］．盖江南，王勇，等译．北京：电子工业出版社，2002.

[31] 周艳，吴雷．基于EDI的管理信息系统数据交换问题研究［J］．现代情报，2011，31（3）：67-70，74.

[32] 陈克松．EDI电子商务协同解决方案［J］．信息技术与标准化，2010（9）：47-48，53.

[33] 李肖克，覃旺．面向服务的软件架构SOA及其支撑技术［J］．电子技术与软件工程，2018（1）：46.

[34] 黄莉雅，纪元．SOA服务管控体系的研究与应用［J］．电子世界，2016（22）：84.

[35] 黄丕超，王盼卿．基于SOA的数据集成中间件研究［J］．物流科技，2008，31（12）：35-37.

[36] 姜洋洋．基于SOA技术的大数据和云数据管理［J］．数字技术与应用，2014（3）：100.

［37］黄东林．构建基于 ebXML 的供应链管理系统［J］．情报杂志，2002（11）：42-44．

［38］全国电子信息系统推广办公室．EDI 与电子商务［M］．北京：清华大学出版社，1999．

［39］牛鱼龙．EDI 知识与应用［M］．深圳：海天出版社，2005．

［40］孙海．物流信息技术［M］．北京：人民交通出版社，2005．

［41］郭晓苗．Internet 上的信息安全保护技术［J］．现代图书情报技术，2000（3）：50-51，58．

［42］许子明，田杨锋．云计算的发展历史及其应用［J］．信息记录材料，2018，19（8）：66-67．

［43］林云，田帅辉．物流云服务——面向供应链的物流服务新模式［J］．计算机应用研究，2012，29（1）：224-228．

［44］吴忠胜．人工智能技术在智慧物流发展中的应用［J］．中国航务周刊，2023（24）：75-77．

策划编辑　周晓方　宋　焱　庹北麟
责任编辑　苏克超
封面设计　原色设计

高等职业教育高素质技术技能型人才培养
"双高计划"国家级示范专业物流管理类精品教材

基础课教材

智慧物流与供应链基础　　　　供应链数字化运营
数字化物流商业运营　　　　　物流法律法规
◆ 智慧物流信息技术　　　　　物流专业英语

核心课教材

智慧仓配实务　　　　　　　　国际货运代理
物流运输技术与实务　　　　　物流项目运营
采购与供应管理（第4版）　　 区块链与供应链金融
物流成本与绩效管理　　　　　智慧集装箱港口运营
供应链管理实务　　　　　　　冷链物流管理实务
物流系统规划与设计　　　　　智能物流装备运维管理

拓展课教材

物流企业模拟经营　　　　　　物流安全管理实务
物流企业数字化管理　　　　　跨境电商物流
进出境通关实务　　　　　　　企业经营创新
电子商务实务　　　　　　　　物流机器人流程自动化
物流包装

华中科技大学出版社　人文社科分社

华中人文公众号

综合数字资源

华中出版自营书城

华中科技大学出版社
智慧物流信息技术
刮开涂层 获取学习码

ISBN 978-7-5772-1324-8

定价：59.90元